생생경매
성공기 2.0

"저기 마이너스통장 만들려고 하는데요?"

"이리로 오세요."

(나, 쪼르르)

"신분증 주시겠어요? 그리고 서류는 준비해 오셨어요?"

(엥, 웬 서류?)

"아니요."

"직장 다니세요?"

"네"

"어느 회사세요?"

"저기 길 건너에 있는 ○○○○요."

"아, 알아요. 제가 월급통장 관리했었어요."

"CSS대출 신청하셨네요? 대출 허가 받으셨죠?"

"네, 아마 그럴 겁니다."

"그럼 재직증명서랑 원천징수영수증 준비해 오세요. 처리해 드릴게요."

"얼마나 걸릴까요?"

"하루면 될 겁니다."

(금방 나오는구나!)

그때가 월요일이었는데, 다음 주에 법정에 가야 해서 그 주중으로 개설되기를 바랐는데 다행이다 싶었습니다. 그날 재직증명서랑 근로소득원천징수영수증을 요청했습니다. 다음날 서류를 찾아서 은행에 찾아갔죠. CSS대출 신청에서는 1,200만 원까지 대출이 가능하다고 나왔는데, 실제 마이너스대출은 그 절반 정도에서 결정된다더군요. 그래서 600만 원을 신청했고, 그 다음날 대출 신청이 허가되었다는 문자메시지가 날아왔습니다. 이제 보증금 마련했습니다.

법정 가기 전날

내일 무슨 일로 회사에 늦게 출근한다고 둘러대야 하나 그게 제일 걱정이었습니다. 당연히 경매 법정 간다고 하면 이상하게 생각할 것 같고, 그냥 집안에 일이 있어서 늦을 거라고 둘러대기로 했습니다.

제가 하던 일이 증권사에 파견 나가서 일하는 것이었습니다. 우리 회사에서 일을 따서 사람을 증권사에 집어넣는 것이었죠. 그러다 보니까 제 소속은 우리 회사지만, 실제적인 통제는 증권사에서 받는 식이었습니다.

그래서 출근, 결근, 지각, 조퇴 등등을 증권사 쪽 팀장한테 보고하고 허락을 맡아야 했습니다. 그리고 일에 따라 이 증권사 저 증권사 옮겨 다니다 보니까 인간적인 친분 관계를 쌓기도 힘들었습니다. 그래서 현실적으로 지각이나 조퇴, 월차 등은 꿈도 못 꿨습니다.

아침에 출근하자마자 바로 얘기할까 고민하다가, 아침부터는 왠지 그래서 점심 먹고 얘기하려고 했는데, 막상 점심 먹고 얘기하려니 입이 안 떨어지더라고요.

'음, 어쩌지? 그래, 퇴근하기 전에 얘기하자!'

퇴근시간 다 되서 머뭇머뭇 망설이는 사이에 팀장이 퇴근해 버렸습니다.

'이런 큰일 났네! 말을 못했네. 이거 무단 지각 되겠는데…'

일단 저랑 같이 일하는 직원한테 내일 집에 일이 있어서 늦게 온다고 말해 두고 퇴근했습니다.

'에라! 될 대로 되라지. 모르겠다.'

집에 와서 최종 점검을 했습니다.

- 보증금: 5,759,900원(처음 통장 개설할 때 100원 넣고 개설했거든요.)
- 사건번호: 2003타경 ○○○○○
- 물건번호: ○번
- 법원 위치: ○○법원

오케이!

도장을 전혀 생각 못하고 있었습니다. 아시죠? 도장 사건. 이렇게 해서 그날 밤 잠을 자고, 다음날은 아시는 대로입니다.

두 번째 경매 법정 가기에 앞서

2004년 8월의 일입니다. 제가 두 번째 경매 모험에 나섰습니다. 이번에는 희숙이도 함께 했습니다. 자기가 직접 입찰에 참여해 보고 싶다고 해서요.

이번 건은 제가 살던 동네에 있는 아파트입니다. 그러다 보니까 오래 전부터 눈에 들어오던 아파트였고, 희숙이와 제가 신혼집으로 염두에 두기도 했던 곳이었습니다. 그런데 당시 우리 예산을 초과하던 곳이라 거기로는 못 갔습니다.

2003년 초부터 그 아파트 단지의 경매 자료를 찾아봤습니다. 그리고 정리한 자료입니다.

- 자료 수집 기간: 2003년 2월부터 현재까지
- 자료 건수: 총 15건
  - 중간에 취하된 물건 제외
  - 낙찰된 물건 13건
  - 현재 계류 중인 물건 3건
- 평균 낙찰가율 : 85%
- 분석 결과
  - 가장 최근 낙찰 물건을 제외하고 그 이전까지 모두 1회 유찰 후 낙찰
  - 가장 최근 낙찰 물건 2회 유찰 후 낙찰
  - 가장 최근 낙찰 물건 낙찰가율 77%(평균보다 무려 8% 하락)
  - 현재 계류 중인 물건 3건 중 2건 2회 유찰
  - 나머지 1건은 현재 1회 유찰 그러나 2회 유찰까지 진행될 것으로 예상
- 최종 결론
  - 해당 아파트의 경우 올해 상반기까지는 1회 유찰에 85% 이상의 낙찰가율을 기록

- 하반기로 들어서면서 2회 유찰까지 진행되고, 낙찰가율도 그에 따라 동반 하락하리라 예상
- 예상 낙찰가율 77%
- 목표 낙찰가율 70%(기다리면 떨어지지 않을까? 기대 또 기대)

77%를 쓰면 낙찰될 것 같은 느낌이 듭니다. 그러나 아직은 두렵습니다. 낙찰을 받았다가 그걸 어떻게 감당할까 하는 그런 걱정입니다.

그래서 이번에도 낙찰 받지 못하기를 바라며 70%로 낙찰가를 쓰려고 합니다.

두 번째로 경매 법정 다녀와서

　　　　　　　　　　2004년 8월 4일, 법원에 다녀왔습니다. 일단 결론부터 말씀드리면, 당연히 미끄러졌습니다. 70%로 쓰려고 했는데, 그것도 겁나서 65%로 써냈습니다. (거의 하한가죠.)

최고가로 낙찰 받아간 사람은 낙찰금액을 75.6%로 써냈습니다. 77%로 쓰면 낙찰될 것 같다고 예상했는데, 그대로 될 뻔 했습니다. 그런데 특이한 점은 낙찰가율은 지난번보다도 떨어졌는데, 응찰자는 무지하게 많았다는 겁니다.

아마도 그날 입찰물건 중에 제일 많지 않았을까 생각합니다. 지난번에는 5명이었는데, 이번에는 무려 24명이 응찰했습니다. (희숙이가 그 사람들 응찰가격을 모조리 다 적었습니다. 크크) 부동산 경기가 안 좋다 보니까, 다들 안전하고 환금성 있다고 생각하는 아파트로 몰린 게 아닐까 생각합니다.

여기서 한 가지 짚고 넘어갈 점이 있습니다.

그 당시 제가 그 아파트 시세를 관찰한 바에 따르면, 이번의 낙찰금액이 감정가 대비 75.6% 정도이긴 하지만, 실제 시세 대비로 따진다면 대략 84%(82.5~86.4%) 정도 된다는 점입니다. 즉, 시세가 감정가 대비 89%(91~87%) 수준까지 떨어진 상황이라는 거죠. 낙찰금액과 그 외 여러 비용을 감안했을 때, 현재 시세대로 되판다면 투자 대비 최소 10%에서 15% 정도의 수익은 난다고 판단되었습니다. (물론, 바로 팔면 세금 문제가 또 있었겠지요?)

현재는 부동산 상황이 안 좋지만 1~2년 후에 상황이 좋아진다면 아마도 더 높은 수익도 올릴 수 있겠죠. (물론 거꾸로 불황이 오래 가서 투자금이 장기간 묶일 수도 있고요.)

제가 입찰했던 물건 외에도 아파트에는 사람이 많이 몰리는 경향이 있었습니다. 그러나 다세대, 빌라 같은 경우에는 단독 응찰도 꽤 있었고 많아야 두세 명 정도가 응찰하는 수준이었습니다.

법정 안은 사람들로 꽉꽉

이번에는 시간 여유를 두고 법정으로 갔습니다.

9시쯤 아침밥을 먹고, 9시 반쯤 법원으로 출발했죠.

집 근처에서 택시를 잡아타고 갔습니다. 희숙이랑 같이 가는데다가 법원이 멀지 않아서 기본요금이면 되고, 그리고 늦으면 분명 주차장에 차를 댈 수 없을 것 같아서 아예 택시를 탔습니다. 법원에 도착해 보니, 역시 주차장이 빽빽한 게 빈 공간이 없더군요.

택시에서 내려서 보니, 한눈에 경매 법정을 알아볼 수 있겠더라고요. 저쪽에 사람들이 모여서 웅성웅성 와글와글 대는 것이 시장바닥 같은 분위기가 물씬 풍겼습니다.

보무도 당당히 가슴을 쫙 펴고 희숙일 데리고 그리로 향했습니다. 경매지 파는 아줌마가 절 반겨주더군요. 역시나 2,000원이랍니다.

(경매지 파는 아줌마를 노려본다.)

"이번 주랑 다음 주 것 합해서 2,000원이에요."

(이 아줌마는 그래도 다음 주 것까지 합해서 파네요. 지난번 아줌마는 어이구 나 참!)

(후후, 난 이미 알고 왔지)

"이번 주 것만 주세요."

"그렇게는 안 팔아요."

(누가 팔래? 그냥 달라는 거지)

"알았어요. 흥!"

(희숙에게 마치 잘 아는 듯)

"원래 경매지는 이번 주 것은 그냥 주는 거야."

다시 저쪽에 다른 아줌마가 나타났습니다.

"다음 주 거랑 같이 2천 원이에요."

(마치 많이 와 본 듯 태연한 척)

"그냥 이번 주 것만 주세요."

"아니…"

(말도 듣지도 않고 그냥 이번 주 것만 뺏어 들었습니다)

이번에 받은 경매지는 지난번에 받은 것보다 더 잘 만들었더군요. 구성도 괜찮고요.

법정에 들어가 보니까 사람들도 많고 무지 더웠습니다. 그리고 한참 방송에 뭐라 뭐라 떠드는 들으나 마나한 공지가 나오고 있었습니다.

사람도 많고 빈자리도 안보이고 웅성대고, 정신이 없었습니다. 자리를 차지 못하면 고생이라는 걸 지난번에 느꼈는지라 일단 희숙이부터 빈자리 찾아서 앉혔습니다. 원래는 희숙이한테 하나하나 다 하게 하려고 했는데, 자리가 없다는 조급함에 그냥 희숙이 앉혀 놓고 제가 다 했습니다.

우선 오늘 취소되거나 변경된 것이 있나 확인했습니다. 제가 점찍은 물건은 그 목록에 없었습니다.

입찰용지 작성하고, 보증금 넣고, 도장 찍고, 이번에는 도장 가져갔걸랑요.

지난번에 거금 5,000원 주고 판 바로 그 도장입니다. 작성한 걸 제출하기 전에, 일단 희숙이가 보여 달랍니다. 어떤 식으로 작성하는지 보고 싶다면서요. 보여주면서 설명해 주고, 제가 쓴 금액이 맞는지 확인하고는 집행관 있는 곳으로 가서 제출했습니다. 그러고는 자리에 앉아서 입찰 시작할 때까지 계속 자리를 지켰습니다.

자리 비웠다가는 딴 사람이 차지할 게 뻔하니까요.

자리에 앉아 경매지를 보면서 우리 순서를 가늠해봤습니다.

전체 순서 중에서 2/3쯤 됐습니다. 늦겠구나 싶었습니다. 그런데 첫 번째 사건이 물건번호가 20개(27개던가)가 넘게 붙어 있는 겁니다. 그럼 실제 순서는 엄청 늦는다는 얘기고, 회사에 언제 들어갈 수 있을지 걱정이었습니다.

입찰이 시작됐습니다. 시작 방송이 나오고 법정 안은 사람들로 꽉 꽉 들어찼습니다.

진행요원(?)들이 입찰봉투를 모두 꺼내서 분류하더니, 집행관이 진행될 사건번호들을 쭉 나열했습니다. 지난번 법원에서는 이런 게 없던데, 여기는 이렇게 하는가 봅니다. 그런데 가만히 보니 시간 낭비 같았습니다.

"첫 번째 사건 2003타경 ○○○○○는 물건번호가 20개가 넘는데, 이거 다 처리하려면 시간이 너무 오래 걸려서 맨 나중 순서로 돌리겠습니다. 사건 이해관계인들 동의하십니까?"

집행관이 빠른 진행을 위해 순서를 바꾸자는 얘기였습니다. 무슨 상가건물 같은 거였는데, 지난번 법정에서와 같이 아마 어느 한 회사가 모든 물건에 입찰을 한 모양입니다. 집행관 아저씨가 어느 회사를 거명하면서 동의하느냐고 물었습니다.

이렇게 되면 제 순서가 상당히 앞당겨지겠구나 생각했습니다. 상당히 융통성이 있는 사람이라고 생각하면서 앉아있는데, 아무래도 집행관이 사건 진행하는 게 뭔가 좀 이상했습니다. 왠지 서툰 듯하면서 사건 하나 처리하는 시간이 상당히 오래 걸리고, 나머지 진행요원들과도 손발이 안 맞는 듯 했습니다.

사건번호만 부르면 될 것을 사건 내용도 주저리주저리 다 읽어주고, 하여간 시간이 너무 오래 걸려 제 순서까지 오는데 두 시간 정도 걸렸습니다.

지난번에는 첫 경험이라 긴장해서 그런지 힘든 줄 전혀 몰랐는데, 이번에는 두어 시간 앉아 있는 게 여간 힘든 게 아니었습니다.

다음부터는 바깥에서 놀다가 제 순서쯤 되면 법정에 들어와야겠다고 생각했습니다. 에구, 삭신이야! 제 차례가 끝나고 보증금 돌려받고 나와서는 법원 근처에서 늦은 점심을 먹었습니다. 너무 덥고 지쳐서 밥도 안 들어갈 것 같아 냉면을 먹었죠. 후루룩.

두 번째 경매 법정 에피소드 5가지

에피소드 하나: 대리인 입찰

"김대리 씨!"

(김 과장, 김 대리의 김 대리가 아님)

"네"

"위임장과 인감증명서가 없네요. 최종 사건 끝나기 전까지 아직 시간이 있으니까, 서류 갖춰서 다시 제출하세요."

김대리 씨는 입찰봉투를 돌려받고 바깥으로 나가면서 누군가에게

급하게 전화를 했습니다. 얼마 후 사건이 몇 개 진행된 다음, 김대리 씨가 오더니 입찰봉투를 다시 제출했습니다. 그 바람에 사건 진행이 약간 지체됐습니다.

이런 경우 냉정하게 무효라고 해도 아무 말 못하는 것 아닌가요?

집행관이 이것저것 사정을 좀 봐주더라고요.

에피소드 둘: 공유자우선매수권

어떤 집이었던 걸로 기억하는데, 5명 정도가 공유지분을 갖고 있는 물건이었습니다. 그중에 한 명 분의 지분이 경매에 나왔습니다. 그러다 보니까 유찰도 여러 번 되어서 최저가도 꽤 낮아졌고요. 아무리 최저가가 낮아도 공유자 지분을 경매에서 낙찰 받으려는 사람이 있으려나 했는데, 있더군요. 그것도 두세 명이나요.

"공유자우선매수권 행사할 사람 있습니까?"

(누군가 손을 번쩍 들며)

"네, 제가 공유잔데, 우선매수 하겠습니다."

(그 뒤에서)

"네, 저도 하겠습니다."

그러고는 다른 응찰자들이 써낸 금액보다 조금 높게 써내더라고요. 이미 다른 응찰자들이 얼마를 썼는지 집행관이 방송을 한 상태라 그게 가능했지요.

에피소드 셋: 취소된 물건

"최정신 씨!"

"네?"

"2004타경 ○○○○○ 사건은 취소된 거예요. 법정에 붙어있는 공고문 안 보셨어요?"

법정에 붙어있는 공고문(또는 칠판에 써 놓은 것)을 유심히 봅시다!

에피소드 넷 : 보증금을 깜빡

"나깜빡 씨!"

"네?"

"보증금을 넣어야죠. 보증금이 없잖아요. 오늘 날이 더워서 그런가, 왜들 그러지?"

진짜 법정 안이 덥고 답답하고 땀나고 정신없었습니다.

에피소드 다섯 : 밥 먹고 합시다

시간이 1시 반이 넘어섰을 때쯤입니다. 앞에서 맨 첫 사건인데 맨 나중으로 밀린 그 사건입니다.

"2003타경 ○○○○○사건, 지금 시간이 많이 지났는데, 이 사건은 이따가 다시 시작하겠습니다."

"그냥 하시죠. 빨리 빨리"

"지금 시간도 늦고 배도 고프고, 점심 식사들 하시고 2시 40분에 다시 속개하겠습니다."

(여기저기서 불평이 터져 나옵니다)

"에이, 빨리빨리 진행했으면 좋잖아! 느릿느릿, 이게 뭐야?"

"하던 거 마저 하죠?"

"네, 그렇게 하시죠?"

아마 일부 방청객은 나머지 사건들 진행을 지금 당장 중단하고, 점심 먹고 나서 2시 40분부터 다시 시작하자는 얘기로 들은 모양입니다.

집행관은 그 물건번호 20개가 넘는 사건만 밥 먹고 나서 하자고 한 건데. 사람 많고 지루하고 덥고 짜증나고 하다 보니까 사람들도 무지하게 지쳤던 모양입니다.

두 번째 경매 법정 뒷이야기

이야기 하나: 동사무소 세대열람

토요일 오전에 물건지 동사무소에 갔습니다. 주말이나 휴일에는 고향에 가야 하는 관계로 토요일 오전에 동사무소 문 열자마자 들러서 세대열람하고 바로 길을 떠났습니다. (요즘은 토요일에 동사무소가 놀죠.)

같은 아파트 단지에 물건이 몇 개 나와 있는데, 그중에 두 건(이번 주와 다음 주 물건)에 대해 세대열람을 할 생각이었습니다.

등기부등본 열람용(대법원 등기 사이트에서 열람한 후 프린터로 출력) 각 1부씩 챙기고, 역시 대법원 경매 사이트에서 해당 물건에 대한 기본 내역을 각 1장씩 출력했습니다. 세대열람을 하기 위해서는 그 물건이 경매에 나왔다는 것을 증명하면 되는 거니까 제 딴에는 등기부등본에 경매기입등기 되어 있고, 게다가 법원 사이트에 있는 기본 내역도 출력해 가면 되려니 생각했습니다. 그 생각은 제대로 들어맞았습니다.

날이 무지하게 더웠는데, 동사무소에 들어가니까 시원하고 좋았습니다. 주민등록 전입 어쩌고 하는 창구에 가서 세대열람 하러 왔다고 하니까 친절하게 잘 해주더라고요.

(쭈뼛쭈뼛 작은 목소리로)

"저, 세대열람 하러 왔는데요?"

"전입세대 열람이요?"

(조금 안심, 목소리 조금 크게)

"네, 겨 겨 경매용 전입세대 열람이요."

"제출서류 가져오셨어요?"

저는 누군가에게 처음 말 걸기가 무척 힘듭니다. 특히 관공서에서는…. 제출서류 달라는 말에, 등기부등본이랑 기본 내역 출력한 걸 줬습니다. 혹시 잘못됐다고 그러면 어쩌나 가슴이 두근두근했습니다.

"발급신청서는 없네요?"

(그런 것도 필요한가?)

"네? 발급신청서요?"

"네, 여기 작성하시고요, 세대열람란에 동그라미 치세요."

보니까, 호적등본이나 주민등록등본 신청서 같은 그런 양식지네요. 한 장에 하나씩 각 물건에 대해 주소 적고 제 이름 적고, 이렇게 저렇게 난을 다 채웠습니다.

예전에는 이런 양식지를 받으면 빈칸을 다 채우려고 엄청 고민했었습니다. 빈칸을 남겨 두면 혼날 것 같고요. 이제는 그럴 필요 없다는 것을 아니까 적당히 채우고 넘어갑니다. 그럼 빠진 곳을 얘기해 주더군요. 이번에도 그랬습니다.

"여기 용도란을 작성해 주세요. 법원 제출용이라고 적으면 돼요."

"다른 분들은 신청서를 아예 복사해 놓고 미리 작성해서 오거든요. 앞으로 그렇게 하면 편하실 거예요. 처음하는가 봐요?"

"아, 네 제가 처음입니다."

"그리고 제출서류는 돌려드리지 않습니다."

(동사무소 담당자가 법원 사이트에서 출력한 기본 내역을 챙기고, 등기부등본은 돌려줬습니다. 담당자가 주소를 컴퓨터에 입력하면서 다음 주에 경매에 들어가는 물건 아파트 호수를 입에 올리더라고요.)

"어? ○○○호는 어제 사람들이 많이 와서 열람하던데…"

"네? ○○○호를 많이들 열람해 갔어요?"

"네. 그 아파트 열람을 많이 하더라고요."

(출력된 세대열람 용지를 건네주면서 정보를 하나 주네요.)

"그 ○○○호에 전입신고되어 있는 김아무개 씨는 소유자 이아무개의 어머니예요."

"아, 그렇군요. 고맙습니다."

"뭘요? 200원이에요."

"여기요."

"안녕히 가세요."

이야기 둘: 공유자우선매수청구권

앞의 두 번째 에피소드 얘깁니다.

이론은 반드시 실습을 통해 익혀야 하는 이유를 알려주는 경우입니다.

제가 경매 공부한답시고 이것저것 보는 와중에 그중 [공유자우선매수청구권]이란 항목도 보게 됐습니다. 그런데 이게 무슨 소린지 도통 모르겠더라고요. 처음 읽을 때 눈으로는 읽는데 머리에는 안 들어오고, 참 갑갑했습니다. 여러 번 읽어보니, 머리에 겨우 들어오긴 했습니다. 그러나 그뿐, [공유자우선매수청구권]은 전혀 개념이 안 잡혀 있었던 겁니다.

그런데 이번 경매 법정에서 바로 그 현장을 보고 나니까 '아하! 이런 거였구나, 공유자우선매수청구권이란 게' 진짜 몸으로 체득했습니다.

이후에 경매 사례에 관한 글들 중에서 '공유지분이 있는 경우'에 대한 글을 읽어 보니까 무슨 소리하는 건지 팍팍 느낌이 와 닿는 거 있죠! '응찰자가 공유자의 가격 결정에 들러리 섰다'는 게 무슨 뜻인지 그대로 눈앞에서 펼쳐졌던 거죠.

실습과 참관, 경험의 중요성을 다시 한번 느낀 경우였습니다.

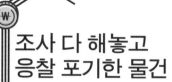

조사 다 해놓고
응찰 포기한 물건

이번에는 진짜 낙찰 한 번 받아보자고 마음을 먹고 현장조사까지 했다가 포기한 물건 얘깁니다.

어떤 사연이었기에 포기했는지 한번 들어보시죠. 일단 경매 결과를 얘기하면 이렇습니다.

- 사건번호: 평택법원 2004-6083
- 물건: 빌라 1층
- 감정가: 3,500만 원
- 두 번 유찰 후 최저가: 2,240만 원
- 최종낙찰가: 3,111만 원

이 물건은 제 고향 동네에서 나온 물건으로, 위치도 잘 알고 또 집 내부구조까지 훤하게 파악하고 있던 물건입니다. 게다가 그 집 세입자가 저희 어머니랑 잘 알고 지내는 이웃사촌이었습니다.

실은 저희 어머니가 그해 봄까지 살던 집이 바로 그 빌라 2층이었습니다. 바로 위집 아랫집 사이였던 거죠.

네, 그렇습니다. 결국 이웃사촌이라서 제가 입찰 참가를 포기한 겁니다.

일단 등기부 내역을 보실까요?

> • 근저당: 97.04.25. 910만 원 ○○은행
> • 근저당: 97.04.30. 1,690만 원 ○○할부금융
> • 세입자: 01.06.12. 2,200만 원
>   01.6.14. 확정 / 04.06.02. 배당
> • 토지별도등기

어허, 이런! 세입자가 후순위입니다. 게다가 소액임차인에 해당하지도 않고요. 지방의 경우 97년 최초 근저당이면 800/2,000이잖아요. 그런데 2,200만 원에 전세계약을 했으니 200만원 때문에 소액임차인 보호도 못 받는 처지가 된 겁니다.

또 분위기 봐서는 2,500만 원 정도에서 낙찰될 것 같은데, 그럼 선순위 저당권자들이 다 가져가고 한 푼도 못 받는다는 결론이 됩니다.

지금 집주인 연락두절 상태

등기부 내역에 토지별도등기가 있기에 토지 등기부등본을 떼어봤습니다. 내용을 보니까 토지 소유자 측에서 포기할 지분으로 표시되어 있었습니다. 별 문제 없다는 얘기죠.

그리고 동사무소에 가서 세대열람도 해봤습니다. 임대차계약서와는 다른 이름으로 전입신고가 되어 있는데, 부부라서 그럴 거라는

생각이 들었습니다. 임대차계약은 부인 이름으로 하고 전입신고는 남편 이름으로 하고, 뭐 그런 거죠.

일단 기본적인 정보를 수집하고 그 집을 찾아갔습니다. 대체 어찌할 생각인지, 대책은 있는지, 혹시 내가 무슨 도움이라도 되어 줄 수 있는지 이런 생각을 하면서요.

찾아갔더니 당사자는 없고 그 집 장모 되시는 분이 계시더라고요. 딸네 집에 자주 오신다고 합니다. 저는 안면이 없었지만 우리 어머니랑은 역시 잘 알고 계시더군요.

올봄에 이사 가셨다는데 어디로 이사했느냐, 잘 지내시느냐, 건강은 어떠시냐 등등을 물으셨습니다. 그리고 경매 얘기를 꺼내니까 큰 걱정을 하고 계시더라고요. 그러면서 딸과 전화 통화를 연결해 주셨습니다. 임대차 계약 당사자죠.

그런데 이 세입자는 자기가 소액임차인에 해당하는 줄 알고 있더군요. 아니, 정확하게 말하면 그렇게 알고 있는 게 아니라, 무슨 전세금보호법 같은 게 있는 걸로 알고 있는 겁니다. 마치 예금자보호법마냥 일정액을 정부에서 무조건 책임져주는 것으로 생각하고 있었습니다.

정부에서 1,200만 원을 물어 줄 거라고 아주 확신하고 있었습니다. 어디서 그런 얘기를 들었냐고 물어보니까 아는 친구가 법원 경매계에서 일하고 있다나요? 그리고 전세 계약할 때 부동산에서 그집의 부채 상황에 대해 얘기 못 들었냐고 물어보니까 벼룩시장 보고 집주인하고 직접 계약을 했다는군요. 등기부등본도 안 떼어 보고 그냥 집주인이 하는 말(융자 조금 있다)만 믿었다는 겁니다. 지금 집주인은 연락두절 상태고요.

그 세입자 말이, 자기가 이번에 3회 입찰에서 2,300만 원 정도에 들어갈 생각이었답니다. 그러면 1,200만 원 변제 받으니까 1,100만 원 정도만 더 있으면 되겠구나 생각해서 적금을 깨서 돈을 맞추고 입찰 들어갈 계산을 하고 있었다고 합니다.

그러면 집값보다 그렇게 많이 비싸게 사는 건 아니라고 생각하고 있었답니다. 일단, 당신이 알고 있는 게 잘못됐다, 그 친구라는 사람한테 다시 한번 확인해보라고 했습니다. 그리고 나도 어떻게 되는 건지 자세히 알아보겠다고 했습니다.

전화를 끊고 나니까 그 어머니 되시는 분이 그러시더군요. 얼마 전에도 자기 또 다른 딸(이 세입자의 언니)이 2,700만 원에 전세로 살던 집이 경매로 넘어갔는데, 1,200만 원 받고 나갔다고요.

얘기를 들어보니까 저도 아는 경매사건이었습니다.

우리 고향 동네에서 신축 빌라 3개 동이 통째로 경매에 나온 적이 있었는데, 물건번호가 거의 50개 가까이 됐었죠. 그러니까 결국 자기 언니 경우를 생각해서 자기도 1,200만 원 변제 받으려니 생각했던 모양입니다.

그 언니 사건의 경우는 2002년인가 2003년인가에 최초 근저당 설정된 빌라로, 진짜 신축 빌라였습니다.

땅주인이 아마 대출 받아서 집 짓고는 전세금 받아서 튄 사건인 듯 했습니다. 그 언니의 경우야 1,200/3,000에 해당하는 경우니까 소액임차인 우선변제로 1,200만 원을 받을 수 있었던 거죠. 그것도 자세히 설명해 주고, 이쪽 경우랑은 다른 것이니 역시 자세히 알아보라고 하고, 제 연락처 적어주고 그쪽 연락처도 받아가지고 나왔습니다.

2~3일 후 전화가 왔습니다. 법원에 가서 알아보니까 제 얘기가 맞더랍니다. 그러면서 이거 어떻게 하면 좋으냐, 큰일이라고 하는 겁니다.

이 겨울에 여기서 쫓겨나면 애 둘 데리고 어디 가서 또 집을 얻냐며 걱정이 태산이었습니다. 그래서 일단 진정시키고, 겨울에는 인도명령 집행을 안 하니까 혹시 다른 사람이 낙찰 받더라도 겨울에 내쫓지는 않을 거라고 안심을 시켰습니다.

그리고 아무래도 손해를 줄이려면, 2,200만 원 그냥 떼이느니 그 집을 낙찰 받는 게 그나마 손해를 줄이는 길일 거라고, 만약 내가 입찰자라면 2,500만 원 정도 쓸 거니까 최소한 그 이상은 쓰라고 알려줬습니다.

또 법원 정보에 있는 '전세 2,200만 원은 잘못된 거다 2,000만 원이다'하고 가짜 계약서라도 써가지고 가서 우겨보라고 했습니다. (어차피 집주인은 연락도 안 되는 상황이고 하니) 그런데 법원에 이미 2,200만 원짜리 전세계약서 사본이랑 배당요구까지 되어 있더랍니다.

자기는 전세계약서 누구한테 보여준 적도 없고 배당요구 한 기억도 없는데, 더구나 도장이 자기 것이 아니고 막도장 판 거랍니다. 어떻게 된 사연인지는 모르지만, 그 세입자 말고 다른 가족이 전세계약서 보여주고 배당요구까지 한 모양이었습니다.

상황이 이러니 전세 2,000만 원에 계약했다고 우기는 일도 못하고….

이후에 몇 번 더 전화 통화를 했습니다. 서울에 있는 경매전문가라는 사람한테 물어봤다는 얘기도 하고, 법무사에 갔다가 무시당하고 왔다면서 분하다는 얘기도 하고…. 결국 낙찰을 받기로 결정했는데, 그럼 얼마를 쓰냐가 문제였습니다.

일단 안전하게 2,800만 원 이상 쓰는 게 좋을 거 같다고 얘기했습니다.

돈 몇 백만 원 아끼려다 2,200만 원 전세금 몽땅 날리는 수가 있으니까요.

그 사이 또 누군가가 집을 방문했었다고 하네요.

"경매에 나온 집이죠?"하면서 찾아왔더랍니다.

내부구조를 보고 싶은데 문 좀 열어달라고….

그래서 "우리가 받을 거니까 신경 쓰지 마세요"하고 문도 안 열어주고 쏘아 붙였답니다. 하긴 기분 나쁘죠. 누가 경매에 나온 집 운운하면서 찾아오면요.

드디어 경매 당일이 됐습니다.

어떻게 됐을까? 궁금해 하고 있는데, 오후에 전화가 왔습니다. 궁금해 할 것 같아서 전화하는 거라고 하면서 말이죠. 결국 자기네가 받았답니다. 3,100만 원 넘게 썼습니다.

그동안 신경 써줘서 고맙다는 인사도 잊지 않았습니다. 정말 다행이었습니다. 어차피 2,800만 원을 쓰나 3,100만 원을 쓰나 실제 들어가는 돈은 비슷할 거니까요. 선순위 배당하고 나면 남는 돈은 다시 자기한테 돌아올 테니까 기왕이면 2,800만 원 정도 쓸 거 좀더 쓰자 하고 썼답니다.

차순위는 2,860만 원을 썼다는군요. 그러면서 만약 몇 백만 원 아끼자고 머리 굴렸으면 큰일 날 뻔했다고, 거듭 고맙다고 했습니다. 나중에 차라도 한 잔 대접해야겠으니 자기네 가게에 한 번 들르라고 하면서 전화를 끊었습니다.

지금까지 제가 들어가려고 했던 물건에 대한 후기였습니다.

제가 경매에 참여도 안 했으니 뭐 경매체험기라고 하기도 뭣하네요. 나중에 어머니한테 얘기를 들으니, 어머니가 시장에 나가셨다가 그 세입자가 일하는 가게 앞을 지나는데, 안에서 어머니를 알아보고 뛰어 나와서는 아드님 덕분에 너무너무 고맙다면서 인사를 하더랍니다.

어쩜 그렇게 아드님이 똑똑하고(험험) 잘생겼느냐면서요. (전화 통화만 했지 직접 본 것도 아니면서 말입니다.) 어머니께 그렇게 제 칭찬을 하더랍니다.

토지별도등기에 도전

2005년 3월 15일의 일입니다.

지난달에 성남지역 물건을 검색하다가 재개발 구역 중 한 군데에서 토지별도등기 있는 빌라 하나가 경매에 나온 게 눈에 띄었습니다. 세 번 유찰되어 최저가 51%에 경매 중이었고요.

- 감정가: 7,500만 원
- 최저가: 3,840만 원

그 동네를 세 번 정도 방문하면서 주변 시세를 파악하고, 제가 지난 1년간 모아 놓은 자료에서 낙찰가도 분석했습니다. (유료 사이트의 낙찰가 분석은 저의 요구를 충족시키지 못합니다. 제 나름대로 1년간 모아 놓은 자료가 아주 유용하게 쓰였습니다.) 이 동네에 있는 빌라 가운데 같은 평형대에서 토지별도등기가 있는 물건은 얼마에 낙찰 됐나 찾아보니 제 자료 중에 3건이 있더군요.

내가 최고가인가?

강의 시간에 배운 대로 토지별도등기에 대해 분석했습니다. 수업 중에 같은 조로 편성된 조원들과 토지별도등기에 대한 사례별 스터디도 하고 나니까 잡아먹을 수 있다는 확신이 서더라고요.

최종적으로 응찰가를 산정하면서 얼마를 쓸까 한참을, 아니 몇 날 며칠을 두고 고민했습니다. 이때 정말 아까웠습니다. 이 물건이 2회 유찰(64%, 4,800만 원)에서 눈에 띄었으면 망설임 없이 4,800만 원 최저가에 응찰하는 건데, 그때는 왜 제 눈에 안 띄고 이제야 눈에 띄는 건지!

얼마에 응찰할까? 4,800만 원 이하는 생각도 안했습니다.

'남들도 나만큼 한다'는 옛말이 있듯이, 내가 해결할 수 있는 하자

(토지별도등기)는 남들도 해결할 수 있을 테니까 말이죠.

5,000만 원을 쓸까도 생각해봤습니다. 하지만 명색이 토지별도등기인데 5,000만 원씩이나 쓰기에는 너무나 아까웠습니다.

수업 시간에 강사님한테 자문을 구했습니다. 4,800만 원에 10,000원 더 쓰라더군요. 희숙이는 뭘 그렇게 고민하냐면서 그냥 2번 유찰됐다고 생각하고 64%에 쓰라고 하고요. 자고로 마누라 말 잘 듣는 남자가 성공한다고 했는데, 64%에 쓰자고 결정했습니다. 그랬다가 왠지 불안해서 10만 1,000원 더 썼습니다.

입찰 당일 경매 법정에는 같은 조 회원님 두 분이 저랑 동행해 주셨습니다. 저도 혼자 가면 심심하고 긴장했을 텐데 동행이 있어서 든든하고 좋았습니다.

역시 사람이 미어터지더군요. 한참을 기다려 제 차례가 돌아왔습니다. 그런데 제 이름만 부르는 게 아니고 몇 명 더 부르더군요.

'역시 이 물건을 나만 분석한 게 아니었어!' 나중에 동행하신 분 말씀이 전부 7명을 불렀다는군요. 집행관이 입찰가를 부르기 시작합니다.

(가슴이 두근두근)

"김아무개 4,500만 원"

(휴~ 나보다 낮은 금액입니다. 그때 제 옆에 있던 사람이 자기 동행한테 하는 말이 들립니다.)

"에이, 역시 우린 안 되네! 우리보다 높잖아!"

(오호, 그래? 두 명 제쳤다.)

"이아무개 얼마"

"송아무개 얼마"

(긴장이 돼서 금액이 귀에 안 들어옵니다.)

"박아무개 3,840 얼마"

(51% 최저가에 들어온 사람도 있네!)

"설마 48,101,000원"

"뭐라고? 4,800이라고?"

저랑 같이 입찰 들어간 사람들이 웅성거리더군요. 이전 최저가인 64%를 넘겼으니까요. 저 인간 뭔데 지난번에 안 들어오고, 지금 들어와서 물 흐리는 거냐고 할 겁니다. 그러고는 응찰가 발표가 멈췄습니다.

'앗, 이제 끝난 건가? 내가 최고가인가?' 손이 땀이 잡히고 가슴이 콩닥콩닥 뛰고 겨드랑이로 땀이 쭈르륵 흐릅니다.

"2004타경 ○○○○○ 사건은 설마 씨가 48,101,000원에 응찰해서 최고가 매수인이 되었습니다. 차순위 신고… 어쩌고저쩌고…."

'오, 세상에! 내가 먹었다. 아싸, 신난다. 하느님 부처님 알라신이시여 감사합니다. 아름다운 밤이에요!' 속으로 쾌재를 부르고 있는데, 차순위 신고한다는 소리가 들립니다.

"네, 차순위 신고합니다."

이런, 차순위 신고를 하는 사람이 있네요. 좀 있다가 저는 보증금 영수증(파란 종이)을 받고 최고가 매수인 신고를 했습니다. 그리고 차순위 신고를 하라고 차순위자를 부르는데 나갔는지 없었습니다. 집행관이 차순위 신고하겠냐고 물어볼 때 대답만 하고 바깥으로 나가 버린 모양입니다.

파란 영수증 손에 쥐고 법정을 빠져 나오는 동안 저랑 동행하신 분들이 기뻐하며 축하해 주셨습니다. 저보다 더 기뻐하더라고요. 그리고 차순위 신고한 사람을 제가 60만원 차이로 제쳤다고 알려주시더군요. 이런 짜릿한 기분은 말로 표현이 안 됩니다. 2등한 분도 60만 원 차이로 밟혔으니 억울할 만도 합니다. 그러니까 차순위 신고도 하는 거겠죠.

흥분된 기분으로 바깥에 나와서 바람 좀 쐬고 정신을 차리고 나니까 10만 원 더 쓴 게 갑자기 아까워지는 겁니다.

'희숙이나 방장님 말대로 딱 그만큼만 쓸 걸!'하는 욕심이….

법원을 나와서 바로 그 동네 부동산으로 찾아갔습니다. 얼마 전에 시세 파악하느라 자주 찾아와서 그런지 저를 아는 듯한 눈치였습니다.

물건을 제가 원하는 가격에 팔아주면 복비는 섭섭지 않게 주겠다고 했습니다. 급하죠? 소유자를 만나기도 전에 부동산 먼저 찾아가다니….

소유자랑은 전화 통화를 한 번 했는데, 일단 인사만 하고 끊었습니다. 낙찰허가 나오는 대로 잔금 납부하고 인도명령 신청한 다음에 다시 연락해서 만나자고 할 생각이었습니다.

장수빌라 진행 상황

2004. 03. 07(월)

장수빌라를 낙찰 받았습니다.

구분·저감율	강제(기일)·[20%]	채 권 자	김○○	입찰·개찰일	05.03.07
청 구 액	20,000,000	채 무 자	조○○	다 음 예 정	
용 도	다세대	소 유 자	조○○	배당종기일	04.10.04
보 증 금		진행횟수	4 회 (유찰 : 3회)	경매개시일	

주소 □감정평가내역	면 적 (단위:㎡)	경매가 진행내역	임차내역	등기부상의 권리관계
경기 성남시 중원구 은행 동○○번지 장수빌라 가 동 2층 202호 □감정평가내역 - 알씨조 - 은행중학교남서측인근 - 다세대,주택가근린상 가,임야. - 달맞이공원,종교시설등 소재 - 차량접근가능,버스정류 장도보10분 - 부정형북서하향완경사 지 - 남서측3m도로접함 - 도시가스개별난방 - 주차시설없음 - 도시계획도로저촉 - 2종일반주거지역 감정평가액 대지:30,000,000원 건물:45,000,000원 04.07.21 ○○감정	대지 16.07/160.7 (5평) 건물 59.67 (18.05평) 방3 4층-2000.9.30보존	최초가 75,000,000 최저가 38,400,000 (51.2%) ---------------- 유찰 04.12.06 유찰 05.01.03 유찰 05.02.07 낙찰 05.03.07 48,101,000 (64.1%) 응찰자수:7명 낙찰자명:안정일		소유권 조○○ 2000.09.30 저당권 ○○은행 주택수내동지원센 2000.09.30 1560만 저당권 ○○은행 주택수내동지원센 2000.10.27 2340만 가압류 김○○ 2002.05.10 2000만 가압류 ○○은행 은행동 2003.07.26 1013만 강 제 김○○ 2004.07.08 청구:20,000,000 임 의 ○○은행 경매소송관리 2004.09.15 토지별도등기있음 ◆열람일자:2004.11.20 (토지저당:2000.2.2)

2004. 03. 17(목)

○○관악지점에서 대출을 받았습니다.

대출금: 29,000,000원

보험가입: 120,000원

돌아오는 길에 부동산에 들렀습니다. 5,700만 원에 내놓으랍니다. 나쁜 놈들, 도둑놈이네! 거기 들어갈 돈이 최소한 5,200만 원은 넘을 텐데, 6,200만 원은 받아야 목표 수익 1,000만 원을 달성할 것 아닙니까?

2004. 03. 25(금)

법무사에게 전화해서 제가 입금해야 할 금액을 물어봤습니다.

잔금: 15,101,000원

등기비: 2,182,530원

은행수수료: 220,000원

법무사비용: 250,000원

합계: 17,753,530원

1,800만 원짜리 통장 하나 깨서 넣으면 되겠습니다. 퇴근길에 집주인에게 전화했습니다. 아직도 주인아저씨는 병원에 있다고 합니다. 안주인이 전화를 주려고 했는데, 못했다며 미안하다고 합니다. 다음 주 중에 연락을 주겠다고 합니다.

음, 그동안 걱정했던 명도 문제가 어쩌면 쉽게 풀릴 수도 있겠다는 생각이 들었습니다.

2004. 03. 31 (금)

제 이름으로 등기가 됐습니다. 아직 집주인에게서 연락이 없는데, 전화를 다시 해봐야겠습니다.

2004. 04. 04 (월)

집주인과 통화를 해서 오늘 만나기로 했습니다. 주인아저씨가 퇴원해서 집에 왔다고 합니다. 배종찬님 말대로 음료수 한 박스 사들고 찾아갔습니다.

초인종을 누르자 주인아줌마가 현관문을 열어줍니다. 일단 음료수 박스 먼저 건네주니까 약간 놀라는 눈치였습니다.

"아니 무슨 음료수를 다 사가지고 오셨어요?"

거실이 상당히 넓었습니다. 건축주가 사는 집이라 그런가 구조도 잘 빠졌습니다.

주인아저씨는 거실 창문 쪽에 자리 깔고 누워 있었습니다. 거실에서 주인아저씨, 아줌마와 이런저런 뻔한 얘기를 했습니다. 지금 당장 어디 나갈 데도 없고 돈도 없고 자식들하고 상의할 상황도 안 되고…, 뭐 그런 얘기였습니다.

일단 5월 말까지 여유를 주겠다고 했습니다.

6월 넘어가면 이자부담 때문에 안 된다는 말도 빠뜨리지 않았습니다. 만약 그렇게 되면 이자를 부담해야 할 거라고 말입니다. 일단 다시 연락하기로 하고 나왔습니다. 나오는데 음료수 사온 얘기를 또

합니다.

"환자가 있는 집이라서…."

대충 얼버무렸습니다. 딱 부러지게 마무리를 못 짓고 나온 게 어째 좀 개운치 않았습니다. 자식들 연락처를 알아내서 압박을 해야 하지 않을까 생각해봤습니다.

2004. 04. 12 (화)

4월 6일자로 인도명령이 떨어졌습니다. 집주인에게 전화하니 바깥에 나와 있다고 합니다.

'환자 놔두고 그렇게 집을 비워도 되냐? 이거 가짜 환자 아니야?'

일단 인도명령이 떨어졌다는 사실을 알렸습니다.

집주인은 무슨 소린지 못 알아들은 것 같았습니다. 집으로 찾아가겠다니까 밤늦게나 들어올 거라고 합니다. 다시 전화하기로 했습니다. 모레쯤 전화해서 강제집행할 거라고 얘기를 해야겠습니다.

2004. 04. 26 (화)

인도명령 결정문을 복사해서 사본을 내용증명 우편으로 보냈습니다.

2004. 04. 29 (금)

집주인에게 전화해서 우편물 받았냐고 물어보니까 받았다고 합니다. 그리고 법원에서도 날아왔답니다.

5월 15일경 병원에 갔다 와서 얘기하겠답니다. 5월 말까지는 안심하고 있어도 된다고 했습니다. 하지만 6월로 접어들면 법원 명령

대로 집행할 거라고 못을 박았습니다. 서로 좋은 게 좋은 거니까 좋게 해결하자고 합니다.

일단은 계획한 대로 5월 말까지는 명도가 될 듯합니다.

2004. 05. 18 (수)

여전히 어렵다고 엄살입니다. 주인아저씨 병세가 위독하다나요? 일단 집을 부동산에 내놨다고 말했습니다. 부동산에서 집을 보러 갈지도 모르니까 협조를 해달라고 했습니다. 당연히 협조해 주겠다고 합니다. 이 정도 협조 발언을 끌어낸 것만 해도 다행입니다.

다음 주 월요일이나 화요일쯤 연락해서 만나야겠습니다.

2004. 07. 13 (수)

드디어 이사 나갔습니다. 무려 200만 원이나 줬습니다.

그러고도 욕을 먹었습니다. 포장이사 비용 70만 원 안 준다고요.

*

이렇게 낙찰부터 명도까지 4개월에 걸친 작업이 마무리 됐습니다. 명도는 역시 힘듭니다.

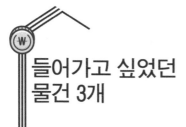

들어가고 싶었던 물건 3개

2005년 3월 15일의 일입니다.

제가 이번 물건에 대해 대출을 받은 덕분에 준비했던 자금에서 조금 남았습니다. 그런데 한건 그냥 하기에는 약간 모자랍니다.

'돈만 있으면…' 하면서 그냥 보고 있는 물건이 몇 개 있었습니다. 제가 보는 물건은 자잘한 물건들이라 한 건당 수익이 많아야 500만 원, 적으면 200~300만 원 정도를 바라보는 것들입니다.

첫 번째 물건

- 사건번호: 2003-23○○○
- 빌라 지하층
- 감정가: 4,000만 원
- 최저가: 1,310만 원
- 대금미납 2회

낙찰이 두 번이나 됐었는데, 두 번 다 미납이었습니다.

2,800만 원에 한 번, 2,666만 원에 한 번.

아마도 전세가 2,500만 원 들어있는데 그거만 믿고 들어간 모양입니다. 전세 2,500만 원이라, 글쎄요? 여기서 지하에 그렇게 전세주고 사는 미친(?) 사람이 있을까요?

제가 보기에는 전세 한 1,500만 원 정도면 적당한 곳이었습니다. 매매를 하려고 하면, 글쎄요? 1,800만 원에 매매가 되려나? 그래서 지금 최저가가 1,310만 원이니까, 대충 1,350만 원 정도에 들어가서 1,800만 원에 던지면, 명도(100), 도배장판(100), 복비(100), 등기비(70) 등등을 빼면 겨우 100만 원도 안 남는 물건이네요. 이런, 괜히 골랐군!

두 번째 물건

- 사건번호: 2004-18○○○
- 빌라 지하층
- 감정가: 6,000만 원
- 최저가: 4,800만 원

한 번 더 떨어지길 기다리는 물건이었습니다. 여기는 특수한 지역으로, 아는 사람은 알고 모르는 사람은 모르는 지역입니다.

수요가 딱 정해져 있는 곳이고, 그 딱 정해진 수요보다 공급이 부족한 지역입니다. 그래서 지하라 하더라도 수요가 있을 것 같은 느낌이 드는 곳입니다. 보통 지하는 51%까지 기다리는데, 이곳은 64%에서 가져가도 될 것 같은 곳입니다.

제가 이곳에서 토지별도등기 물건을 노려보면서 51%까지 떨어지라고 기도하고 있었는데, 누가 글쎄 74%에 가져가지 뭡니까? 이번

건은 한 번 더 떨어지면 4,000만 원 정도에 들어가려고 마음먹고 있었습니다. 이곳 특징이 지하가 아니라는 것이었거든요.

세 번째 물건

- 사건번호 : 2004-19○○○
- 지하 토지별도등기
- 감정가 : 5,000만 원
- 최저가 : 4,000만 원

한 번 더 떨어져라 기다리는 중이었습니다.

제가 앞에서 받은 물건 바로 옆 동입니다. 제가 받은 건 장수빌라 가동, 이놈은 장수빌라 나동.

토지별도등기가 완전히 같은 경우입니다. 단지 지하라는 게 문제였죠. 이 물건은 51%까지 떨어지면 2,600만 원 정도에 들어가서 3,500만 원에 던지면 되지 않을까 하는 물건이었습니다. (부동산에서는 4,000만 원이라고 했는데 못 믿겠더라고요.)

*

일단 제가 가지고 있던 방대한(?) 자료 중에서 적당한 놈으로 뽑아 봤는데, 어떠세요?

이런 물건 또 나오면 저랑 같이 들어갈 생각이 있으신가요?

현장답사의
중요성

현장답사를 하는 가장 큰 이유 가운데 하나는 명도의 난이도를 파악하기 위함입니다.

명도가 영 어려울 거 같은 물건은 그걸 감안해서 이사 비용을 빵빵하게 줄 각오를 하고 들어가던가, 아니면 그냥 다른 물건 찾는 게 오래 사는 데 유리하다는 거죠.

첫 번째 이야기

성남에 군침이 꽉꽉 도는 물건이 하나 떴습니다.

결과에서 보시는 바와 같이 이 물건에 군침을 흘린 사람은 저 말고도 여럿이었습니다. 하지만 저 경쟁자 8명 중에 저는 안 꼈습니다.

이유는 현장답사를 해보니 아니다 싶었던 것이죠.

그 집에 거동불능 환자가 있더라 이겁니다. 계속 목에 가래가 차는데 그걸 스스로 뱉어낼 힘이 없어서 가래 뽑아주는 기계를 목에 꽂고 그걸로 가래를 뽑아내는 환자(소유자 부인)였습니다. 그런 환자를 상대로 냉정하게 명도하는 짓 저는 못합니다. 그리고 인도명령 신청해도 집행관이 와 보고는 그냥 돌아갈 공산이 큽니다. 게다가 자료에서 보시다시피 각자 방 하나씩 해서 소액임차인이 2명 있습니다.

현장답사 결과 위장임이 뻔히 보이더군요. 그런데 위장이긴 하지만 저런 머리를 썼다는 것은 당사자가 경매에 대해 좀 안다는 의미입니

구분·저감율	임의(기일)·[20%]	채 권 자	○○은행	입찰·개찰일	05.10.10
청 구 액	88,999,747원	채 무 자	김○○	다 음 예 정	
용 도	다세대	소 유 자	김○○	배당종기일	05.04.27
보 증 금		진행횟수	3 회 (유찰 : 2회)	경매개시일	

주소 ■감정평가내역	면 적 (단위:m²)	경매가 진행내역	임차내역	등기부상의 권리관계
경기 성남시 수정구 신흥 동 3787번지 ○○맨션 2층 202호 ■감정평가내역 - 철근콘크리트조슬래브 (평) - 신흥소방파출소북동측 인근 - 단독및다세대,근린시설 등혼재 - 차량출입가능,버스정류 장인근 - 도시가스개별난방 - 세장형토지 - 동측4m도로접합 05.01.24 ○○감정	대지 28.13/281.3 (9평) 건물 59.9 (18.12평) 방3,욕실2 4층-2002.2.4보준 ■토지,주택 규제사항 - 주택투기지역 - 토지투기지역 - 투기과열지구 - 주택거래신고지역 ※양도세실거래:주택 ※양도세실거래:토지 ※분양권전매금지	최초가 110,000,000 최저가 70,400,000 (64.0%) ------------------ 유찰 2005.08.08 유찰 2005.09.12 낙찰 2005.10.10 83,811,000 (76.2%) -응찰자수:8명 -낙찰자명:정○○	원○○ 전입 2005.01.03 확정 2005.01.03 배당 2005.01.13 1200만 방1 목○○ 전입 2005.01.12 확정 2005.01.12 배당 2005.01.12 1300만 방1	소유권 김○○ 2002.02.07 전소유자:엄재우, 남○○ 저당권 ○○은행 성남중앙 2002.02.07 1억 0800만 저당권 전○○ 2003.07.18 5000만 가압류 ○○은행 카드채권관리팀 2003.07.26 1149만 가압류 ○○생명보험 2004.06.17 603만 임 의 ○○은행 개인여신관리팀 2005.01.05 청구:88,999,747원 *열람일자:2005.07.09

다. 곧 명도에 어려움을 겪을 공산이 더욱더 커지는 셈이죠.

이래저래 군침이 도는 물건이긴 했지만 '경매 법정은 좁아도 먹을 물건은 많다'는 옛 선인의 말씀에 따라 과감하게 포기했습니다.

"그래, 자신 있으면 한 번 가져가 봐!"

그런데 8명이나 달라붙었네요.

다들 현장답사는 제대로 한 건지, 그 집에 초인종이나 한 번 눌러본 건지 말이죠.

제가 보기에 이 물건은 2등 이하, 곧 낙찰 못 받은 사람들이 혹시 이 집의 실상(?)을 알았다면 낙찰 안 된 것이 다행이라고 가슴을 쓸어내렸을 거라 생각합니다.

네, 맞습니다. 저도 게으르고 두려워서 감히 초인종을 누르지는 못했습니다. 직접 현장답사하고 제게 정보를 주신 동지 파렁님께 다시 한번 감사드립니다.

두 번째 이야기

30만 원 차이로 아깝게 떨어진 물건입니다.

폐문부재(閉門不在)에 전입세대 열람에도 아무도 없고, 관리실에 문의해 보니 1년째 관리비를 미납했습니다. 정황상 아무도 살지 않는 빈집임에 확실해 보였습니다. (원래 빈집이 명도하기 제일 까다롭다는 것쯤은 다들 아시겠죠?)

편지함도 텅 비어 있고, (경매컨설팅회사에서 보낸 편지들이 있더군요.) 계량기도 미미하게 돌아가고, 현관 앞을 보니까 꽤 오랫동안 비어있다는 티가 났습니다. 물론 초인종을 눌러봐도 아무 반응이 없었습니다.

앞집에 물어볼까 고민하다가 무심코 손잡이를 잡아보니까, 이게 웬일입니까? 돌아가면서 문이 살며시 열리는 겁니다. 이게 웬 횡재냐 싶어 안으로 들어가 봤습니다.

역시 텅 비었더군요. 짐이고 뭐고 개미 한 마리 없었습니다. 마치 처음 분양하는 아파트처럼 텅텅 비어 있는 겁니다.

'야호, 땡 잡았다. 이거 낙찰만 받으면 바로 매매다.'

회심의 쾌재를 부르며 애초에 생각했던 가격보다 좀더 올렸습니다. (다들 아시다시피 30만 원 차이로 떨어졌습니다.) 낙찰만 됐으면 명도 걱정 없이, 아마 잔금 내기도 전에 매수자 찾아서 매매계약 했을 물건입니다. 아쉽기 그지없었습니다. 이렇듯 현장답사는 중요합니다.

이번에도 마찬가지입니다. 네, 저는 그 손잡이를 돌려볼 생각조차 못했습니다. 저와 함께 현장답사 갔다가 위 물건의 손잡이를 무심코 돌려보신 후니911님께 감사드립니다.

세 번째 이야기

상가 물건이 어렵다고들 합니다. 권리분석이야 으레 하듯이 하면 되는데, 그 상가를 과연 살릴 수 있느냐 하는 문제는 법률지식 몇 개 안다고 해서 되는 게 아니죠.

상가가 경매까지 나왔다는 얘기는 그 상권이 죽었다는 뜻도 되고요. 그걸 살리려면 보통 실력 가지고는 안 되겠죠. 그런데 상가 물건이 어려운 이유 중에는 이 문제 말고, 책에서 전혀 배울 수 없는 아주 엉뚱한 이유 때문인 경우가 있습니다.

예를 들어, 동대문에 있는 '밀려오네' 상가나 '골때려(골 頭에 때릴 打)' 상가 같은 상가가 경매에 나온다면 이 글을 읽고 계신 독자님들께서는 어쩌시겠습니까?

그런 집단상가의 경매 물건인 경우는 51%까지 떨어지는 경우가 왕왕 있습니다.

'이야, 이거 임대 수익 짭짤하겠는데! 낙찰 받아서 팔면… 히히히!'

'오호, 여기는 죽은 상권도 아니고, 잘 됐다. 그동안 배운 경매지식으로 이거 하나 받아서 대박 한 번 쳐보자!'

이런 마음이 드시나요?

그러면 현장답사를 한 번 해보시죠.

현장답사를 가보니 어떻던가요? 하루 종일 북적대는 손님들만 보이던가요? 이런, 그러면 겉만 보시고 그 이면은 못 보신 겁니다.

바로 상가운영위원회나 상가번영회 같은 곳을 찾아가세요. 가서 사실대로 말하는 겁니다. 내가 이곳 상가 안 몇 층 몇 호가 경매에 나왔기에 그걸 한번 받아보려고 한다 말씀해 보십시오. 그러면 왜 그 물건을 받으면 안 되는지 이유를 알게 될 겁니다. 물론 그 문제를 해결할 능력이 되시면 도전해도 됩니다.

이런 집단상가의 비밀에 대해 귀띔해 주신 아자1기 회원님께 감사드립니다. 네, 물론 제가 저런 상가에 도전했다가 피같이 소중한(?) 경험을 한 건 아닙니다. 저는 제가 모르는 분야에는 안 들어가거든요.

여러분도 임장활동에 충실하기 바랍니다.

괜히 지뢰 밟지 마시고 보물들 많이 캐시길 바랍니다.

경매 법정 체험기 하나 더

2005년 10월 4일, 평택법원에 아파트를 하나 받으러 갔습니다. 같이 갈 일행을 만나고 가는 길에 송탄에서 은행에 들르는 바람에 법원에 늦게 도착했는데, 예상과 달리 주차장은 한산했습니다.

법정 안도 한산하더군요.

그 당시 경매 법정이 한산하긴 했는데, 평택은 정말 한산한 분위기였습니다. 물론 수도권(특히 서울)은 별로 한산하지 않았습니다.

함께 투자할 동료와 최종점검을 하면서 얼마를 쓸까 고민하고 있는데, 우리가 들어가려는 물건에 소유자가 친척 명의로 들어올 거라는 정보가 바람결에 들려오는 겁니다. 친척 명의로 낙찰 받아서 빚을 깨끗하게 떨어내고 자기는 다시 그 집에서 편하게 잘 먹고 잘 싸겠다는 심보죠.

아침잠 설쳐가며 먼 길을 달려 왔건만, 갑자기 허탈해지는 겁니다. 이런 된장! 자기가 먹으려고 작정했으면 높게 쓸 게 뻔하니까요. 그래도 뭐 어쩌겠습니까? 먼 길 왔는데 그냥 돌아가는 것은 입찰봉투에 대한 예의가 아닌지라 입찰함에 봉투는 넣고 봐야죠. 그래서 애초에 쓰려던 가격에서 대폭 낮춰 최저가에서 100만 원만 더 써서 입찰했습니다.

드디어 개찰이 시작되고 같이 간 일행과 함께 앉아서 구경하는데, 법대 앞에서 누가 항의를 하더라고요. 뭔가 보니까, 공유지분 물건인데 공유자가 우선매수권을 행사한 겁니다. 그런데 낙찰자가 거기에 대해 항의를 하는 중인 겁니다.

무슨 소린가 하면, 정보지상에 공유자가 9월 5일자로 공유자우선매수청구권을 신청한 기록은 있는데, 당일(즉, 10월 4일) 날짜에는 신청을 안했으니까 공유자우선권을 인정할 수 없다는 요지의 항의였습니다. 그 사람 공유자우선매수청구권에 대해 다시 공부해야 할 듯합니다. 어쨌든 그 사람은 차순위자가 됐고, 공유자가 최고가 매수인이 됐습니다.

집행관 아저씨 왈 "판사한테 가서 항의해보세요"하고는 사건을 마무리했습니다.

같이 간 일행이랑 공유자우선매수청구권에 대해 얘기를 하고 있는데, 갑자기 법대 앞이 웅성웅성하더니 어떤 아줌마가 앞에 나와서 울고 있는 겁니다. 무슨 일인가 쳐다보는데, 갑자기 집행관 아저씨가 제 이름을 크게 부르는 겁니다. 제 이름을 한 번 불렀는데 제가 못 들은 거죠. 분위기 착 보니까, 그 아줌마가 그 소유자의 친척(또는 부인)쯤 되는 것 같은데 왜 우는지 모르겠더라고요.

어쨌든 불렀으니 법대 앞으로 나갔습니다.

응찰가를 불러주는데 옆에서 울고 있는 아줌마가 신경 쓰여서 가격을 못 들었습니다. 내가 된 건지 그 아줌마가 된 건지…. 그런데 보니까 제가 됐더군요. 그러자 그 아줌마 아예 법정 바닥에 엎어져서 울기 시작하는 겁니다. 집행관 아저씨도 당황스러운지 울지 마시라는 말만 반복하구요. 그리고 나서 최고가 낙찰자 영수증 써서 주데요. 영수증 받고 나오는데 그 아줌마가 뒤따라 나오는 것 아니겠습니까? 사람들 헤치고 뒷문을 막 나서는 순간이었습니다.

"야, 이 새끼야! 그래 얼마나 잘 먹고 잘사나 보자."

욕을 하더니 저에게 달려들어 막 때리는 겁니다. 그때 일행이 제지를 했기에 망정이지, 안 그랬으면 제 머리를 죄다 쥐어뜯겼을 지도 모릅니다. 알고 보니까, 그 아줌마는 소유자의 부인이고 자기 엄마(즉 소유자 장모)의 이름으로 대리입찰한 거더라고요. 그리고 최저가에서 겨우 10만 원 더 써서 입찰한 겁니다.

'아니 세상에, 자기들이 들어갈 것이었으면 좀 높게나 쓸 일이지, 겨우 10만 원 더 라니!'

빚은 경매로 떨어버리고 다시 그 집에서 편하게 먹고 싸고 할 생각이었으면서 최저가에서 달랑 10만 원만 더 쓴 게 이해되시나요?

욕심이 좀 과했다고 생각됩니다.

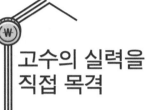

고수의 실력을
직접 목격

평택법원에서 봉변을 당한 다음 주 성남법원입니다. 개찰을 시작하고 몇 건이 진행되었을 즈음 법정 바깥으로 반가운 분이 나오셨습니다. 제가 경매 공부 시작할 때 처음 가르침을 주셨던 선생님이신데, 경매계에서는 알아주는 고수시죠. 반가운 마음에 잽싸게 달려가 인사를 드리고는 어쩐 일이신지 여쭤보니 토지 하나 잡으러 왔다고 하시데요.

결과를 보니 2등과 1,000만 원 차이, 그런데 감정가가 20억이 넘는 물건이었습니다. 그것도 달랑 2명 경쟁에서요.

저는 그날 진정한 고수의 진검승부를 봤습니다. 열댓 명이 경쟁하는 아파트 같은 것이 아닌, 수십 억대 물건에 두세 명이 경쟁해서 감정가 대비 1% 이내의 차이로 승부를 결정짓는 그야말로 고수들의 진검승부였죠.

오늘 제가 들어갈 물건에 대해 그 분과 얘기를 나누다 그 분과 같이 온 일행들이 모셔가는 바람에 법원을 빠져 나가시는 뒷모습을 보며 저는 제 차례를 기다렸습니다.

제가 들어간 물건은 아파트였는데, 3명이 경쟁했습니다.

그중에 3등은 최저가를 썼더군요. (그냥 별생각 없이 들어왔나 봅니다.) 그리고 저와 나머지 한 명, 결과는 30만 원 차이로 제가 떨어졌습니다. 감정가 1억 8,000짜리였는데, 제가 1억 5,111만 원, 1등이 1억 5,146만 원. 물건 현장에 가보고 마음에 들어서 가격을 대폭 올린 건데도 떨어졌습니다. 그냥 그 자리에 주저앉고 싶더군요. 그래도 침착하게 보증금 돌려받고 나왔습니다. 뭐, 좀스럽게 차순위 신고할 필요도 없겠구나 싶었습니다. 1등 한 사람도 다 알고 들어왔을 텐데요.

*

누가 말하길 고수란, 실력과 자금을 함께 갖춰야 고수라 하더군요. 그날 성남에서 만난 저의 선생님 같은 분 말입니다.

산전수전 다 겪은 실전경험과 철저한 실력에 풍부한 자금 동원력을 갖춘 이런 분이 진정한 고수라고 하더군요. 저는 언제쯤 그런 경지에 도달해볼까 생각하며, 이만 경매 법정 체험기를 마칩니다.

경매 작전 빌라

전봇대에 붙은 전단지를 보셨군요? 정 궁금하면 직접 전화해서 내가 전세로 들어가고 싶다고 한마디하면 바로 다 파악할 수 있을 겁니다.

이런 건 부동산에서 물어본다고 알 수 있는 성질의 것의 아닙니다. 부동산이라고 다 아는 것도 아니고, 안다고 해도 자기들 밥줄이라 잘 안 가르쳐주죠.

전봇대 광고에 다음과 같은 광고가 있습니다.

"신축빌라, 급급전세, 전세 2,000만 원…"

만약 독자님이 그곳에 전화를 한다면, 그쪽에서는 다음과 같이 나올 겁니다.

일단 집을 보여줍니다. → 신축빌라에다 방 3개에 화장실 2개 깔끔하고 좋죠. 넓기도 하고요. 게다가 주차장 완비에 엘리베이터까지 설치되어 있으면 금상첨화겠죠. 일단 물건을 보면 마음이 혹하게 됩니다.

소액 최우선 변제에 대해 설명해 줍니다. → 그 집이 경매에 붙여질 건데, 임대차보호법에 보면 세입자 최우선 변제라는 게 있습니다. 그래서 1,600만 원까지는 법으로 보호해 줍니다. 즉, 이 집이 경매에 넘어가도 당신은 1,600만 원은 보장받게 됩니다. 이런 설명이 덧붙습니다.

그럼 나머지 400만 원은? → 이제 경매에 넘어가면 최소한 1년에서 길면 2년은 걸릴 것입니다. 그 1~2년간 월세 살았다고 생각하십시오. 그리고 경매 낙찰되면 낙찰자에게 이사비조로 400만 원을 요구하십시오. 그러면 협상을 통해 한 200만 원까지는 돌려받을 수 있습니다. 그러니까 실제로는 200만 원만 내고 신축빌라(강조!)에서 편하게 사는 셈입니다. 이렇게 미끼를 던집니다.

이렇게 해서 경매에 넘어갈 집에 소액임차인이 들어오는 겁니다. 경매 물건보다 보면 주로 경매 1년 전쯤에 들어오는 세입자가 있는데, 대부분 이런 작업을 통해서 들어오는 거죠. 뭐 세입자야 그런 물건 전세 살려고 해도 전세금 최소 5,000만 원에서 1억 원은 줘야 하는데, (전세금은 지역에 따라 다르겠죠.) 달랑 2,000만 원으로 전세 살 수 있다고 하니 얼마나 좋습니까?

이런 물건은 3자의 이해관계가 맞아 떨어져서 전봇대에 걸리게 됩니다.

제1자는 집주인입니다. 어차피 경매로 날릴 거라면 전세금 1,000만 원이라도 건지자는 심산입니다. (왜 2,000만 원이 아닐까요? 중간에 브로커가 끼어듭니다.)

제2자는 세입자입니다. 깨끗하고 넓은 신축빌라를 전세 2,000만 원에 살라고? 오호, 좋아좋아!

제3자는 브로커입니다. 그 전봇대 전단지는 집주인이 뿌리는 게 아니고 바로 이 브로커가 뿌립니다. 경매 넘어갈 만한 집을 물색해서 집주인과 접촉하고는 "어차피 경매로 날릴 집, 저한테 넘기시죠? 1,000만 원 정도는 보장합니다."

집주인으로서는 당연지사 오케이 하죠.

그럼 브로커는 전봇대 전단지를 뿌려서 세입자가 그 미끼를 물면

2,000만 원 받아서 1,000만 원은 꿀꺽하고 1,000만 원은 집주인 주고, 뭐 대충 이런 시나리오랍니다.

 쌍값에 넓고 깨끗한 신축빌라에서 살고 싶으면 이런 물건에 들어가는 것도 괜찮습니다. 어차피 소액 보호를 받으니까요. 대신, 전세 2,000만 원 (1,900만 원 하는 전단지도 있더군요. 그 바닥도 경쟁하는가 봅니다.) 다 주지 말고 1,600만 원만 주겠다고 하세요. 난 월세 못 물겠다는 거죠. 그래도 어차피 브로커는 돈 남거든요.

● 2005년의 상황이니 현재와는 금액 차가 많이 있습니다. 하지만 그 바닥 돌아가는 이치는 같으니까 시세도 모른다고 항의하지는 마시기 바랍니다.

1,000원 더

 입찰자 2명이라, '오호, 이거 되겠는 걸!' 하는 기대를 하게 만드는 경쟁률이죠.

 이번에 들어간 물건이 그랬습니다.

 제가 가장 잘 아는 물건이라 생각했고 내심 단독을 기대했는데, 그래도 한 명 더 들어온 거죠. 봉투를 까서 가격을 비교하던 집행관, 입찰용지 두 장을 들고는 살짝 웃으며 탄식을 합니다.

 "어허, 참!"

 무슨 일이지? 갑자기 가슴이 두근반세근반 뜁니다. 이제 어느 정도 구력이 붙었다고 자부(?)하고 있었는데 이렇게 가슴이 두근거릴 줄이야! 제 입찰용지를 밑으로 집어넣는 걸 보는 순간 '됐구나!' 하는 생각에 뒤통수가 찌릿합니다.

참고로, 평택법원은 입찰용지를 가장 적은 금액이 맨 위로 올라가게 정리해서 가장 적은 금액부터 부릅니다. 즉, 맨 나중에 불리는 금액이 최고가 낙찰자죠.

그때 집행관 왈,

"허, 천운이네!"

(천운이라고?)

위에 올라온 입찰봉투(경쟁자)의 금액을 보니까 끝자리가 20만 원이었습니다. 저는 끝자리에 21만 원을 썼거든요. 1만 원 차인가보다 하는데, 옆에 있던 경쟁자 아줌마 왈,

"1,000원 차이요?"

"아니요. 1만 원 차이네요."

이때 집행관이 금액을 부릅니다.

"김아무개 아줌마, ○천○백20만 9천 원"

"안설마 씨, ○천○백 21만 원."

(엥, 20만 9천 원? 난 21만 원 썼는데)

*

그러니까 1,000원 차이였던 겁니다.

아까 집행관이 한 말은 '천운이네!'가 아니고 '천 원차이네!'였고요.

경쟁자 아줌마는 제대로 듣고, 전 엉뚱하게 들은 겁니다. 저랑 경쟁자 아줌마랑 서로 쳐다보고 웃었습니다. 저는 좋아서 웃고, 아줌마

는 어처구니가 없어서 웃고, 방청석은 웅성웅성 하하하 키득키득….

대단한 세입자

낙찰 받은 집을 찾아갔습니다. 세입자가 사는 걸로 조사되어 있었죠. 초인종 '띵똥' 누르니까 안에서 어린애 목소리가 났습니다.

"법원에서 왔는데 어른 계시니?"

(문이 빼꼼히 열리면서 초등학생쯤 되어 보이는 여자애가)

"엄마 애기 데리러 갔어요. 조금 있다 오실 거예요."

"그럼 조금 있다가 다시 올게."

연락처 받아 적고 나오는데 엘리베이터 1층에서 젊은 아줌마를 만났습니다. 한 명은 안고 한 명은 걸리고 땀을 뻘뻘 흘리면서 들어오더군요.

우리를 보더니 법원에서 왔냐고 묻네요. 마침 제대로 만난 겁니다. 낙찰자라고 소개하고 집 안에 들어가서 얘기를 나눴습니다. 4살, 7살, 10살 이렇게 여자애 셋이 있는 집이더라고요. 시원하게 타준 냉커피를 마시며 얘기를 시작했습니다.

(이런 어린애들이 있으면 맘이 약해져서 명도가 영~)

"세 들어 사시는 거죠?"

"네."

"월세?"

"아뇨, 전세예요."

"엥, 전세요? 얼마나?"

"3,500짜리예요."

(헉, 이거 집주인한테 당한 집이구나 하는 생각이 딱 드는 겁니다. 그 당시 평택은 3,000/1,200 이었거든요.)

"빚이 잔뜩 있는 집이란 거 모르셨어요?"

"아뇨, 알고 들어왔어요."

"아니 어쩌자고, 경매 들어가면 전세금 못 받을 텐데요!"

(큰일이다. 이를 어찌 명도하나?)

"그래서 집주인 사는 집에 전세권 설정했어요."

(엥? 이건 또 무슨 말?)

사연인즉, 이렇습니다.

아줌마가 전세 계약을 하고, 계약금 지불하고, 입주 날짜가 다가와서는 입주 하루 전에 등기부등본을 떼어 보니까 이틀 전에 근저당을 설정했다지 뭡니까! 집주인이 아주 질이 나쁜 경우죠. 그래서 집주인한테 따졌답니다.

'이게 무슨 짓이냐, 위약금 2배로 물어라!' 하고 말이죠.

그랬더니 집주인이 자기가 사는 집에 전세권 설정을 해주더라는 겁니다. 그리고 아줌마 처지에서 보면 이미 입주 날짜가 다 됐고 살던 곳 방도 빼줘야 하는데, 다시 전세 구하기도 골치 아프고요.

그럼 집주인 집은 멀쩡하냐고 물었습니다.

선순위가 있는데 적은 금액이라서 괜찮다고 생각했다는 겁니다.

등기부등본 떼어 놓은 거 있냐고 하니까 있다고 가져 나옵니다. 그런데 그 집주인 집의 등기권리증까지 확보하고 있더군요.

등기부등본을 보니까 경매로 넘겨도 최소한 1억은 넘게 받을 물건인데, 선순위 근저당이 4,000만 원 정도였고, 후순위로 전세권 3,500만 원, 그리고 그 외의 다른 권리관계는 없었고요.

세상에, 애 셋 키우느라 바쁜 아줌마가 언제 이런 대비책을 마련해 놓았는지 깜짝 놀랐습니다. 그러니 낙찰자 찾아왔다고 하니까 반갑게(?) 맞이하면서 어서 오라고 하고, 냉커피도 타주고, 덥다고 에어컨까지 켜준 거죠.

한 마디로 자기는 전혀 걱정할 게 없다는 거였죠. 게다가 지금 전세 사는 집 배당을 대충 보니까, 선순위 근저당 배당하고 선순위 가압류가 있는데, 그거랑 안분 배당해도 최소한 800만 원은 받겠더군요.

결론은, 이 아줌마 배당금만큼 돈 번 겁니다. 집주인 집에 전세권 설정했으니까 전세금 3,500만 원은 그대로 다시 회수할 수 있는 거니까요. 집주인이 3,500만 원에서 배당금만큼 제하고 줄 수는 없으니까요. 만약 전세금 전액을 못 돌려주겠다고 하면, '그럼 맘대로 하셔'하고 전세권에 기해서 그 집을 경매에 넘겨 버리면 되죠. 그거는 그거고 이거는 이거니까.

이 아줌마는 제대로 대책을 세워서 전세금 보호뿐만 아니라 도리어 돈을 번겁니다. 똑똑한 아줌마 같으니라고! 권리 위에 낮잠 자는 인간은 법 앞에 보호를 못 받는다고 했는데, 이 아줌마는 보호뿐만 아니라 돈을 벌었습니다.

나중에 세입자는 그냥 전세금 원금만 원주인한테서 받았습니다. 사실 전세금 원금을 보장받았으면 된 거죠. 혹시 '전세권 설정된 거다 내놔라' 했어도 그게 제대로 됐을지는 알 수 없습니다. 원주인이 부당이득반환청구소송 같은 걸 할 수도 있거든요.

그리고 또 한 1년이 흐른 후, 송탄 집값이 팍팍 오를 때 제가 집을 팔려고 하니까 세입자가 사겠다고 하셔서 세입자에게 팔았습니다. 물론 시세보다 조금 싸게 해서요.

나만의 방식으로 용어 정리 2

전세권등기와 확정일자

차이점

1 확정일자는 등기부에 기재되지 않지만 전세권등기는 등기부에 등기가 되는 점에서 차이가 있습니다.
2 확정일자는 효력이 전입신고하고 입주한 다음 날에 효력이 있지만 전세권등기는 바로 당일에 효력을 갖추게 되어 효력에 차이가 있습니다.
3 확정일자는 보증금을 받으려면 법원에 '보증금 반환청구의 소'를 제기해 '이행판결'을 얻고 '강제경매'를 신청해야 전세금을 받을 수 있지만, 전세권등기를 하게 되면 전세금을 주지 않으면 바로 경매를 신청할 수 있습니다.
4 확정일자를 받으면 토지에도 우선변제를 청구할 수 있지만, 전세권등기는 건물에만 배당을 청구할 수 있어서 오히려 배당을 받을 범위는 확정일자가 더 넓습니다.
5 확정일자는 주택임대차보호법이라는 특별법에 근거를 두고 있고, 전세권등기는 민법이라는 일반법에 근거를 두고 있습니다.

동일한 점
확정일자를 받으나 전세권등기를 하나 똑같이 우선변제의 효력은 인정합니다.

CHAPTER 2

공매로 낙찰 받은 집을 원소유자에게 되팔고

2006년 여름입니다. 성남 상대원동에 있는 다세대주택 하나를 공매로 낙찰 받은 적이 있습니다. 2003~04년에는 경매가 과열 양상을 띠지도 않았던 데다가, 공매는 더더욱 사람들이 관심을 갖지 않는 분야여서 시세보다 저렴하게 낙찰 받을 수 있는 경우가 많았습니다.

낙찰 받고 찾아가 보니, 고등학생쯤으로 보이는 여학생이 집에 있더라고요. 어른들이 집에 안 계셔서 연락처만 남겨두고 왔습니다.

며칠 후 집주인이라는 여자 분에게서 연락이 와, 직접 만나서 얘기하자고 하고는 찾아갔습니다. 찾아갔더니 지난번 그 여학생이 문을 열어주더군요. 주인하고 거실에 마주 앉았습니다. 방 2개에 거실 겸 주방, 화장실 하나 있는 조그만 다세대주택입니다.

음료수 한 잔 얻어 마시면서 얘기를 시작했는데, 뭐 경매 당한 집에 흔히 있는 딱한 사정 얘기입니다. 어찌어찌하다 이렇게까지 됐다는 얘기를 하면서 하는 말이, 그 집에서 계속 전세로 살았으면 하는 뜻을 비치더라고요.

집에 고3 학생이 있는데, 학업 문제도 있고 해서 이사 가는 것보다 계속 살았으면 한다는 거였죠. 두 번 다 문을 열어준 그 여학생이 고3이었습니다. 결국 직접 이사 들어오거나 팔 게 아니라면 그대로 자기들에게 전세를 놓으라는 말이었습니다. 그것도 될 수 있으면 시세보다 싸게요.

여고 3학년 민감한 시기에 집안 사정이 이렇게 됐으니 참 방황도 많이 되겠다 싶더라고요. 제가 그 이전 2년여 동안 경매로 다세대 빌라나 아파트를 낙찰 받아서는 되팔기 해가면서 수익을 실현해 오고 있었고 이번 건도 그럴 계획이었지만, 한편으로 생각하니 제가 그분들보다는 상황이 나은 게 확실하고 사정을 봐주더라도 여유가 있는 제가 봐줘야 하는 게 아닌가 하는 생각에 전세 계약하기로 했습니다. 당연히 주변 시세보다 싸게요. (주변 시세의 3/4 수준으로)

전세 계약하고 잔금 받는 날, 계약기간 동안 마음 편히 사시라는 말을 남기고 왔습니다.

*

2008년 3월, 제가 그 집을 팔아야 하는 처지가 됐습니다. (분당 38평 아파트를 살 자금 마련을 위해) 그동안 성남은 재개발이 추진되면서 가격이 꽤 많이 올라있는 상태였고, 재개발 이주 수요 때문에 찾는 사람도 많았습니다. 그 집도 마찬가지였습니다.

세입자(즉, 전 소유자)에게 연락을 했습니다.

집을 팔아야 하는 처지가 돼서 부동산에 집을 내놨으니까 혹시 집 보러 오면 협조 좀 부탁드린다는 말을 하려고요. 그런데 세입자께서 그 집을 사고 싶어 하는 겁니다. 그래서 만날 약속 날짜를 잡고 다시 찾아갔습니다. 노크를 하니까 역시 그 여학생이 문을 열어줍니다.

세입자와 거실에 마주 앉아서, 역시 이번에도 음료수를 얻어 마시면서, 어떻게 그동안 잘 지내셨는지 안부 인사부터 나눴습니다. 불행 중 다행으로, 2년 전 그 당시 이후로 빚이 없어서 2년 동안 직장 생활 꾸준히 하면서 월급을 계속 모을 수 있었다고 하더군요. 그리고 그 당시 고3이었던 딸은 지금은 대학생이 되었고요. 세입자 왈, 그동안 꾸준히 월급 모아둔 것 하고 저랑 계약 맺은 전세금 하고 대출을 활용하면 현재 집을 다시 살 수 있을 것 같다고 하더라고요. 저야 쌍수를 들고 환영할 일이죠. 전소유자가 여건이 호전돼서 잃었던 집을 되찾을 수 있다는데, 그보다 좋은 거래가 어디 있겠어요?

그렇게 해서 전소유자에게 다시 집을 되팔기로 결정했습니다. 그런데 이번에도 역시 시세보다 좀 싸게 팔기로요.

뭐 어쩌겠습니까? 2년 전이나 지금이나 제 처지가 그 세입자 처지보다 나은 선 사실이고, 제 개인적인 상황을 보더라도 2년 전보다 지금의 경제적 여건이 훨씬 나아졌는데요.

돈 조금 더 받겠다고 '당신들 전세 계약 끝나면 나가쇼! 다른 사람에게 팔아야겠소' 하고 야박하게 굴 필요가 뭐 있나요.

시세보다 10% 정도 싸게 그 분에게 매각하기로 계약서를 작성했습니다. 쌍방 합의라 부동산 복비는 아끼게 됐죠.

그런데 잔금 받기 1주일 전입니다. 그 집이 재개발 구역에 포함됐다는 소식이 날아들었습니다. 바로 이어서 부동산에서 전화가 걸려 왔습니다.

"사장님, 당장 계약하시죠? 집 볼 필요도 없고, 세입자 있어도 상관없으니까 당장 계약하시죠?"

거기다 제가 세입자에게 판 가격에 4,000만 원을 더 쳐준다는 말까지 보태서요. 어떻게 이런 일이? 당장 세입자에게 전화를 했습니다.

"안녕하세요? 설맙니다. 그 집이 재개발 구역에 포함되었네요. 방금 부동산에서 연락이 왔는데, 4,000만 원 더 쳐줄 테니까 팔라고 합니다. 그 집 가격 당분간 더 오르겠습니다. 축하드립니다. 하하하!"

(내가 웃는 게 웃는 게 아니야!)

드디어 잔금 날, 저는 잔금 받고 등기서류 넘겨줬습니다. 그리고 그 세입자께 그동안 고생 많으셨다고, 앞으로 잘 사시라는 말씀을 전했습니다. 그 세입자(이제는 매수자) 분도 제게 고맙다고 하고, 서로 뭉클했습니다. 그렇게 저는 집으로 왔습니다. 무턱대고 저지른 분당 38평 아파트 잔금에 보태 쓸 돈을 가지고서요.

그 세입자(아니 매수자) 분께 미처 전하지 못한 말이 있는데, 보실까 모르겠지만 이 책을 통해 말씀드립니다.

*

"앞으로 별일 없이 한 10년만 사시면 그 동네 재개발돼서 아파트 들어설 겁니다. 지금 대학생 된 따님 시집가서 외손주 낳아 데리고 오면, 삐까뻔쩍한 새 아파트에서 외손주랑 같이 잘 수 있을 겁니다. 그날이 올 때까지 행복하게 사세요!"

잘 나가지 않는 빌라의 처분

어느 날 아는 분이 제게 질문을 해왔습니다. 빌라를 한 채 받았는데, 도통 팔리지가 않는다고요.

어떻게 하면 되냐고 묻는 겁니다.

어떻게 하면 될까요?

음, 제가 빌라를 전문으로 받고 있는데, 2008년 2월부터 9월까지 대략 5건 정도 받았습니다. 사실 빌라 전문가라서가 아니라 아파트 같은 좋은 물건은 도통 못 받겠더라고요.

첫 번째 물건

지하고 전혀 안 팔리는 가격에 받아서 고생할 뻔하다가, 다행히도 집주인이 취하하자고 해서 내심 다행으로 생각하면서 취하해줬습니다.

취하해 줄 때 대가를 받았어야 했는데, 그때는 첫 경험이고 뭘 잘 모르던 때라 대가도 못 받고 어리바리 취하해 줬습니다. 그래도 다음부터는 이런 팔기 어려운 물건은 받지 말자는 교훈을 얻었지요.

두 번째 물건

토지별도등기를 먹어치운 물건으로, 권리분석도 제대로 했고 2등이랑 간발의 차이로 받은 아주 재밌는 물건이었습니다. 그런데 명도가 문제로 원 집주인과 4개월간이나 싸우고, 이사 비용도 200만 원이나 뜯기면서 겨우 내보냈습니다.

그런데 집주인과 싸우느라 집 팔 기회를 놓쳤습니다. 그래서 할 수 없이 월세를 놨죠. 그런대로 월세 수입은 짭짤한 편이었습니다. 그래도 팔았으면 더 좋았겠죠. 그런데 월세 놓고 한 달 지나니까 집 팔겠느냐고 부동산에서 연락이 오더군요. 하지만 임차인 내보내는 문제도 만만찮고 해서 그냥 다음에 팔겠다고 했습니다.

두 물건으로 6개월에 걸쳐 이런저런 고생을 하다 보니까 이제 좀 뭔가 눈에 보이기 시작했습니다.

세 번째 물건

아주 상황이 좋았습니다. 낙찰 받고 한 달 만에 매수자를 찾아 매매 계약까지 했으니까요. 그런데 이 물건에는 배당 받는 집주인(웃기죠? 집주인이 배당을 받아요)이 있어서, 이 인간이 배당 받을 때까지 기다려야 합니다.

11월 초나 되어야 배당이 될 거라고 하네요. 그래서 매매 계약은 9월에 했는데, 잔금은 11월 중순으로 잡았지요. 배당 받는 집주인이니 명도 걱정 없고, 이미 매매 계약했으니 도배니 장판이니 돈 안 들어가죠. 이제 시간만 지나면 수익 실현입니다.

네 번째, 다섯 번째 물건

9월 들어 1주일 간격으로 받았는데, 아직 잔금도 안 치른 상태에서 벌써 부동산에서 집 보러 사람 데리고 왔다 갔다 합니다.

*

결론은 '잘 나가지 않는 빌라 처분 어떻게 해야 되나?' 걱정할 게 아니라, 애초부터 잘 나갈 만한 빌라를 받자는 겁니다.

설마, 너 잘났어! 정말.

음, 여기까지 제가 겪은 일을 간략하게 나열해봤는데, 제 자랑만 한 것 같고 '잘 안 나가는 빌라는 어떻게 처분하느냐'는 질문에 대한 답은 아닌 것 같네요.

본론으로 들어가, 매매나 임차 성향은 동네마다 차이가 있기 때문에 제가 겪은 우리 동네를 기준으로 설명 드리겠습니다.

복비를 빵빵하게

앞에서 얘기한 두 번째 물건 월세 놓을 땝니다.

복비는 통상 20만 원 하는데 50만 원 주겠다고 하니까 바로 3일 만에 월세 임차인 구해오더군요. 다른 동네에 집구하러 간 사람을 그쪽 동네 부동산이랑 연계해 우리 동네로 데리고 와서 계약했습니다.

세 번째 물건은 보통 복비 50만 원만 줘도 되는 걸 400만 원 정도 주게 됩니다. 정확히 말하면, 설마한테는 얼마만큼만 입금해 달라, 나머지는 네가 알아서 해라 이렇게 계약을 했죠. 그러니까 부동산 세 군데가 연결돼서 다른 도시에 있는 사람을 데리고 오더군요.

낮은 가격에 낙찰

결국 복비를 빵빵하게 주려면 낮은 가격에 입찰해서 낙찰 받아야 합니다. 높은 가격에 낙찰 받으면 결국 못 팔거나 아니면 손해보고 팔아야겠죠. 첫 번째 물건은 제가 낙찰 받은 가격보다 낮은 가격이라야 팔리는 물건이었죠.

느긋해야

내가 급한 기색을 보이면 부동산에서 가격을 후려칩니다. 난 이거 안 팔려도 그만이라는, 뭐 이런 자세를 취해야 합니다.

세 번째 물건은 경매에 나오기 전 집주인이 팔려고 노력은 해본 모양입니다. 그런데 부동산에서 그 집 상황을 파악하고 나니까 가격을 후려쳐서 결국 못 팔았다고 하더군요.

부동산이 요구한 가격은 은행 빚 갚으면 남는 게 없는 금액이었습니다. 나중에 보니까 복비를 빵빵하게 주겠다는 말도 안 한 모양이에요.

결국 그 집이 제 손에 넘어온 뒤로 한 달 만에 매수자도 찾고 가격도 제 가격 다 받고요.

흥, 난 급할 것 없다고 했거든요.

시세 파악을 정확히

이미 낙찰 받은 물건으로 고생하는 중이라면 시세 파악을 정확히 하라는 얘기는 사후약방문에 불과할지 모르지만, 그래도 차후에 다시 경매에 임하려면 시세 파악을 정확히 하고 들어가세요.

아무리 복비를 빵빵하게 주고 느긋하게 포커페이스를 취해도, 결국 가격 경쟁력이 따라주지 못하면 말짱 꽝입니다.

경매 노하우

히말라야 은둔고수의 돈 버는 가르침: BLSH

세상의 이치를 깨달은 히말라야 은둔고수가 했다는 말, BLSH. 즉, Buy Low Sell High.

'싸다', '비싸다'의 기준은 뭘까요?

사실 기준도 없고 정답도 없죠. 알면 다 돈 벌게요.

저는 길지 않은 투자 경험 중에서 때(시간, 타이밍)를 사서 돈을 번 경험을 한 번 말씀 드려볼까 합니다. 그냥 제 나름대로 그동안 겪으면서 느낀 겁니다.

남들이 못 팔아서 안달을 할 때가 사야 할 때고,
남들이 사고 싶어서 안달이 났을 때가 팔아야 할 때다

2006년 여름에 분당 수내역 역세권의 오피스텔을 샀습니다. 싸다고 생각해서 샀는데, 그때 세 가지 조건이 좋았습니다.

1 매물이 많아서 골라잡는 분위기 (즉, 매도자가 팔고 싶어서 안달이 난 분위기)

2 분양가 이하 (당연히 안 팔리니까 가격은 약세)

3 전세비율이 90%

그때 제가 산 물건이 매가 8,700만 원, (전세 8,500만 원) 제 아는 친척께 권해드린 물건이 매가 7,200만 원, (전세 7,000만 원) 우리 모임 회원께서 산 물건이 매가 7,500만 원(전세 7,000만 원)이었습니다.

그리고 2007년 여름에 어머니 적금 깨서 한 채 더 샀는데 매가 8,400만 원(전세 7,800만 원)이었습니다. 그 당시에도 가격이 약간씩 올라가기 시작하더군요. 어머니 소유의 오피스텔은 제가 "어머니, 은행에 돈 넣어놔 봐야 이자 얼마 되나요? 그냥 월세 받는 게 낫겠어요"하고 꼬여서 어머니 돈으로 산겁니다.

저는 그냥 큰 돈 안 들어가기에 나중에 돈 생기면 월세로 바꿔서 임대수익을 얻자는 생각으로 전세 끼고 매입했던 거고요.

그런데 2007년 가을로 접어들면서 분당의 오피스텔 가격이 폭등하기 시작했습니다. 말 그대로 폭등입니다.

요인은 여러 가지로 분석할 수 있겠는데, 사실 이런 분석이란 게 이현령비현령이라 사전에 이런 예측을 해서 정확히 맞췄다면 모를까, 지나고 나서 이런저런 이유로 이렇게 저렇게 됐다는 분석보고서는 읽어보면 웃기기만 하더라고요.

어쨌든 업계에서 떠도는 분석에 의하면,

1 삼성그룹의 강남삼성타운 입주로 강남의 수요가 급증했고 강남에서 분당으로 그 여파가 확산됐다

2 단국대학교의 죽전캠퍼스 개학(?)으로 단국대 학생들의 임대 수요가 발생했다

3 아파트 투자 규제에 따른 대체 투자 수요가 발생했다

대략 이렇게들 분석하고 있더라고요.

현재(2008년) 제가 샀던 오피스텔은 1억 2,000만 원 넘게 거래되고 있고, (최근 경매에서 3명이 경쟁해서 1억 2,600만 원에 낙찰) 그때 같이 샀던 우리 모임 회원 분은 9,500만 원에 매도했습니다. (저와는 다른 물건으로 가격차가 있음)

어머니 물건도 1억 넘겨 거래가 되더라고요. (대체 우리 어머니는 투자금 대비 수익률이 몇 %인지 정말) 2008년 당시 분당은 오피스텔을 구하고 싶어서 난리가 난 상황이었습니다. 남들이 사고 싶어서 안달이 난 상황이었다는 말이죠.

제 물건이나 제 어머니 물건을 팔라고 부동산에서 계속 연락이 왔는데, 이럴 때는 당연히 팔아주는 게 투자자의 도리이긴 하지만, 애초 제가 오피스텔을 산 목적이 시세차익이 아니라 향후 안정적인 임대수익이었기 때문에 팔지 않았습니다.

우리 어머니께 권해드린 목적도 같았고요. 연세도 많으신데 이런 데서 월세가 좀 나오면, 그걸로 예쁜 손주 녀석 까까도 사 주시고, 가끔 기분 좋으시면 우리 가족 외식도 좀 시켜 주시라고 말이죠.

그러다 보니까 가격이 오르던 내리던 저와는 상관이 없었습니다. 그냥 나중에 돈이 생기는 대로 월세로 조금씩 전환하는 게 목표였습니다.

그래도 어쨌든 투자의 관점에서 보면, 그때가 팔아줘야 할 때는 맞습니다. (히말라야 은둔고수의 가르침 : BLSH)

또 하나의 사례가 있습니다. 2007년 봄에 광명시 하안동에 있는 24평 아파트를 매입했습니다.

그때 우리 모임 회원 몇몇 분도 따라서 매입하였는데, 그때 상황도 앞에서 소개한 분당 상황과 판박이였습니다.

1 매물이 넘쳐 났습니다. (부동산마다 매물이 발에 채이더군요.)

2 분양가 이하는 아니었지만, 왠지 싸다는 느낌이 들었습니다.

3 전세비율이 60%에 육박했습니다. (임대 수요는 풍부)

대출 끼고 월세 놓으면 한 채당 4,000~5,000만 원이면 됐습니다. 평당 800만 원이 안 되는 가격에 물건들이 나와 있었는데, 아무리 생각해도 광명이면 서울 바로 옆에 딱 붙어있고 구로, 금천, 영등포까지 배후세력이 떡 버티고 있으니 최소한 평당 1,000만 원은 가야 하는 게 아닌가 하는 생각이 들었습니다.

2~3년 한번 묻어보자! 강남고속화도로 뚫리고 리모델링이 가시권에 들어오면, 뭐 좋은 일 있겠지 생각했습니다.

그렇게 해서 저랑 몇몇 분들이 샀는데, 이게 웬일입니까? 완전 소 뒷걸음질 치다가 쥐 잡은 격입니다.

가을부터 갑자기 수요가 몰리기 시작했습니다. 원인이요? 뭐, 가장 주요한 원인으로는 가산디지털단지를 꼽더라고요. 그런데 그것만이라고 할 수 없는 게, 서울 외곽(의정부, 동두천, 남양주, 포천까지) 아파트 값 오른 일 다들 아시죠?

제 생각에는 완전 운 좋게 서울 외곽 아파트 값 오르기 직전에 산 겁니다. 순전히 운이었죠. 물건 샀던 부동산에서 우리보고 어떻게 알았냐고 묻더군요. 알긴 뭘 어떻게 아나요? 그냥 싸다 싶어서 산거죠.

어쨌든 부동산마다 매물 찾느라 난리였습니다.

전세 낀 물건은 조금 가격이 약했지만, 정상 입주 물건은 평당 1,000만 원이 되더라고요. 그래서 한 채 팔았습니다. 애초 목적이 시세차익이었으니까, 원하는 가격이 왔으면 당연히 팔아야죠.

앞으로 더 오를 가능성도 충분히 있었지만, 그건 다음 사람 몫이고, 저는 제가 챙길 몫만 챙기면 되거든요. 광명에 한 채가 더 남아 있는데, 이건 전세 만기 시점에 팔 생각입니다. (아무래도 전세 끼고 파는 건 가격이 약하기 마련이거든요.)

*

또 한 번 고수의 가르침 : BLSH. 여기서 제가 빠져나갈 구멍 하나 말씀 드리겠습니다. 무조건 싸다고, 사람들이 막 팔고 싶어서 안달이 났다고 마구잡이로 사면 영원히 보유하는 수가 있습니다. 그건 조심해야죠.

12가지 재주 가진 놈이 저녁거리 간 데 없다?

이런 속담이 있죠? '12가지 재주 가진 놈이 저녁거리 간 데 없다.'

그런데 이런 속담도 있더라고요.

'토끼도 세 굴을 판다.'

저는 처음부터 경매로 시작했지만, 그렇다고 지금껏 경매만 고집하지는 않습니다. 경매로 시작했다가 급매물도 잡고, 수요 예측을 해서 차액도 남기고, 요즘에는 세력을 형성해서 수요와 공급을 직접 창출하기도 하고 그때그때 상황에 맞게 대처하고 있습니다.

모든 투자는 수익률이 가장 중요한 잣대가 되는데요, 워런 버핏이 말했죠?

'연 20% 수익률만 꾸준히 올리면 갑부가 된다'고요.

내가 써먹던 어떤 툴이 현 상황에 맞지 않아서 수익률이 저조해진다 싶으면 또 다른 툴을 찾아 나서고, 그것도 약발이 다했다 싶으면 또 찾고, 그러다 보면 예전에 써먹던 툴이 다시 유용하게 쓰이는 상황이 도래하기도 합니다. 12가지 재주 가진 놈이 너무 잔머리를 굴리다 보면 저녁거리도 해결 못하는 사태가 올 수도 있습니다.

그래서 '한 우물만 파라'는 말도 있긴 한데, 또 한 우물만 죽어라 파다가 진짜 목말라 죽을 수도 있으니까, 토끼처럼 굴 세 개 정도는 파 놓는 대비책을 마련하자는 거죠. 투자의 길이 오로지 하나만 있는 것도 아니고, 또 내가 가는 길만이 오직 정도(正道)라 할 수 있는 것도 아니고, 하여간 세상은 어렵습니다.

제가 무슨 말을 하는 건지도 모르겠네요. 어쨌든 중요한 건, 워런 버핏의 말처럼 연 수익률 20% 이상을 꾸준히 유지하는 방법을 찾는 거네요.

나만의 방식으로 용어 정리 3

말소기준권리란?

경매를 통해 모든 권리관계를 싹 정리해야 하는데, 그 싹 정리하는 기준이 되는 것을 [말소기준권리]라고 부릅니다. 부동산에 관한 권리관계는 부동산 등기부등본에 기재됩니다. 이런저런 채무관계와 이런저런 권리관계가 등기부등본에 적히는 거죠. 말소기준권리도 등기부등본에 기록되는 권리 중 하나입니다. 그 여러 권리들 중에서 싹 정리하는 (즉, 말소하는) 기준이 되는 권리가 말소기준권리입니다. 말소(抹消)입니다. 말소(馬牛)가 아니고요.

그럼 이어지는 설명은 '뭐가 말소기준권리인가?'가 돼야겠죠? 그 전에 숙지해야 할 것이 있습니다. ①말소기준권리라는 게 있는데, ②말소기준권리보다 먼저 있으면 선순위 권리요, ③말소기준권리보다 나중에 있으면 후순위 권리다. ①②③ 세 원칙만 머릿속에 집어넣으시기 바랍니다. (여기서 말하는 먼저와 나중은 시간에 따른 순서를 말합니다.)

앞에서 말소기준권리를 기준으로 해서 등기를 말끔하게 정리한다고 했습니다. 말소기준권리를 기준으로 해서 ③번 권리 즉, 후순위 권리는 말끔하게 정리가 됩니다. ②번 권리 즉, 선순위 권리요? 이건 좀 문제가 되는데, 이걸 공부하는 게 키-포인트입니다. 무조건 다 말소가 돼버리면 경매를 힘들여 공부할 필요가 없는 거죠. 경매 공부는 결국은 이런 부분에 대해서 배우는 겁니다.

말소기준권리에는 다섯 가지가 있습니다.

①(근)저당권 ②(가)압류 ③담보 가등기 ④말소될 전세권 ⑤경매기입등기 이렇게 딱 5가지만 말소기준권리가 될 수 있습니다. 뒤집어 말하면, 이 5가지 외에는 말소기준권리가 될 수 없습니다. 그리고 이 5가지 권리 중에서 가장 먼저 나온 놈이 말소기준권리가 되고, 그 이후로 등재된 권리는 몽땅 말소가 되는 거죠.

부동산 사장님과 친하게 지내기

한 동네만 1년을 파면 돈이 보인다고 제가 모임 때 종종 얘기를 합니다. 제가 당시 살고 있는 집(2009년, 분당의 38평 아파트)을 구할 때 얘기입니다.

2007년 겨울,

그때 저는 동백에서 월세를 살고 있었습니다. 그런데 큰애(우리 예쁜 아들)이 다니는 문화센터, 유치원 이런 게 전부 분당에 있어서 우리의 주 생활권은 분당인지라, 희숙이가 큰애를 데리고 동백과 분당을 매일 왕복하는 것도 그렇고, 실제 생활해 보니까 처음 동백으로 이사할 때 생각했던 것보다 여간 불편한 게 아니더군요. 그래서 다시 분당으로 들어갈 생각을 하고 있었습니다.

돈이 되는 물건이 보인다

2008년 3월 어느 날, 구미동을 지나다가 문득 제가 친하게 지내던 부동산이 눈에 들어와서 커피 한 잔 얻어먹고 갈 생각으로 들렀습니다.

사무실에 앉아서 이런저런 얘기를 하다가 이번에 다시 분당으로 들어와야겠는데, 어머니도 계시고 하니 방 4개는 있어야겠다는 말을 했습니다.

부동산 사장님 왈,

마침 좋은 게 있다는 겁니다. 그렇게 해서 본 게 지금 제가 살고 있는 집입니다.

"38평인데 5억 9,000만 원에 나왔어요. 시세 잘 아시잖아요!"

(그렇죠. 그 동네는 제가 3년을 살던 동네니 시세를 잘 알 수밖에요)

(헉, 38평이 5억 9,000만 원이라니)

"그거 얼마 전만 해도 7억씩 가던 물건이잖아요?"

"요새 분당 아파트 맥 못 춥니다."

그놈도 당시 아파트값 하락의 영향을 톡톡히 받고 있었던 거죠. 게다가 매도인이 따로 집을 사 둔 게 있었고, 또 사업을 하느라 사업 자금도 필요한 상태였습니다. 이래저래 상황이 겹치면서 심리적 마지노선인 6억을 뚫고 아래로 내려온 거죠.

사장님 얘기 듣고 바로 집을 봤습니다. 마음에 들더라고요. 다음 날 희숙이랑 큰애를 데리고 한 번 더 봤습니다. (우리 큰애 집 구경 좋아합니다. 이사를 자주 다니다 보니까 '집 구경'이란 단어도 좋아합니다.) 희숙이도 마음에 들어 하기에, 그날 저녁에 매도인 불러서 바로 계약했습니다.

매도인 부르기 전에 좀 어려운 사정 얘기를 해서 500만 원 더 깎아서 5억 8,500만 원에 계약했습니다. 그리고 중도금 잔금 맞추기 위해 가지고 있던 물건 중에 알짜 몇 개를 처분했고요.

한 동네를 1년 내리 파면서 그 동네 부동산 두세 군데 마음에 맞는 곳 발굴해 친하게 지내면 돈이 되는 물건이 눈에 걸려듭니다.

어디 멀리 가서 찾을 것 없습니다. 남들이 필리핀 가서 돈 벌었다, 강원도 산골짜기에 투자해 대박이 터졌다, 이런 말에 흔들리지 마시고 그냥 내가 잘 아는 동네, 내 마음이 편한 동네를 1년 내리 파보세요. 부동산하고 친하게 지내시고요.

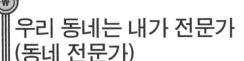

우리 동네는 내가 전문가 (동네 전문가)

소위 전문가라는 사람한테 투자 상담을 받아보신 적 있나요? 아니면 이 책을 읽는 동안 이 책의 저자인 저라는 사람 설마한테 투자 조언을 구하고 싶다는 생각을 해 본 적 있나요?

콕 찍어 주는 투자를 원하신 적 있나요?

투자는 자기 스스로 판단해서 해야 합니다. 스스로 생각해 보건데 투자 가치가 있다고 판단이 될 때 투자를 해야 합니다.

모든 투자는 본인의 책임 하에 하는 거니까요. 전문가(또는 고수)라고 해봐야 여러분들하고 다를 게 없습니다. 기껏해야 자기가 해본 분야, 자기가 투자해 본 동네만 알 뿐입니다. 다른 동네는 모릅니다.

뒤집어 얘기하면, 여러분 동네는 여러분이 전문가라는 얘기입니다. 동네 전문가. 내가 내 동네를 꾸준히 파면 뭔가 나옵니다. 한 동네만 1년을 파다보면 그 동네가 손바닥 안에 다 들어오고, 어디서 뭔가 어떻게 되는지 다 알게 되고, 그럼 그 와중에 뭔가 돈 되는 것도 보이게 됩니다.

경매를 할 때 특히 중요합니다.

경매의 목적은 '수익'입니다. 그 '수익'을 내기 위해서는 그 물건의 시장 가치 즉, 시세를 정확히 파악해야 합니다. 시세를 정확히 파악하기 위해서는 결국 그 동네를 잘 알아야 하는 거구요.

인터넷이나 신문 방송에서 유명한 전문가(또는 고수)라는 사람한테 '우리 동네에 경매 물건이 나왔는데, 그거 얼마면 팔릴까요?'하고 물어봐 봐야 돌아오는 답은 '동네 부동산 가서 시장조사를 철저히 해보세요'라는 정도입니다.

내가 사는 동네는 다른 사람보다 내가 조금은 더 알고 있겠죠?

알짜배기를 낚아챈다

경매를 할 때도 내가 사는 동네부터 시작하면 조금은 쉽게 시작할 수 있습니다. 경매 물건을 하나 뽑아서 조사를 하는데, 가만 보니까 내가 자주 다니던 목욕탕 옆집이네, 또는 내가 버스 타려고 걸어 다니던 골목길에 있는 집이네, 그럼 훨씬 조사가 쉬워지는 겁니다.

그러다 보면 그 집에 누가 사는지, 임차인인지 집주인인지, 어떤 사람인지 그 동네에 처음 오는 사람보다야 내가 더 잘 파악할 수 있을 거구요. 경매뿐만 아니라 일반 투자를 할 때도 그 동네 시세를 너무나 빤히 파악하고 있으면, 시세보다 싸게 나온 것을 알아볼 수 있는 눈이 생깁니다.

이 동네를 내가 빤히 아는데 매물로 나온 가격이 싼 건지 비싼 건지 알아볼 수 있으면 투자의 절반은 성공한 겁니다.

실제로 우리 카페 회원 중 한 명이 전농동의 방 3개짜리 지하 빌라를 낙찰 받은 적이 있었습니다. 9,900만 원(제 생각에) 고가 낙찰이었습니다. 그래서 제가 물었습니다.

"아니 이런 지하 빌라를 왜 받으셨나요? 그것도 고가에."

그 동네가 그 회원께서 대학 시절을 보낸 동네였고, 대부분의 주택이 대학생에게 임대를 주기 위해서 원룸으로 개조되어 있던 것이었습니다. 그 물건도 마찬가지로 개조를 해서 겉으로 보기에는 방 3개짜리 빌라인 줄 알았는데, 그게 독립적인 원룸으로 3채인 거였죠. 각각 하나씩 따로 따로 세를 놓을 수 있는 구조였습니다. 하나당 전셋값이 최소한 3,000만 원, 저요? 저는 애초에 그 물건 쳐다보지도 않았을 겁니다.

우리 카페의 또 다른 회원 한 분께서는 행신동의 한 오피스텔을 신건에서 단독으로 응찰하신 적이 있었습니다. (단독이니까 당연히 낙찰)

아직 신건이라 아무도 안 들어 왔던 거고, 한 번 유찰되면 좀더 싼 가격에 응찰해 볼 수도 있었을 텐데, 그냥 신건에서 100% 넘게 써서 가져 가셨더라고요.

혹시나 해서 제가 물어봤습니다.

"왜 그러셨어요?"

역시나 그 오피스텔에 이미 한 채를 보유하고 계시더라고요. 그러니 시세를 잘 파악하고 있을 수밖에 없고, 신건이라 하더라도 가격이 맞는다고 판단해서 과감하게 입찰해서 아무도 모르게 조용히 낚아 채 오신 거죠.

무슨 말인지 아시겠죠? 내 동네는 내가 전문가입니다. 잘 파악해 보세요.

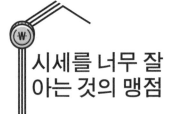

시세를 너무 잘 아는 것의 맹점

시세를 너무나 잘 알고 있다 보면, '어, 어~'하는 사이에 물건 가격이 한 단계 업그레이드 돼버리는 걸 멍하니 지켜만 보게 되는 경우가 생깁니다. 특히 부동산 사장님들이 그런 경우가 많습니다.

예를 들어, 1억 하던 아파트가 어느 날 1억 1,000만 원에 매도 호가에 나오면 시세를 잘 아는 투자자(부동산 사장님 포함)는 '이거 비싸잖아!' 하고 외면합니다. 그런데 그 물건이 계약이 되면, '이상한데, 너무 비싼 걸 샀구먼'하고 무시하죠.

그러다가 다시 1억 2,000만 원짜리가 나오고 또 계약이 되면 '정말 이상하네! 이 비싼 걸 왜 살까?' 고개를 갸웃거립니다.

다시 1억 3,000만 원이 나오면 '이거 심상찮네, 이제는 사볼까?'하는 생각이 들지만, 여전히 얼마 전에 팔린 가격을 잘 알기 때문에 선뜻 손이 가지 않습니다. 그럴 때 외지에서 온, 그 동네 물정을 전혀 모르는 사람이 덥석 사가고, 그러다 보면 어느새 그 아파트 시세는 1억 5,000만 원으로 굳어집니다.

이런 일이 종종 있습니다.

시세를 잘 아는 것도 중요하지만, 또 너무 잘 알면 선뜻 투자를 못 하는 경우가 생깁니다.

헷갈리죠?

시세를 잘 알고 있으라는 얘기야, 아니면 시세를 모르고 있어야 한 다는 얘기야? 글쎄요? 저도 모르겠네요, 어찌하라는 얘긴지요. ㅎㅎ

그래도 시세를 잘 파악하고 있는 게 중요합니다.

*

2007년 초에 제가 운영하는 실전투자 모임에서 광명시 하안동에 있는 아파트를 한 채 매입한 적이 있습니다. 그 당시 우리는 이 정 도면 적당한 가격이라 생각하고 매입을 추진했는데, 그 동네 부동산 사장님들은 매물로 나온 것도 많아서 몇 채 사봐야 가격이 오르지도 않을 텐데 왜 사냐면서 의아해했습니다.

우리가 매입을 추진한 이유는 광명만의 상황을 보는 게 아니라 서 울 전역의 수급 상황과 서울 주변 일대의 아파트 가격 추이를 보고, 광명이 상대적으로 싸다는 생각에 들어갔던 겁니다.

다시 말해, 광명뿐만이 아니라 전반적인 시세를 어느 정도 파악했 기에 들어갈 수 있었던 겁니다. 그리고 2008년 들어서 광명 하안동 아파트 가격이 오를 때 적당한 시점과 가격 선에서 털고 나올 수 있 었던 것도 가산디지털단지의 입주 현황과 맞물리는 수급 상황 그리 고 강북권 일대의 아파트 가격 상승을 보면서, 이 정도면 적당하겠 다 싶어서 던지고 수익을 실현했던 거고요.

시세는 잘 알아야 합니다. 그래야 돈이 되는 물건을 보는 안목이 생기죠. 그런데 서두에 말했듯이 너무 잘 아는 바람에 들어가야 할 시점을 놓치는 경우도 있습니다. 하지만 그럴 위험이 있더라도 시세는 잘 알아야 합니다.

위장(선순위)임차인 경매 물건

2006년 4월에 낙찰 받은 물건입니다. 가만히 보면 재미있는 게 하나 있습니다.

뭘까요? 생각해 보셨나요?

물론 제목에 있는 대로 임차인이 위장임차인입니다. 임차인 보증금을 보세요. 무려 15억 원입니다. 1억 5,000만 원도 아닌 15억 원입니다.

그래서 '이 물건은 위장임차인 물건이구나!' 확신을 가지고 응찰했습니다.

낙찰 받는 순간 '혹시 15억이 오타고, 실제로 1억 5천이면 어쩌지?' 하는 불안감이 엄습했지만, 다행히 위장임차인이 맞았습니다. 위장임차인 문제만 해결하면 되겠구나 하고 편안하게 생각했는데, 문제는 엉뚱한 곳에서 터졌습니다.

채권단의 배당이의소송입니다. 배당이의소송 때문에 1년을 허비했습니다.

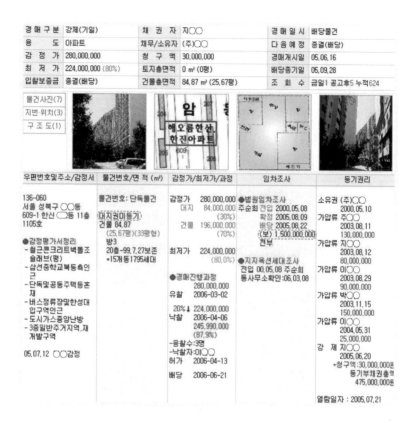

경매구분	강제(기일)	채 권 자	지○○	경매일시	배당물건
용 도	아파트	채무/소유자	(주)○○	다음예정	종결(배당)
감 정 가	280,000,000	청 구 액	30,000,000	경매개시일	05.06.16
최 저 가	224,000,000 (80%)	토지총면적	0 ㎡ (0평)	배당종기일	05.09.28
입찰보증금	종결(배당)	건물총면적	84.87 ㎡ (25.67평)	조 회 수	금일1 공고후5 누적624

물건사진(7)
지번·위치(3)
구 조 도(1)

우편번호및주소/감정서	물건번호/면적 (㎡)	감정가/최저가/과정	임차조사	등기권리
136-060 서울 성북구 ○○동 609-1 한신 ○동 11층 1105호 ●감정평가서정리 -철근콘크리트벽돌조 슬래브(평) -삼선중학교북동측인 근 -단독및공동주택등혼 재 -버스정류장및한성대 입구역인근 -도시가스중앙난방 -3종일반주거지역,재 개발구역 05.07.12 ○○감정	물건번호: 단독물건 (대지권미등기) 건물 84.87 (25.67평)(33평형) 방3 20층-99.7.27보존 *15개동1795세대	감정가 280,000,000 대지 84,000,000 (30%) 건물 196,000,000 (70%) 최저가 224,000,000 (80.0%) ●경매진행과정 280,000,000 유찰 2006-03-02 20%↓ 224,000,000 낙찰 2006-04-06 245,990,000 (87.9%) -응찰수:3명 -낙찰자:이○○ 허가 2006-04-13 배당 2006-06-21	●법원임차조사 주순희 전입 2000.05.08 확정 2005.08.09 배당 2005.08.22 (보) 1,500,000,000원 천부 ●지지옥션세대조사 전입 00.05.08 주순희 동사무소확인:06.03.08	소유권 (주)○○ 2000.05.10 가압류 주○○ 2003.08.11 130,000,000 가압류 지○○ 2003.08.12 80,000,000 가압류 이○○ 2003.08.29 90,000,000 가압류 박○○ 2003.11.15 150,000,000 가압류 이○○ 2004.05.31 25,000,000 강 제 지○○ 2005.06.20 *청구액:30,000,000원 등기부채권총액 475,000,000원 열람일자 : 2005.07.21

　　배당이의소송이 마무리되자 다시 위장임차인 명도소송으로 또 1
년이 후딱 지나갔습니다. 명도소송 도중에 판사 왈,

　　'경매로 낙찰 받았으니 싸게 산 거 아니냐? 임차인에게 이사 비용
4,000만 원 주고 조정하자' 이러는 겁니다. 기나긴 소송에 지친 우리
는 그렇게라도 하고 마무리하려고 했는데 임차인이 그걸 거부하네요.

　　그래서 그냥 명도소송 진행해서 이사 비용 없이 명도해 버렸습니다.

　　2008년 들어서 집을 명도 받고 매수자 찾아서 팔았는데, 이번에
는 대지권에 문제가 생겼습니다. (가지가지 하는 케이스)

앞에 자료를 보시면 [대지권미등기]라는 표시가 있죠?

이게 재건축조합아파트였는데 대지권이 늦게 정리가 됐습니다. 우리가 낙찰 받던 시점에 정리를 하는 와중이었죠. 그러다 보니까 대지권이 전 소유자에게 넘어가 버리는 사태가 발생했습니다. 또 그 대지권 찾아오느라 변호사 비용이 들었습니다.

하여간 이래저래 사건사고에 휘말리면서도 이번 투자 건을 마무리하고 투자금을 회수했습니다.

2007년 말부터 2008년 초까지 강북지역 아파트 가격 상승이 없었다면, 지난 2년을 투자금이 묶인 채 기회비용을 날릴 뻔했다는 생각에 가슴을 쓸어내리게 됩니다.

나만의 방식으로 용어 정리 4

선순위임차인이란?

말소기준권리보다 먼저 전입신고를 한 임차인을 말합니다. 세상에 무엇 하나 무서울 게 없는 존재, 경매가 진행되는 동안 두 다리 쭉~ 뻗고 편하게 잠을 잘 수 있는 유일한 사람입니다. 배당요구를 하면 보증금을 전액을 다 배당 받을 수 있으며, 혹시 배당을 받지 못하면 낙찰자한테 보증금 전액을 다 받아낼 수 있는 위치에 있습니다.

팔지도 않고 원금 회수하기

경기도 시흥시 정왕동 다가 구주택입니다. 낙찰 후 명도까지 6개월이 걸린 물건입니다. 총 9가 구로, 가구 수가 많다 보니 좀 오래 걸리더라고요. 일단 경매보증금

경매구분	임의(기일)	채 권 자	○○은행	경매일시	배당물건
용 도	다가구주택	채무/소유자	박○○	다음예정	종결(배당)
감 정 가	438,265,980	청 구 액	100,000,000	경매개시일	05,12,23
최 저 가	306,786,000 (70%)	토지총면적	227.1 m² (68.7평)	배당종기일	06,04,10
입찰보증금	종결(배당)	건물총면적	386.16 m² (116.81평)	조 회 수	금일1 공고후17 누적246

물건사진(3)
지번 위치(4)
구 조 도(1)

우편번호및주소/감정서	물건번호/면 적 (m²)	감정가/최저가/과정	임차조사	등기권리
429-450 경기 시흥시 정왕동 1○○-○ ●감정평가서정리 - 철콘조평슬래브지붕 - 공부상3가구이나실9 　가구임 - 시화초등학교북측인 　근 - 다가구주택및상가주 　택혼재 - 차량접근자유로움,제 　반교통사정보통 - 버스(정)인근소재 - 세장형등고평탄지 - 북동측및남서측8m도 　로접합 - 1종일반주거지역 - 1종지구단위계획구역 - 도시계획시설도로접 　합 - 도시가스개별난방 06,01,04 써브감정 표준공시지가 : 460,000 감정지가 : 913,000	물건번호: 단독물건 대지 227.1 (68.7평) 건물 · 1층 128.24 (38.79평) 3가구,1가구당방2 · 2층 128.96 (39.01평) 3가구,1가구당방2 · 3층 128.96 (39.01평) 3가구,1가구당방2 2001,10,18보존	감정가 438,265,980 대지 230,923,680 (52.69%) 건물 207,342,300 (47.31%) 최저가 306,786,000 (70.0%) ●경매진행과정 438,265,980 유찰 2006-08-17 30%↓ 306,786,000 낙찰 2006-09-21 315,510,000 (72%) -응찰수:1명 -낙찰자:이○○ 배당 2006-11-29	●법원임차조사 노○○ 전입 2001,11,01 　　　확정 2001,11,01 　　　(보) 31,000,000 　　　1층102호 점유 　　　2001,10,16-2 손○○ 전입 2001,11,16 　　　확정 2001,11,16 　　　배당 2006,01,25 　　　(보) 30,000,000 　　　101호방2 점유 　　　2001,11,16-3년 권○○ 전입 2002,07,30 　　　확정 2002,07,30 　　　배당 2006,01,17 　　　(보) 31,000,000 　　　3층303호 점유 　　　2002,7,29- 최○○ 전입 2002,10,31 　　　확정 2002,10,31 　　　배당 2006,01,17 　　　(보) 30,000,000 　　　2층202호 점유 　　　2002,11,1-2년	저당권 ○○은행 경수영업 2001,10,23 54,500,000 저당권 ○○은행 경수영업 2001,10,23 78,000,000 소유권 박○○ 2004,04,13 전소유자:박말순 저당권 김○○ 2004,04,22 25,000,000 가압류 정○○ 2005,09,16 6,000,000 전세권 박○○ 2005,10,06 34,000,000 존속기 간:2006,02,07 전세권 최○○ 2005,10,10 30,000,000 존속기 간:2006,10,01 전세권 김○○

3,000만 원을 준비하고, 7,000만 원은 은행에서 대출, 나머지 금액은 투자를 받았습니다.

명도 후 세를 놨는데, 전세와 월세를 적절히 섞어서 놨습니다. 최종 결산을 해보니까 다음과 같았습니다.

- 낙찰가: 3억 1,500만 원
- 대출(투자금 포함): 2억 500만 원
- 임대보증금: 2억 원
- 차액: 9,000만 원

대출이자가 연 9%짜리로 월 155만 원 가량이었고, 월세수입이 약 160만 원 정도였습니다. 즉, 6개월 후에 세를 다 맞춰 놓으니까 9,000만 원이 남고 이자는 월세로 충당할 수 있었습니다. 물론 취등록 비용이랑 명도비용, 등기비용을 제하면 실제 남은 돈은 7,500만 원 정도였습니다.

다시 정리해 보면, 1억 투자해서 6개월여 만에 7,500을 번 셈이죠. (물건은 여전히 보유한 상태였고요.)

부동산 투자 사이클로 보면 단타에 투자금 회수하고 수익을 실현(팔지도 않고)해서 투자하신 분들께 투자원금+수익을 돌려드렸습니다.

다가구 주택을 경매로 받으면 팔지도 않고 투자원금까지 다 회수할 수 있는 시절이 있었는데, 아! 옛날이 그립습니다.

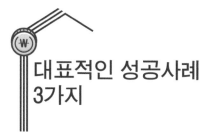

대표적인 성공사례
3가지

낙찰가 대비 2배, 투자원금 대비 5배의 고수익

경매구분	임의(기일)	채권자	한국◯◯◯	경매일시	종결물건
용도	아파트	채무/소유자	i	다음예정	종결(종결)
감정가	50,000,000	청구액	27,557,844	경매개시일	05.12.05
최저가	32,000,000 (64%)	토지총면적	33.4 ㎡ (10.1평)	배당종기일	06.04.03
입찰보증금	종결(종결)	건물총면적	39.96 ㎡ (12.09평)	조회수	금일1 공고후12 누적182

■ 물건사진 2
■ 지번위치 4
■ 구조도 1

우편번호및주소/감정서	물건번호/면적(㎡)	감정가/최저가/과정	임차조사	등기권리

472-892
경기 남양주시 오남읍
 	
●감정평가세정리
- 오남초등학교남서축
  인근
- 학교밀각종근린시설.
  주민편의시설소재
- 차량출입용이,제반교
  통사정보통
- 노선버스(장)인근
- 도시가스개별난방
- 2종일반주거지역
- 자연녹지지역
- 도시계획시설도로접
  합
- 토지거래허가구역
 	
05.12.09 ◯◯감정
	물건번호: 단독물건
	대지 33.399/6613
	　(10.1평)
	건물 39.96
	　(12.09평)
	　(16평형)
	방2
	5층-90.5.9보존
	+남향,계단식
		감정가　　50,000,000
		(대지)　　25,000,000
		　　　　　(50%)
		건물　　　25,000,000
		　　　　　(50%)
		
		최저가　　32,000,000
		　　　　　(64.0%)
		
		●경매진행과정
		　　　　　50,000,000
		유찰 2006-06-27
		
		20%↓ 40,000,000
		유찰 2006-08-08
		
		20%↓ 32,000,000
		낙찰 2006-09-19
		　33,360,000
		　(66.7%)
		응찰 : 2명
		낙찰자 :
		
		허가 2006-09-26
		종결 2006-11-24
			●법원임차조사
			　전입 2003.02.12
			　확정 2005.11.15
			　배당 2006.01.24
			　(보) 10,000,000
			　(월) 200,000
			　전부
			　점유 2003.2-사용
			　시
			
			●지지옥션세대조사
			　전입세대없음
			　동사무소확인:06.05.29
				소유권
				　　2000.04.27
				저당권 ◯◯은행
				　씨에스씨
				　2002.11.22
				　34,560,000
				가압류 ◯◯생명
				　보합
				　2003.05.06
				　208,230,000
				가압류 ◯◯카드
				　북부채권
				　2003.06.04
				　1,410,000
				임 의한국◯◯
				　2005.12.08
				+청구액:27,557,844원
				등기부채권총액
				　244,200,000원
				
				열람일자 : 2006.01.26

2006년경에 낙찰 받은 물건입니다. 남양주 오남읍에 있는 ◯◯아파트입니다. 저층 아파트로 재건축 얘기가 나올 만한 아파트였죠.

낙찰 후 다음과 같이 세팅했습니다.

- 낙찰가: 3,336만 원
- 대출금: 2,300만 원 / 월이자 15만 원
- 보증금: 700만 원 / 월세 25만 원

즉, 실제 투자금 600만 원(취등록, 법무 비용 포함)에 월 10만 원씩 월세가 남았습니다.

그리고 기억들 하죠?

2006년 추석 이후로 수도권 중소형 아파트가 폭등했던 일이요. 게다가 이 아파트는 예상대로 재건축 얘기가 나돌았고요. 대략 1년 후인 2007년 하반기에 낙찰가의 두 배인 6,400만 원에 팔았습니다. 그런데 단타인데다 다주택이라 양도세를 50%나 물어야 했습니다.

제가 팔고 나서도 가격은 계속 상승해서 1억까지 찍었다는 소식을 들었네요. 뭐, 특별히 아깝다는 생각은 안 들었습니다. 제가 먹을 만큼 먹은 대다가 어차피 더 올라봐야 양도세로 절반을 뜯기니까요.

요즘에는 다시 제가 팔았던 가격 정도로 떨어졌다고 하네요.

잠깐, 노파심에서 한 말씀 드립니다.

다주택인데 양도세율이 60%지 왜 50%냐 하는 분이 있을까 봐요. 수도권 읍면지역은 해당 물건을 팔 때 일반과세를 합니다.

즉, 제가 1년 이내에 팔았으니까 50%였던 거죠. 2년을 넘겨서 팔았으면 18% 정도 아마도요.

전세가격이 낙찰가의 1.5배

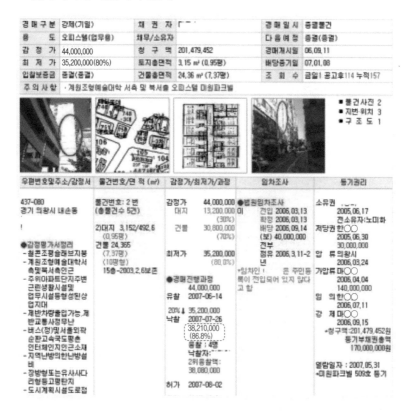

경매구분	강제(기일)	채 권 자	┌ ┐	경 매 일 시	종결물건
용 도	오피스텔(업무용)	채무/소유자		다 음 여 정	종결(종결)
감 정 가	44,000,000	청 구 액	201,479,452	경매개시일	06.09.11
최 저 가	35,200,000(80%)	토지총면적	3.15 ㎡ (0.95평)	배당종기일	07.01.08
입찰보증금	종결(종결)	건물총면적	24.36 ㎡ (7.37평)	조 회 수	금일1 공고후114 누적157
주 의 사 항	·계원조형예술대학 서측 및 북서측 오피스텔 미원파크빌				

■ 물건사진 2
■ 지번·위치 3
● 구 조 도 1

우편번호및주소/감정서	물건번호/면 적 (㎡)	감정가/최저가/과정		임차조사	등기권리
437-080 경기 의왕시 내손동 ↓ ●감정평가서정리 - 철촌조평슬래브지붕 - 계원조형예술대학서 측밑북서측연근 - 주위아파트단지주변 근린생활시설밑 업무시설등형성된상 업지대 - 제반차량출입가능·계 반교통사정무난 - 버스(정)및서울외곽 순환고속국도평촌 인터체인지연근소재 - 지역난방의한난방설 비 - 장방형또는유사사다 리형등고평탄지 - 도시계획시설도로접	물건번호: 2 번 (총물건수 5건) 2)대지 3,152/492.6 (0.95평) 건물 24.36도 (7.37평) (10평형) 15층-2003.2.6보존	감정가 44,000,000 대지 13,200,000 (30%) 건물 30,800,000 (70%) 최저가 35,200,000 (80.0%) ●경매진행과정 44,000,000 유찰 2007-06-14 20%↓ 35,200,000 낙찰 2007-07-26 38,210,000 (86.8%) 응찰: 4명 낙찰자: 2위응찰액: 38,080,000 허가 2007-08-02	●법원임차조사 이 전입 2006.03.13 확정 2006.03.13 배당 2006.09.14 (보) 40,000,000 전부 점유 2006.3.11-2 년 +임차인 ! 은 주민등 록이 전입되어 있지 않다 고 함	소유권 ┌ ┐ 2005.06.17 전소유자:노미화 저당권 한○○ 2005.06.30 30,000,000 압 류 의왕시 2006.03.24 가압류 마○○ 2006.04.04 140,000,000 임 한○ 2006.07.11 강 제 마○○ 2006.09.15 +청구액:201,479,452원 등기부채권총액 170,000,000원 열람일자 : 2007.05.31 +미원파크빌 509호 등기

오피스텔입니다. 4명이 경쟁해서 3,821만 원에 받았습니다.

2등과 20만 원 차이가 났죠. (앞에서 소개한 대로 2등과 1천 원 차이가 난 적도 있습니다.)

경매가 진행될 당시 이미 전세 4,000만 원이 들어있던 물건으로, 새로 전세를 놓으면 4,500만 원은 충분하다는 판단이 섰습니다. 전세 4,500만 원이 충분히 나오는 물건을 3,800만 원으로 응찰하다니, 도둑놈 심보죠?

낙찰 후 다음과 같이 세팅했습니다.

- 낙찰가: 3,821만 원
- 대출금: 3,000만 원 / 월이자 25만 원
- 보증금: 1,500만 원 / 월이자 30만 원(전세 4,500만 원 기준)

취득세와 등록비용에 법무비용, 중개수수료를 다 감안해도 돈이 남고, 거기다 월 5만 원씩 월세까지 남았습니다. 그러다가 2008년 하반기에 세입자가 나간다고 하는 겁니다. 그래서 새로 5,000만 원에 전세를 놨습니다.

대출 금리가 오르던 시점이라 그 돈으로 미련 없이 대출 싹 갚아버렸습니다.

이런 물건은 전혀 팔 필요가 없습니다.

*

세 번째 성공사례는 앞서 소개한 정왕동의 다가구주택입니다.

이상입니다.

어떠셨나요? 재미있으신가요?

실패사례보다는 훨씬 읽는 재미가 나긴 하겠지만, 이런 경우는 정말 드물다는 걸 유념하셔야 합니다.

저의 6년 경매 인생에서 진짜 자랑할 만한 실적이 겨우 저 세 건입니다. 나머지는 다 고만고만했습니다. 그냥 적당히 수익을 봤던 거죠. 아니면 고생을 무지무지하게 했거나요.

결론은, 경매는 배워두면 평생을 써먹을 수 있는 훌륭한 재테크 툴인 것만은 사실입니다. 그러니까 차근차근 천천히 제대로 배우시고 항상 조심하는 마음가짐으로 경매에 임하라는 말을 드리고 싶습니다.

실패사례 3가지

첫 번째 실패사례는 앞에서 소개한 위장임차인 건입니다. 잠깐 부연만 하겠습니다.

위장임차인이라는 걸 알고 당당히 낙찰을 받았습니다. 그런데 예상치 못했던 복병이 나타났습니다. 채권자의 배당이의소송이었습니다. 단순히 인수하는 선순위임차인이 아니라, 확정일자를 뒤늦게 받고 배당 요구를 한 임차인입니다.

그리고 등기내역을 보면 채권자들은 몽땅 가압류권자들입니다.

그러다 보니까 안분배당, 채권자들이 가만히 안 있었죠. 배당이의소송을 제기해 소송하는데 1년 그리고 이번에는 제 차례로 명도소송에 다시 1년을 까먹었습니다.

2년 만에 명도 완료하고 집 팔았습니다. 다행히 2006년 추석 이후로 수도권 아파트 가격이 많이 올라서 장부상으로는 수익이 났지만, 2년간 시간 버린 일 생각하면 별로 남는 것도 아니었습니다.

만약 시세가 오르지 않고 애초에 예상했던 가격으로 팔았다면 완전 손해 보는 짓을 할 뻔 했습니다.

버블세븐지역 버블이 꺼지고

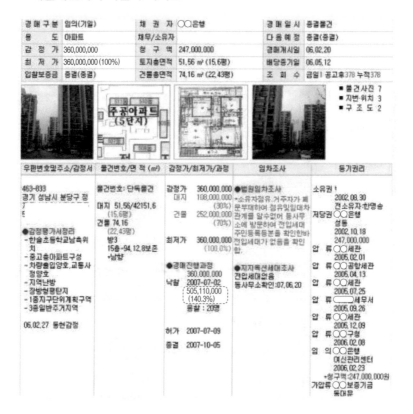

분당의 30평 아파트입니다.

그 당시(2007년) 시세가 5억 5,000만 원쯤 하는 아파트를 감정을 잘못하는 바람에 24평 가격인 3억 6,000만 원으로 감정가격이 제시된 아파트입니다.

무려 20명을 제치고 낙찰을 받았습니다. 낙찰 받자마자 부동산에서 5억 4,000만 원에 팔라고 했는데, 안 팔고 그냥 세를 놨습니다.

이 아파트 단지는 분당에서 제일 활발하게 리모델링을 추진하는 단지로, 신분당선 환승역인 정자역의 영향권에 들어 있는 단지거든요.

'좋았어! 리모델링하면 40평형이 되니까 10억은 충분히 갈 거야!' 하는 생각에 그냥 세를 놓았죠. 그런데 그 이후는 여러분들도 잘 아시는 바와 같이 버블세븐지역의 가격이 붕괴되기 시작했습니다.

2008년 리모델링 시공사(대림-현대 컨소시엄)도 선정됐고, 11월에 리모델링 연한도 됐습니다. 지금도 그냥 기다리고 있습니다.

시세 파악 잘못, 낙찰가 = 매가

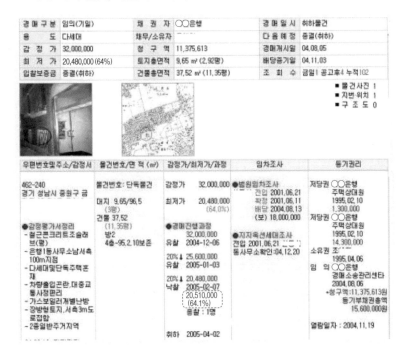

제가 경매 초창기에 낙찰 받은 물건입니다.

2,000만 원에 덜컥 낙찰 받고 보니 부동산에 비슷한 물건이 2,000 만 원에 나와 있는 겁니다. 그것도 안 팔리는 상태로요. 보증금 200 만 원을 포기해야 하나 하는 절망감에 휩싸여 있었죠. 지금은 200만 원이 아무것도 아니지만, 그 당시에는 제 전체 투자금의 10%에 해당 하는 금액이었거든요. 그런데 하늘의 뜻인가요? 집주인이 경매를 취 하하자고 연락이 왔습니다. 그래서 냉큼 취하동의서 써주고 보증금 돌려받았습니다.

딱히 실패사례라고 하기에는 뭐하긴 하지만, 어쨌든 경매는 낙찰 이 끝이 아니고 그 이후에도 할 일이 꽤 많습니다. 그렇다고 경매를 하지 말라는 말은 아닙니다. 내가 제대로 공부해서 제대로 대비만 할 수 있으면 경매만큼 좋은 재테크 툴도 없습니다.

한번 배워두면 평생을 써먹을 수 있는 재테크 기법이거든요.

경매에도
상도(商道)가 있다

다가구주택 단독 낙찰 후 취하

입찰에 들어간 물건은 역시나 단독이었습니다. 혹시나 몰라서 최 저가에서 1% 더 썼는데, 역시나 안 들어왔네요. 이 물건은 전체 채권액이 낙찰가보다 적어서 취하의 우려가 있었습니다. 낙찰허가랑 잔금납기일이 떨어지기만 기다리고 있는 중이죠. 낙찰 받은 다가구 물건입니다.

경매 구분	강제(기일)	채 권 자	김○○	경매 일시	낙찰물건
용 도	다가구주택	채무/소유자	장○○	다음 예정	낙찰물건
감 정 가	396,792,160	청 구 액	25,500,000	경매개시일	08.01.18
최 저 가	396,792,160 (100%)	토지총면적	140 ㎡ (42.35평)	배당종기일	
입찰보증금	낙찰물건	건물총면적	260.62 ㎡ (78.84평)	조 회 수	금일13 공고후637 누적637

물건사진(6)
지번·위치(4)
구 조 도(4)

우편번호및주소/감정서	물건변호/면 적 (㎡)	감정가/최저가/과정	임차조사	등기권리
150-899 서울 영등포구 영등포동 ○○ ●감정평가서정리 -벽돌조평슬래브지붕 -대우드림타운아파트 단지남서측연근위치 -공동주택및단독주택, 소규모점포,공공 시설등혼재한기존주 택지대 -차량진입가능,대중교 통사정보통 -버스(정)인근소재 -장방형등고평탄지 -북동측4m,남동측3m 도로각각접함 -도시지역 -2종일반주거지역(7층 이하) -대공방어협조구역(군 사시설보호법) -도시가스보일러난방 -목록상5가구이나현황 6가구거주	물건변호: 단독물건 대지 140 (42.35평) 건물 ·1층 66.36 (20.07평) 2가구 ·2층 67.2 (20.33평) 1가구 ·지층 66.36 (20.07평) 3가구 제시외 ·계단실 25 (7.56평) ·창고 2.4 (0.73평) ·창고 2.1 (0.64평) ·창고 3 (0.91평) ·창고 3 (0.91평) ·발코니 4.2	감정가 396,792,160 대지 295,400,000 (74.45%) 건물 89,564,160 (22.57%) 제시 11,828,000 (2.98%) 최저가 396,792,160 (100.0%) ●경매진행과정 396,792,160 변경 2008-04-17 취하 2008-07-31 0% 396,792,160 낙찰 2008-11-28 401,120,000 (101.1%) -응찰수:1명 -낙찰자:이○○	●법원임차조사 김도순 전입 2000.04.08 1차확정 2000.03.24 3200만 2차확정 2002.03.15 3500만 배당 2008.03.11 (보) 35,000,000 점유 2000.4.9-2 년 김진승 전입 2002.02.02 방명희 전입 2003.05.09 차은미 전입 2003.09.08 김봉성 전입 2004.11.01 확정 2004.11.01 (보) 25,000,000 점유 2004.11.1 임차권자 지출일부	저당권 도림1동새 1998.11.10 42,000,000 소유권 장○○ 2000.03.07 압 류 영등포구 2005.12.13 임차권 김○○ 2006.03.22 25,000,000 전입:2004.11.01 확정:2004.11.01 압 류 정을시 2006.09.26 저당권 유○○ 2007.10.18 50,000,000 가 제 김○○ 2008.01.18 +청구액:25,500,000원 의 도림1동새 2008.05.16 등기부채권총액 117,000,000원 열람일자 : 2008.11.14

첫 번째 만남

남부법원에서 단독 낙찰자로 호명돼서 낙찰 영수증을 받고 돌아서는데 집주인이 나타났습니다.

'설마 신건에 누가 응찰하겠어?'

내심 기대는 했지만 그래도 혹시나 하는 마음에 법원에 나와 있었던 모양입니다.

그러다 웬 놈(?)이 낙찰을 받으니까 잠깐 좀 보자고 말을 건넨 거지요.

"이거 취하시킬 겁니다."

"아, 그러세요."

법정이란 곳이 원래 낙찰자와 원 소유자 간에 이런저런 말 섞기는 어색한 곳이라 대충 대답하고 법원 바깥으로 빠져나왔습니다.

두 번째 만남

이삼일 후 주인으로부터 전화가 왔습니다. (이해관계인이라 법원에서 낙찰자 연락처를 알려준 모양입니다.)

만나서 얘기 좀 하자는 내용이었죠. 서초동 사무실에서 만났습니다. 세상에 사연 없는 사람이 없는 법이지만, 이런 경우에는 사연이 참 구구절절합니다. 그럴 때는 가만히 들어주면서 감정을 같이 나누는 게 좋죠.

이런저런 사정 얘기를 한 시간 가량 듣고 나니, 얘기의 요지인 즉 취하시킬 테니 취하동의서를 써 달라는 것이었습니다. (당연히 예상됐던 얘기지요.) 채무를 변제하고 취하시키겠다는 계획이더라고요. 원래 취하할 생각이었는데, 설마 신건에 낙찰 받을 줄은 몰랐다고 하더군요. 우리도 임장하랴 낙찰 받으랴 이런저런 비용이 들어갔을 텐데, 자기가 성의를 표하겠다는 뜻도 함께 밝히더라고요.

뭐, 채무자가 채무 변제하고 사건을 취하하겠다는데, 거기에 딴죽을 걸면 그건 나쁜 낙찰자지요. 업계의 상도의를 저버리는 짓이거든요.

더구나 맨입으로 해 달라는 것도 아니고, 어느 정도 성의 표시를 한다는데…. 이쪽 룰을 아시더라고요. 집주인 쪽에서 현재 돈을 구해 보는 중이고, 허가결정일 이전까지 돈을 마련해서 채무를 변제하겠다고 하데요.

채무를 변제할 수 있으면 우리도 취하하는 데 적극 협조하겠다는 답변을 했습니다. 채무를 변제하지 못하면 취하도 없는 거죠.

세 번째 만남

매각허가결정일 당일, 집주인이 사무실로 찾아왔습니다. (채무 변제할 돈을 구했다는 뜻입니다.) 지난번에는 혼자 왔었는데, 이번에는 동행이 2명 더 있더군요.

이런 자리에 혼자 오는 것보다 동행이 있는 게 훨씬 심적으로 안정이 되고 협상하는 데도 유리할 수 있으니까요. 우리도 미리 인감증명서랑 인감도장을 준비하고 기다렸습니다.

집주인 일행과 간단하게 서로 인사를 나누고, 그간 마음고생이 심하셨다는 위로의 말을 전하고는 바로 공식 절차에 들어갔습니다.

사건번호 확인하고, 낙찰자의 취하동의서 작성하고, 도장 찍고, 인감 첨부하고…. 그러고는 또 서로 안부의 인사를 나눴습니다.

"그동안 고생하셨습니다."

"협조해 주셔서 감사합니다."

그렇게 집주인 일행은 사무실 문을 나섰습니다. 그렇게 또 우리

회심의 역작이 우리 손을 빠져나갔습니다. 아쉬웠습니다. 그래도 어쩌겠습니까? 우리가 누구 해코지 하자고 경매하는 것도 아닌데 말입니다.

이런 경우는 당연히 협조를 해 줘야죠. 어차피 물건은 많습니다.

피천득님이 아사꼬를 세 번째는 아니 만났어야 했듯이, 우리도 이 아저씨를 세 번째는 아니 만났어야 좋았는데요.

경락잔금 마련
Know How

어떤 분이 제게 하신 질문에 답해보겠습니다. 간단하게 답할 수 없는 복잡한 문제입니다. 또 정답이란 게 있을 수 없는 그런 철학적인 문제이기도 합니다. 어떻게 생각하느냐에 따라서 또는 내가 어떤 마음을 먹느냐에 따라서 길이 보이기도 하고 전혀 막막한 절벽일 수도 있는 문제입니다.

서로가 걸어온 길에 따라서 다양한 해법이 나올 수 있는데, 그중에 제 개인, 즉 설마가 경험한 한정된 경험에서 나오는 얘기구나 생각하고 참고하세요.

다른 분들에게는 또 다른 해법이 존재할 수 있거든요.

1 현재 마련할 수 있는 금액은 입찰보증금 수준입니다. 어떻게 경매를 시

작할 수 있을까요? 대출을 이용하더라도 시세의 60% 정도라고 할 때 모자라는 금액이 발생합니다. 경매를 포기해야 하나요? 긴 시간 종잣돈 모으고 재도전하는 수밖에 없나요?

일단은 돈이 없으면 아무것도 못합니다. 우리 사회는 자본주의 사회거든요. 냉정한 현실이자 두 눈 크게 뜨고 똑바로 쳐다봐야 할 현실이죠. 그러나 피해서는 안 되고, 정면으로 부딪쳐서 깨치고 나가야 할 장애물입니다. '그냥 돈이 모일 때까지 기다려야 하나?' 방법이 없으면 그래야 합니다.

2 경락잔금 대출금의 범위는 KB시세 기준인가요, 낙찰금 대비 비율인가요?

보통의 경우 다음 공식이 적용됩니다. 대출액=min(감정가 X 0.7 혹은 낙찰가 X 0.7)

감정가의 70%와 낙찰가의 70% 중에서 낮은 금액을 적용합니다. 그러나 때와 장소에 따라서 대출 비율이 달라지기도 하고(70%→80% 또는 60%), KB시세의 60%를 해줄 때도 있습니다. 그건 그때그때 경제 상황과 물건의 종류, 그 당시 정부 규제 등 다양한 변수에 따라 바뀝니다.

3 1억짜리 아파트를 구입할 때 60%를 대출로 충당했을 경우, 세입자가 조금만 알아보더라도 그 집은 세입자로 들어오기 꺼려할 텐데 어쩌나요? 당연히 경락잔금 대출도 등기상 저당권이 표기되겠지요?

당연히 등기부등본에 저당권 표시가 되며, 등기부등본을 볼 줄 아는 세입자는 전세로 안 들어오겠죠. 그러나 이것도 역시 특별한 조건에 따라서는 가능한 경우도 있습니다. 아주 특별한 조건에서요.

그러나 일반적인 경매의 경우에는 발생할 수 없는 경우니까, 굳이 알 필요는 없습니다.

4 대출을 이용해 월세로 대출이자를 막고 차액으로 수입을 이룰 경우, 일정 이자를 납입한 후에는 원금을 분할 상환할 시점이 도래할 텐데, 이 경우 대처 방안과 이를 피하는 대출 방안은 무엇이 있을까요?

그건 그때 가서 걱정하면 됩니다. 옛말에 '천석꾼은 천 가지 걱정, 만석꾼은 만 가지 걱정'이라는 말이 있습니다. 일차원적인 뜻은 재산이 많을수록 걱정도 늘어간다는 뜻이지만, 좀더 깊은 뜻은 내가 어떤 위치에 가면 그 위치에서 해야 할 일을 하게 된다(또는 할 수 있다)는 뜻도 있습니다.

아직 아무것도 없는 분이 미리 앞서서 그런 걱정을 할 필요가 없다는 겁니다. 그때 가서 그런 상황이 되면 자연스럽게 그 상황을 해결할 방안도 보일 겁니다. 아직 집 한 채 없는 사람이 종부세 걱정하는 것과 같은 차원입니다.

그래도 궁금하신가요?

간단합니다. 대출 연장하면 됩니다. 또는 대환대출하면 되고요. 또는 그 상황에서는 아마 돈을 꽤 벌었을 테고, 원리금 상환 따위는 걱정 축에도 못들 겁니다. 이미 다른 걱정을 하고 계실 겁니다.

5 경락잔금 대출을 받을 때 낙찰시 해당 물건의 입찰자 수가 영향을 미치나요?

지금까지의 경험상 뭐 특별한 영향은 없었습니다. 오히려 지하냐 지상이냐 하는 게 영향을 미치긴 했어도 말입니다. 응찰자 수 가지고 영향을 미치는 경우는 별로 없습니다. 단독이면 대출이 잘 안 나온다는 말도 있던데, 꼭 그렇지만도 않습니다. 안 나온다하면 나오는 곳을 찾으면 되거든요.

6 여러 군데 오프라인 강의를 들어봤는데, 많은 강사님들이 블루오션, 특수물건에 주목하라는 말씀을 많이 하십니다. 특수물건의 경우 대출이 안된다고 들었습니다. 이런 물건의 경우, 대출 이용을 포기하는 동시에 해당 물건 경매 참여도 포기해야 할까요?

내가 관찰을 시작하면 그 객체는 이미 그 위치에 없습니다. 하이젠베르크의 불확정성의 원리입니다. 마찬가지로 남들이 블루오션이라고 하면 이미 블루오션이 아닙니다. 블루오션이면 그 강사들이 블루오션이라고 떠들고 다닐까요? 자기가 일가친척 하다못해 '딸라' 빚을 끌어서라도 혼자 해먹을 겁니다.

나는 블루오션을 찾았노라 떠드는 오프라인 강사들, 그렇게 좋으면 혼자 하지 왜 떠들고 다녀? 특수물건이요? 블루오션 아닙니다. 블루오션도 아닌데, 게다가 대출까지 안 돼요. 그거 하실래요?

*

돈이 없으면 아무것도 못하나? 우리가 자본주의 사회다 보니까 돈이 없으면 아무것도 못하는데, 해결할 방법은?

첫째 모자라는 돈 만큼 사채를 끌어 쓰던가, 둘째 공동으로 투자를 하던가.

그래서 공부가 필요합니다. 내가 공부해서 내가 잘 알아서 제대로 된 좋은 물건을 고르고, 내가 제대로 알아서 수익을 제대로 낼 수만 있다면 사채를 끌어 쓴 들 두려울 게 없지요. 또 내가 제대로 된 물건만 골랐으면 돈이 되는 물건에는 또 돈이 모여 듭니다. 즉, 투자자를 모아서 공동투자도 할 수 있는 겁니다. 우리나라는 자본주의 사회니까요.

무소의 뿔처럼 혼자서 가면 힘들다

경매를 공부하는 분들 중에 흔히 하기 쉬운 착각이 바로 낙찰 받으면 끝이라는 생각입니다. 경매를 공부하면서 법원에 몇 번 왔다갔다 해보면 낙찰 받는 사람이 그렇게 부러울 수가 없고, 나도 한번 낙찰 받아 봤으면 좋겠다는 생각을 많이들 갖게 되죠. 그런데 경매는 낙찰이 끝이 아닙니다.

어쩌면 낙찰이 시작이라고 볼 수 있습니다. 경매라는 재테크 수단의 전 과정에서 낙찰은 한 1/3쯤 왔다고 보면 됩니다. 그 이후 과정이 더 할 게 많고, 더 고민해야 하고, 더 신경 쓰입니다.

그중에 명도라는 과정이 참 신경 쓰이는 과정이죠.

지지옥션에서 물건 검색하고, 마음에 드는 물건 찾아내고, 물건 임장하고, 권리분석 끝내서 응찰하고 낙찰 받기는 쉽습니다. 특히나 낙찰 받기는 아주 쉽습니다. 그냥 높게만 쓰면 되죠. 낙찰은 쉽습니다!

낙찰 이후에 찾아오는 명도, 그건 참 내 마음대로 안 됩니다. 상대가 있는 게임이기 때문에 상대편과 뭔가 주거니 받거니 해야 하거든요. 말을 주고받다가 감정을 상할 수도 있고, 아예 상대를 안 해주고 문을 꼭 걸어 잠가서 답답할 수도 있고, 서로 언성을 높이다가 소주병이 날아다닐 수도 있습니다.

낙찰 이후의 명도는 갑갑하고 지루하고 짜증나고 속상하고 억울하고 분통터지는 그런 과정의 연속입니다. 그런데 명도라는 것도 결국은 시간과 돈이 해결해줍니다. 시간이 흘러가다 보면 언젠가는 집을 비우게 되고, 이사 비용을 듬뿍 준다면 세입자는 웃으면서 집을 비워주겠죠. 명도도 지나고 보면 그냥 거쳐 가는 한 과정일 뿐입니다.

경매라는 재테크에서 가장 힘들고 가장 신경 써야 하는 부분은 바로 수익창출입니다.

즉, 투자가치를 확보하는 일입니다. 수익분석도 가치분석도 없이 그냥 권리분석만 잘 해서 덜컥 낙찰 받아버리면, 그건 그냥 애물단지일 뿐입니다.

경매도 크게 보면 투자의 한 수단일 뿐입니다. 경매가 목적이 되어서는 안 됩니다. 수단이 돼야 합니다.

시장 상황에 따라 경매로 돈을 벌 수도 있고, 일반 매매(특히, 급매)로 수익을 실현할 수도 있고, 전매를 할 수도 있습니다. 내가 어떤 투자 대상에 접근할 때는 그게 나한테 투자가치가 있느냐 하는 걸 먼저 분석한 후에 그 다음 과정을 신경 써야 하는 거죠. 오로지 경매를 배웠으니까, 배운 실력 써먹어야 하니까, 법원에서 낙찰 영수증 받고 우쭐 해보고 싶으니까, 남들한테 관심을 받아 보고 싶으니까 낙찰에 목을 매다 보면 고가낙찰이라는 함정에 빠지게 됩니다.

그러면 돈 묶이고 그 다음에 있는 좋은 물건도 놓치게 되니 이만저만 손해가 아닙니다.

추운 겨울날 임장하러 다니려면 힘듭니다. 그래도 힘들게 임장해서 '이건 내 거다!'하고 법원에 응찰하러 갔는데, 떨어집니다. 그래도 힘을 내서 또 다른 물건에 도전합니다. 그런데 또 떨어집니다. 서너 번 하다 보면 화가 납니다.

'감히 나를 우롱해?'

그러다 보면 오버하게 됩니다. 바로 고가낙찰이죠. 아니면 지쳐버립니다.

'에이, 날도 추운데 오늘은 집에서 쉬자! 어차피 법원 가봐야 또 떨어질 텐데.'

그러다 보면 어느 날 문득 현실에 안주하는 내 자신을 발견합니다. 경매 배운 지 몇 달, 권리분석은 가물가물하고, 결론이 납니다.

'역시 경매는 아무나 하는 게 아냐. 관두자!'

무소의 뿔처럼 혼자서 가면 힘듭니다. 같이 가요! 이럴 때 같이 할 수 있는 동료가 있으면 힘이 됩니다.

고가낙찰의 위험성도 줄여줄 수 있고, 지칠 때 옆에서 활력을 충전해 줄 수도 있고요. 추운 날 임장하다가 따뜻한 캔 커피 같이 마실

동료가 있으면 힘이 얼마나 난다구요!

경매는요, 낙찰 이외에도 해야 할 게 많습니다. 그 많은 걸 혼자서 하려면 무지하게 피곤합니다. 주변에 같이 할 수 있는 동료가 있나 눈 크게 뜨고 살펴보세요.

경매라는 훌륭한 툴을 잘 활용하면 되지, 경매라는 툴에 우리가 휘둘릴 필요는 없습니다. 내가 중심을 잡고 경매를 활용하세요.

초보자의 명도

사실 명도는 답이 없습니다. 권리분석이야 정해진 규칙에 따라 법률지식을 배우면 되지만, 명도는 결국 현장에서 직접 부딪히면서 깨지면서 싸우면서 몸으로 경험을 쌓는 수밖에요.

저도 명도하기 전에 여기저기서 고수들의 경험담을 많이 읽었지만, 결국 모든 명도는 Case By Case, 사람과 사람 사이의 일이라 어떤 상황이 발생할지 전혀 예측할 수 없습니다.

그래도 일단 미력하나마 뭔가 도움이 될까 한 말씀 드립니다.

이제부터 모든 법적 권리는 당신에게

점유자가 아무리 '배째!'를 하더라도, 결국 그들은 불법 점유자일

뿐이고 법적으로 따지면 결국 집을 비워줘야 합니다.

당신께 권리가 있는 거니까 그들 앞에서 당당하세요.

가능하면 2명 이상 동행

당연히 혼자 가는 것보다 두 명 이상 동행하는 것이 낫습니다. 집을 찾아간다는 얘기는 어웨이 경기를 하러 가는 것이거든요. 그들은 홈경기를 하는 거고요. 똥개도 자기 집 마당에서는 50% 먹고 들어간다 잖아요. 어웨이 경기를 하는데 응원단마저 없어 봐요? 그러니까 할 수 있으면 2명 이상(남자 포함하면 더 좋고요.)을 대동하고 가세요.

얘기는 들어주되, 말려들지 말 것

사연 없는 무덤 없습니다. 채무자들은 하나같이 현재 처지를 구구절절하게 설명하면서 어떻게든 더 버텨보려고 합니다. 얘기는 다 들어주시되, 그 얘기에 동화돼서 '그래, 그럼 편하게 네 사정 나아질 때까지 있어라!' 이렇게 되면 골치 아파집니다.

제가 그랬다가 몇 개월 질질 끌고, 이사 비용 엄청 뜯기고, 집 못 팔고 그랬다는 거 아닙니까?

*

저나 다른 고수 분께서 아무리 경험담과 조언을 쏟아 놓아도 하등 도움이 안 될 겁니다. 결국 그때는 그때고, 지금 당신이 처한 상황은 아니니까요. 그냥 잘 되길 빌겠습니다.

욕심부리지 마시고 다 배우는 과정이구나 생각하면 한결 마음 편하게 명도에 임하실 수 있을 거라 생각합니다.

가족을 위해
실력 발휘

2006년의 일입니다. 그동안 갈고닦은 실력(?)을 바탕으로 이번에는 가족을 위해 한건 받았습니다.

장인어른께서 성남에 사시던 주택을 처분하고 아파트로 들어가시려고 광주(경기도)에 아파트를 알아보기에 경매로 나온 물건 몇 건을 보여드리고 그중 마음에 들어 하는 물건을 낙찰 받아 드렸습니다.

당시 성남에 재개발 바람이 부는 바람에 빌라(다세대)들이 경쟁률도 치열하고 낙찰가도 높았습니다. 제가 들어가는 물건마다 기본 20~30명이 경쟁했죠. (그렇게 높게 가져갔던 성남의 빌라들이 이제 하나둘씩 재경매로 나오기 시작하더군요.)

장인어른께서는 그 재개발 바람을 틈타 살짝궁 집을 팔아 치우셨죠. 송파에 사는 어떤 아줌마가 에쿠스 타고 와서 계약했습니다. 사실 말이 재개발이지, 10년이 걸릴지 20년이 걸릴지 며느리도 모르는 상황인데 말입니다.

낙찰 받고 아파트에 찾아갔습니다. 초인종을 몇 번 눌렀는데 아무도 안 나옵니다. 앞집에 물어보니까, 애 둘이 있는 젊은 부부가 산다고 하네요. 그 집을 경매로 낙찰 받았고 이사 올 사람이라고 하니까 얼마에 받았는지 무지하게 궁금해 하더라고요. 그냥 시세대로 주고 샀다고 적당히 둘러댔습니다.

이런 경우, 사실대로 싸게 샀다고 얘기하면 다들 안 좋아합니다.

장모님께도 나중에 이사 가셔서 앞집 아줌마랑 친해지면 분명 가격을 물어볼 테니까 그냥 시세대로 샀다고 말하라고 했습니다.

앞집 아줌마랑 얘기하는 동안 유치원생 같은 꼬마가 엘리베이터에서 내리더니 그 집으로 들어가네요.

"엄마~ 나 왔어"하면서요.

집에 있었던 겁니다. 다시 초인종을 눌렀습니다. 이번에는 안에서 "누구세요?"하는 소리가 들리네요. 낙찰자라고 하니까 문을 열어 줍니다.

일단 찾아온 이유를 쭉 얘기하니까 집을 비워줘야 하느냐고 묻습니다. 일단 지금 집에 신랑이 없으니까 돌아오면 상의 좀 하고 다시 연락하겠다기에 명함(명도할 때 쓰는 명도용 명함)을 주고 돌아섰습니다.

이 아파트는 지금까지와는 달리 우리 가족이나 다름없는 처가댁 식구들이 입주할 집이니까 명도를 신경 써서 할 생각이었습니다. 절대로 악한 소리 나오지 않게, 이사 내보낼 때 집 안에 나쁜 기운이 전혀 없게 그렇게 내보낼 생각을 하고, 이사 비용도 인심 팍팍 써서 200만 원까지 주자고 생각을 했죠.

집주인 여자랑 얘기할 때 집안을 얼핏 보니까 잘 꾸며 놨더라고요. 거실도 확장했고 원목 마루에 기둥 벽체 몰딩도 원목으로 하고요.

이런 경우를 경매 로또라고 하죠. 시세대로 수익 계산해서 낙찰 받았는데, 나중에 보니까 베란다 확장까지 했으니 보통 시세보다 더받을 수 있다는 계산이 나오는 거죠.

약 1주일 후 집주인 여자하고 연락을 했습니다. 제가 먼저 제시를 했죠.

"이사하는 데 비용을 도와드리겠습니다. 50만 원 드릴 테니까 12월 10일까지 이사해 주십시오."

"50만 원요? 우리 앞 동에 24평짜리도 얼마 전에 경매 당했는데 이사 비용 200인가 300 받았어요. 우리는 평수도 더 넓은데…."

"글쎄요? 거기랑 우리랑은 다르죠. 우리는 지금까지 이사 비용 50만 원 이상 준 적이 없습니다."

"그리고 12월 초에는 이사 못가요. 최소한 3개월 정도는 기한을 주셔야죠."

"글쎄요? 한 달 이내에 빼주셔야 되는데요."

대충 그렇게 일합을 겨루고 전화 끊었습니다. 그리고 얼마 후 다시 전화가 왔습니다.

이사 비용을 더 달라는 얘기죠. 300만 원은 받아야겠다고 하는 겁니다. 저는 그건 말도 안 되고, 70만 원까지는 해드릴 수 있다고 했습니다. 법적으로 강제집행해도 180만 원이면 되는데, 300만 원씩이나 달라고 하면 내가 의뢰인에게 뭐라고 할 말이 없다, 그렇게 나오면 의뢰인은 그냥 강제집행하자고 할 거다 하는 말도 보냈죠. 그리고 이삼일 후 다시 연락했습니다.

"의뢰인께서 100만 원까지는 가능하다고 하네요."

"300만 원은 받아야 하는데…, 우리 사정 좀 봐주세요."

"100만 원도 의뢰인이 많이 양보하신 겁니다. 대신 기한을 좀더 주라고 부탁해보겠습니다."

대충 1주일쯤 후에 다시 연락해, 의뢰인께 애들도 있고 겨울이고 하니 이사 기한을 좀 연장해 달라고 부탁했고, 그럼 새해에 나가라는 답을 얻었다고 알려주었습니다. 그랬더니 사정을 봐줘서 고맙다고 합니다.

이렇게 해서 그럭저럭 1월로 넘어왔습니다. 집주인 여자가 이사 비용을 조금 더 달라고 자꾸 부탁을 하기에 제가 한 가지 제안을 했습니다.

"그럼 의뢰인을 집에 모시고 갈 테니, 집을 보여드리면서 이 집의 장점(베란다 확장)을 얘기하고 어려운 사정도 좀 얘기하면서 이사 비용 얘기를 해보세요. 원래 경매를 하는 사람이라 저한테는 그런 얘기가 안 먹히지만, 의뢰인은 이런 거 처음이고 막상 보는 앞에서 그런 부탁을 하면 아마 거절하기 어려울 겁니다."

"예, 좋아요. 그렇게 하죠."

(당시 장인장모님도 집 구경을 하고 싶어 안달이 나셨습니다. 아시죠? 경매 물건의 특징이 도대체가 집 구경을 못하고 집을 산다는 거 아닙니까?)

장인장모님을 모시고 그 집을 찾아갔습니다. 집안 여기저기를 살펴보시면서 여기는 이렇고 저기는 요렇고 서로 의견도 나누시고, 또 집에 대해 집주인 여자에게 질문도 하구요. 그런데 대답하는 집주인의 얼굴 표정이 묘하데요. 왠지 모를 슬픔과 억울함 같은 것이 비치더군요. 집 구경을 대충 마치고 장인장모님 먼저 차에 가서 기다리시라 하고, 저는 일단 집에 남았습니다.

"속상해요."

"그렇겠죠. 좋은 일로 집을 팔고 가는 것도 아니고 경매로 넘기고 가는 건데."

"저 분들이 경매라는 걸 잘 모르고, 또 집 구경 왔으니까 무심코 이것저것 물어보신 겁니다. 너무 마음 상해하지 마세요. 사무실에 가면 다시 얘기 한번 잘 드려보겠습니다."

"고마워요. 꼭 저를 위해 컨설팅해 주시는 거 같아요."

(순간 당황한 설마)

"아, 뭘요? 저야 의뢰인을 대변하긴 하지만, 그래도 또 이런 일을 많이 하다 보니까 집주인 마음도 이해하고 그런 거죠. 양쪽이 다 좋아야 저도 좋죠."

1월로 넘어오니까 또 설이 있네요. 그래서 이사 날짜를 설 이후로 연기했습니다. 이 역시도 제가 집주인에게 명절은 이 집에서 보내고 싶다고 부탁해 보라고 해서 된 일입니다. 그렇게 해서 2월 4일(토) 이사하기로 결정하고, 이사 비용도 200만 원까지 주기로 확정했습니다.

"더 주기는 힘든가요?"

"하하! 이만큼 드리는 경우 없습니다."

(사실 진짜다. 보통 물건 같았으면 많아야 100만 원이면 땡)

원래 2월 4일 이사하기로 했는데, 하루 먼저 빼겠다고 연락이 왔습니다.

그 전날 2월 2일에 관리사무소에 연락해서 관리비 알아보니까 미납 없이 다 냈더군요. 그리고 도시가스도 연락해보니까 역시 고지서 발급분은 다 냈고 이번 달 사용분은 검침해서 알려주면 요금 알려주겠다고 하구요. (오호 이런 착한 경우가) 사실은 관리비나 도시가스비 미납하길 은근히 바랬거든요. 그럼 이사 비용 줄 때 그 부분은 제하고 줄 수 있고, 나중에 관리실이랑 도시가스회사 찾아가서 우리가 안 쓴 걸 우리가 왜 내냐? 하고 따져서 역시 안 낼 수도 있으니까요.

그런데 이번 집주인은 자기가 알아서 예쁜 짓(?)을 하네요.

약속 시간에 찾아가 보니까 마지막 짐을 빼고 청소하는 중이더군요. 도시가스 검침해서 도시가스회사에 알려주니까 이번 달 미납분 얼마라고 알려주네요.

"이번 달 도시가스 미납분 내셔야죠?"

"어떻게 하죠? 지금 돈이 없는데…."

"걱정 마세요. 이사 비용 드릴 거에서 그만큼 제하고 드릴게요. 15만 3천 원인데 15만 원만 제할게요."

"10만 원만 제하셔도 되는데…."

(잠깐 밖으로 나가 의뢰인에게 전화하는 척)

"네, 그렇게 하죠."

청소 다 끝나고 이제 마무리를 했습니다. 보통은 이사 비용 받으면 바로 가는데, 이 집주인은 저희한테 철저히 인수인계하네요.

"현관 비밀번호는 ○○○○고요, 보조키 열쇠는 여기 있고, 안방 전등 조절 리모컨이 건전지가 다 달았으니까 갈아야 해요. 이사 오실 분이 화분을 좋아하신다고 해서 화분은 놓고 가요. 그리고 진공청소기 하나 있는데, 그것도 청소하는 데 필요할 거 같아서 놓고 갑니다."

(그리고 저한테)

"이것저것 신경 많이 써 주셔서 고맙습니다."

"안녕히 가시고요, 다시 일어서실 거예요. 잘 사세요."

*

경매전문가 다 되신 장모님, 낙찰 받고 나서 여동생(처이모님)께

자랑을 하는데 얼마나 설명을 잘 하는지 모릅니다.

"경매, 공매, 급매라는 게 있는데, 큰애네(우리 희숙이)는 급매로 분당 아파트를 샀잖아, 우리는 경매라는 걸로 광주 아파트를 산거고. 이제 좀 알겠어?"

평생 집안일만 해 오신 우리 장모님, 이번 건을 계기로 경매와 공매와 급매의 차이점을 아시게 됐습니다.

명도의 상반된
사례 2가지

부동산 경매는 낙찰 이후에 할 일이 더 많은데, 그중에 명도가 참 할 일이 많습니다. 그런데 그것도 사례별로 가지각색입니다.

어떤 놈은 쉽게 끝나고, 어떤 놈은 어렵게 끝나고요. 가장 최근에 겪은 일 중에 상반된 사례 두 가지가 있습니다.

부천하고 평촌에서 한 달의 시차를 두고 낙찰 받은 오피스텔입니다. 둘 다 월세보증금 1,000만 원으로, 지방에서 서울로 유학 온 학생이 살고 있었습니다. 또 둘 다 전입신고를 안 했고, 그래서 둘 다 소액배당도 못 받고요.

이렇다 보니까 둘 다 보증금 한 푼도 못 건지고 그냥 나가야 하는 상황이었습니다. 그래도 경매 진행된다는 것을 알고 난 후로는 월세를 안내고 살았으니까 1,000만 원을 몽땅 손해 봤다고 말하기는 어렵죠.

첫 번째 사례

낙찰 후 세입자에게 전화를 해 보니까 인간적으로 좋게 얘기를 하더라고요. 전입신고 안 한 것이나 배당요구 안 한 것도 모두 본인의 잘못이라고요.

세상이 무섭다는 걸 배웠다고 하네요.

그러면서 12월 하순이면 학기도 끝나니까 학기 끝나는 대로 집을 비우고 고향으로 가겠다고 합니다. 덕분에 잔금일 이전에 집을 비우는 즉, 명도를 하는 아주 드문 경우가 됐습니다. 잔금을 내기도 전에 집을 다 비우고, 부동산에 집 내놓고 보여 주기 시작했네요. 곧바로 세가 나갔습니다.

두 번째 사례

이 건은 제 경우가 아니고, 아는 분의 경험담입니다.

잔금을 내고도 한 달이 지났는데 아직도 진행 중입니다. 낙찰 후 세입자랑 통화를 하는데, 그냥 '배째'랍니다. 그리고 하는 말이, 12월 말에 방학 시작하는데, 방학하면 집(고향)에 갈 거니까 마음대로 하랍니다.

집에 갔다가 신학기 시작하는 3월이나 되면 오겠다는 거죠. 아주 가볍게 '배째'는 분위기, 협상이고 뭐고 없습니다. 자기는 아쉬울 게 없다는 거죠. 어차피 겨울방학 3개월 동안은 여기 없을 테니까.

대화가 안 통하면 우리도 뭐 방법 있나요?

정식으로 법적 절차를 밟는 수밖에요. 인도명령 떨어지면 송달, 아마 폐문부재로 송달 불능 나겠죠. 재송달, 특별송달, 야간송달 그리고 공시송달입니다. 아마 공시송달할 때쯤이면 신학기 개학, 그러면 신학기 개학 후에 만나서 협상하던가 아니면 공시송달 후 강제집행 진행하던가 하는 거죠.

인도명령 떨어지자마자 점유이전금지가처분 신청해서 바로 집행 들어갔습니다.

집행관이 문 따고 오피스텔에 들어가서 법원 공시문을 붙여놓고 나왔죠. 이 물건 때문에 이 물건 명의자가 좀 바빴습니다.

인도명령 신청하랴, 가처분 신청하랴, 집행문 받으랴, 집행 신청하랴 법원도 여러 번 왔다 갔다 했습니다. 그래도 배운다는 생각으로 손수하겠다고 하더라고요. 그리고 덕분에 많이 배우셨답니다.

나만의 방식으로 용어 정리 5

대항력이란?

임차인이 낙찰자에게 대항할 수 있는 힘으로, 선순위임차인만이 가질 수 있는 고유의 권한입니다. 후순위임차인은 대항력이 없습니다. 대항력 발생 시점은 전입신고를 한 다음날 0시부터입니다. 그래서 같은 날 전입신고와 은행 대출에 의한 근저당이 잡힌다면 우선순위는 근저당에게 있습니다. 그러면 그 임차인은 후순위세입자가 되는 것이죠. 집주인이 마음을 나쁘게 먹을 경우, 전세 들어오는 사람이 잔금 치루고 이사하는 날 은행에서 대출을 받아서 근저당을 잡을 수도 있습니다. (이건 뭐 완전 사기나 다름없는 행위죠.)
혹시 내가 전세 들어갈 집에 이런 사태가 발생하면 어떻게 하나 걱정되신다면, 예방 방법은 간단합니다. 잔금 치루기 전날 전입신고를 하면 됩니다.

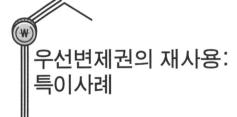

우선변제권의 재사용:
특이사례

임차인을 인수해야 한다고?

2009년 2월 어느 날입니다.

제가 운영하는 카페 게시판에 한 회원 분께서 [우선변제권의 재사용]에 관한 글을 올리셨습니다. 바로 그날 다른 회원 분이 제게 전화를 걸어오셨습니다.

"설마님, 토크님이 새로 올려놓은 글 보셨어요? 그거 제 얘기 같아요."

"아뇨, 아직, 어떤 글이 올라왔는데요?

"우선변제권에 대한 글인데, 임차인이 저한테 하던 얘기랑 똑같아요. 배당을 못 받으니까 제가 인수해야 한다고 하던."

"어, 그래요? 잠깐만요. 제가 한번 읽어보고 연락드릴게요."

전화를 끊고 토크님 글을 두 번 세 번 자세히 읽어봤습니다. 그리고 전화하신 회원님 낙찰 물건을 다시 한번 들춰봤습니다. 불안한 마음으로 등기부등본을 열람해 보니, 이럴 수가! 머리가 떵 했습니다.

얘기는 이렇습니다.

2009년 초에 회원님이 낙찰 받은 물건이 하나 있는데, 전입+확정에다 배당요구를 한 선순위임차인이 있는 물건이었습니다. 당연히 전액배당을 다 받는 임차인이니까 명도에 아무 문제없겠구나 생각하고 별 걱정을 안 하고 있었고요. 그래서 회원님은 명도확인서도 쥐야 하고 이사 날짜도 상의하려고 임차인에게 연락을 했습니다.

"저는 배당을 못 받거든요. 그래서 말인데, 제 전세금을 물어주셔야겠습니다."

"무슨 말씀이세요? 배당요구를 하셨기 때문에 배당 받으실 거예요."

"전 소유자 때부터 살았기 때문에 배당을 못 받는데요."

"그런 건 상관없어요."

"잘 모르시나본데, 제대로 알아보세요."

회원님과 통화 후 등기부등본을 열람해 보니, 이 물건이 몇 년 전에 경매로 한번 낙찰된 적이 있었고, 그 이후에 소유권이 바뀌었다가 이번에 다시 경매로 나온 겁니다. 그런데 현 임차인은 몇 년 전 경매가 진행될 때부터 살았던 임차인이고요. 바로 토크님이 올려놓은 [우선변제권의 재사용]하고 똑같은 케이스였던 겁니다.

사건 내용을 보면 이렇습니다.

말소기준권리	2005년 12월 26일	저당권 3,000만 원
임차인 전입	2002년 5월 28일	선순위임차인
확정일자	2002년 5월 28일	배당가능
배당요구	2008년 11월 11일	

보시는 바와 같이 선순위임차인, 확정일자, 배당요구 3박자를 고루 갖춘 완벽한 상황입니다. 그런데 임차인 전입일자(2002년 5월 28

경매구분	임의(기일)	채권자	이○○	경매일시	낙찰물건
용도	오피스텔(주거용)	채무/소유자	김○○	다음예정	낙찰물건
감정가	63,000,000	청구액	30,000,000	경매개시일	08.09.22
최저가	50,400,000 (80%)	토지총면적	4.74 ㎡ (1.43평)	배당종기일	08.11.21
입찰보증금	낙찰물건	건물총면적	27.2 ㎡ (8.23평)	조회수	금일 1 공고후208 누적208

■ 물건사진 5
■ 지번위치 3
■ 구조도 2

우편번호및주소/감정서	물건번호/면적 (㎡)	감정가/최저가/과정	일차조사	등기권리
462-130 경기 성남시 ●감정평가서정리 - 철본조평슬래브지붕 - 성남시제1종합운동장 북측인근 - 주위상업용건물,근린 시설등형성 - 차량접근가능,대중교 통사정편리 - 버스(정)및지하철역 인근소재 - 심야전기보일러난방 설비 - 부정형등고평탄지 - 남측왕복3차선도로. 서측8m,북측4m도로 접함 - 일반상업지역,방화지 구 - 중심지미관지구,최저 고도지구 - 소로2류,종로1류접함	물건번호: 단독물건 대지 4.74/1171.1 (1.43평) 건물 27.2 (8.23평) 현:원룸형 11층-99.6.16보존	감정가 63,000,000 최저가 50,400,000 (80.0%) ●경매진행과정 63,000,000 유찰 2008-12-08 20%↓ 50,400,000 낙찰 2009-01-12 51,499,000 (81.7%) 응찰 : 2명 낙찰자: 허가 2009-01-19	●법원임차조사 김 전입 2002.05.28 확정 2002.05.28 배당 2008.11.11 (보) 40,000,000 *거주자가 폐문부재하여 동사무소에 방문하여 전 입세대열람및주민등록등 본을 발급받음	소유권 김 2005.12.08 견소유자:박 저당권 이○○ 2005.12.26 30,000,000 저당권 박○○ 2006.04.07 20,000,000 압류 ○○구청 2006.06.07 가압류 유영함 2006.10.19 4,540,000 가압류 ○○카드 분당채권 2007.03.05 9,068,874 가압류 ○○카드 신촌물력선 2007.05.10 7,469,732 가압류 ○○카드 강남채권 2007.09.10 29,960,124 압류 ○○부현

표시번호	대지권종류	대지권비율	등기원인 및 기타사항
			규정에 의하여 2000년 11월 26일 전산이기

【 갑 구 】 (소유권에 관한 사항)

순위번호	등기목적	접수	등기원인	권리자 및 기타사항
1 (전 2)	소유권이전	1000년3월2일 제06654호	1998년10월2일 매매	소유자 김1. 서울 송파구 잠실동 300-4 성사아파트101-702 부동산등기법 제177조의 6 제1항의 규정에 의하여 2000년 11월 26일 전산이기
1-1	1번등기명의인표시변경	2002년12월4일 제85614호	2001년3월15일 전거	103-201
2	임의경매개시결정	2009년12월10일 제60801호	2009년12월10일 수원지방법원 성남지원의 경매개시 결정(2009년3월~~~~~)	채권자 신촌카드남구사회사 110111-0197580 서울 중로구 예하동공등-10
3	소유권 이전	2005년 4월4일	2005년 3월26일 임의 경매로 인한 매각	
4	2번임의경매개시결정 등기말소	2005년4월4일 제19162호	2005년3월28일 임의경매로 인한 매각	
5	소유권이전	2005년12월8일	2005년11월1일	소유자 ○○○ ○-○-○○○○○○

일)가 소유권 이전일(2005년 12월 8일)보다 한참이나 이전입니다. 그래서 등기부등본을 열람해 보니,

2005년 4월 4일에 소유권 이전, 그런데 경매로 인한 낙찰, 임차인은 2002년부터 살았으니, 2005년 경매 이전부터 살았다는 얘기가 됩니다. 그래서 2005년 경매 사건을 찾아봤습니다.

즉, 이때도 현재 임차인이 살고 있었고, 경매가 진행됨에 따라 배당요구도 했던 겁니다. 정리하자면 이렇습니다.

날짜	진행	권리관계
2002년 5월 28일	• 임차인 전입 • 확정일자 받음	• 대항력 확보 • 우선변제권
2005년 4월 4일	• **경락으로 소유권 이전-제1경매** • 배당 요구하고 우선변제권 사용 • **임차인 명도 안 하고 그대로 거주**	• 우선변제권 상실 • 대항력 유지
2005년 12월 8일	• 매매로 소유권 이전 • 전세 끼고 매매	
2005년 12월 26일	• 근저당 설정	• 선순위임차인
2009년 초	• **경매 낙찰 - 제2경매** • 배당 요구했으나 우선변제권 없음	• **대항력 유지** • **배당 못 받는 선순위 임차인 인수**

2009년 현재, 표면상 **전입+확정+배당요구** 3박자를 고루 갖춘 임차인이지만, 실상을 뜯어놓고 보니 이미 2005년 4월 경매 때 확정일자에 기한 배당요구를 했던 겁니다.

즉, 그때 배당요구를 했기 때문에 확정일자는 써버린 셈인 거죠. 그럼 결과적으로 2009년 현재 확정일자가 빠진 **전입+배당요구**만 있는 상태가 된 겁니다. 결국 **대항력이 있는 선순위임차인**이 된 거죠. 지금까지 경매를 하면서 이런 경우는 첨 겪어 봤습니다.

우리 회원님은 선택의 기로에 섰습니다. **잔금을 내고 임차인(4,000만 원)을 인수하느냐, 아니면 보증금(500만 원)을 포기하느냐?** 임차인을 인수하자니 말도 안 되는 상황이고, 보증금을 포기하자니 너무나도 뼈아픈 상황이고요.

모르는 사람도 아니고 우리 카페 회원이신데, 강 건너 불구경 하듯 가만히 있을 수는 없잖아요. 머리가 띵한 거는 띵한 거고, 일단 생각을 해 봤습니다.

제3의 방안, 인수나 포기가 아닌 다른 방안, 보증금을 되찾을 방법을 모색해 봤습니다.

법원 경매계로 또 법원 앞 법무사사무실, 변호사사무실 그리고 아는 온갖 채널을 다 가동했습니다. 그러기를 1주일여, 진인사대천명이라고, 하늘이 보우하사 매각취소결정이 떨어졌습니다.

보증금도 물론 돌려 받으셨고요. 회원님 덕분에 아주 큰 공부를 했습니다. 이후 그 물건은 재경매로 다시 나와 있습니다.

▶ 검색조건 법원 : '지원 | 사건번호 : 2008타경

사건내역	가일내역	문건/송달내역		🖨 인쇄	‹ 이전

◉ 문건처리내역

접수일	접수내역	결과
2008.09.18		
2008.09.22		
2008.10.06		
2008.10.08		
2008.10.09		
2008.10.20		
2008.10.23		
2008.10.29		
2008.11.11		
2008.11.17		
2008.11.20		
2009.01.19		
2009.02.02		
2009.02.16		
2009.02.24	최고가 매수인 매각허가결정 취소신청 제출	
2009.03.02	최고가 매수인 경매보증금 반환신청서 제출	

혹시 경매 물건 검색하다가 위에 빨간 줄 표시된 무시무시한 경고가 보이시면, 이런 사연이 있는 물건이구나 하면 됩니다.

우선변제권의 재사용 불가란?

현실에서는 거의 발생하기 힘든 사례입니다. 임차인으로서 한 번 배당요구를 해서 배당을 받으면, 그 다음에는 다시 배당요구를 할 수 없다는 뜻입니다. 헷갈리죠? 설명하자면 이렇습니다.

1 임차인 홍길동이 살던 집이 경매에 넘어갔습니다.

2 홍길동은 배당요구를 합니다.

3 낙찰자 일지매에게 낙찰이 되고, 홍길동은 배당을 받습니다.

4 임차인 홍길동은 낙찰자 일지매와 재계약을 하고 계속 살기로 합니다.

5 이때, 확정일자를 새로 받지 않고 예전 계약서를 그대로 연장합니다.

6 어느 날, 일지매가 부도가 나서 그 재산이 경매로 넘어갑니다.

7 당연하게 홍길동이 살고 있는 집도 경매에 넘어갑니다. 참 드문 경우죠? 경매를 또 당하다니.

8 홍길동은 지난번에 이미 겪어본 일이라 별 걱정 없이 배당요구를 합니다.

9 둘리에게 낙찰이 됩니다. 이때 둘리는 홍길동이 선순위 배당요구권자로서 당연히 전액 배당 받는 것으로 권리분석을 하고 안심하고 입찰을 한 겁니다.

10 그런데 이번에는 법원에서 홍길동에게 배당을 하지 않습니다.

11 그러나 홍길동은 맨 위의 1번 시절부터 전입을 해서 살았기 때문에 선순위임차인 지위는 유지하고 있습니다.

12 홍길동의 대항력은 인정이 되고, 배당을 받지 못한 보증금은 낙찰자 둘리가 인수해야(떠안아야) 합니다.

여기서 10번 법원에서 홍길동에게 배당을 하지 않은 이유는? 3번에서 이미 배당을 했기 때문입니다. 그때 이미 우선변제권을 썼기 때문에 이번에는 못 쓰는 거죠. 우선변제권은 1회 사용권이거든요. 만약 5번에서 확정일자를 새로 받았다면, 그 확정일자에 기해서 우선변제권이 새로 생기니까 10번에서 배당을 받았을 겁니다. 하지만 홍길동은 이미 선순위임차인이기 때문에 그럴 필요도 없었던 거죠. 결국 이런 경우에는 낙찰자 둘리가 '피박'을 쓰는 겁니다.

낙찰 후 처분 사례

서두에 집 한 채는 있어야 하는 이유에 대해 설명했습니다. 경매는 싼값에 내 집을 마련할 수 있는 좋은 수단입니다.

낙찰 받은 집을 처분하는 방법에는 2가지가 있는데, 세를 놓거나 파는 겁니다. 내가 살던 세를 주던 팔던, 아무래도 집이 깨끗하면 좋겠죠? 집이 깨끗하고 어느 정도 수리가 되어 있으면 한 푼이라도 더 받을 수 있습니다.

매매를 여러 건 해보다 보니까 배우게 된 건데요, 주방 싱크대는 투자비만큼 뽑고, 화장실은 투자비 이상을 뽑더라고요.

뭔 얘기인고 하니, 싱크대에 100만 원을 투자하면 집을 빨리 뺄 수 있거나 집값에서 100만 원은 올려 받을 수 있었고, 화장실에 200만 원을 투자하면 집값을 300만 원은 더 올려 받을 수 있었다는 얘깁니다.

여기에 사례 두 건을 사진과 함께 소개합니다.

도림동 빌라

제가 운영하는 카페의 회원 세 분이 공동으로 투자하여 낙찰 받은 집입니다.

8,249만 원에 낙찰 받았는데, 실제 투자금은 700만 원 정도로, 세

명이 공동으로 투자했으니 1인당 250만 원 꼴로 투자한 셈입니다.

부대비용(등기법무비, 공사비, 이사 비용 등등)으로 대략 700만 원을
지출했습니다.

그중에서 공사비는 280만 원 정도 들었는데, 주방타일은 직접 시
장에서 사다가 시공했습니다. 현재 8,200만 원에 전세를 놓았습니다.

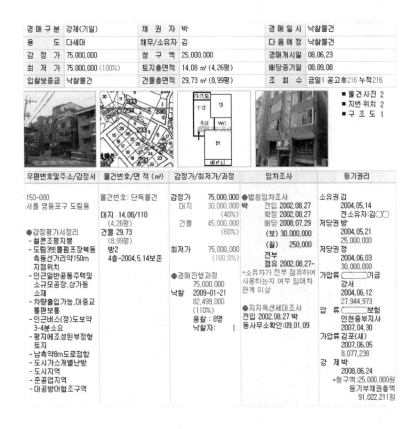

경매구분	강제(기일)	채 권 자	박·	경 매 일 시	낙찰물건
용 도	다세대	채무/소유자	김·	다음예정	낙찰물건
감 정 가	75,000,000	청 구 액	25,000,000	경매개시일	08.06.23
최 저 가	75,000,000 (100%)	토지총면적	14.08 ㎡ (4.26평)	배당종기일	08.09.08
입찰보증금	낙찰물건	건물총면적	29.73 ㎡ (8.99평)	조 회 수	금일1 공고후216 누적216

- 물건사진 2
- 지번·위치 2
- 구 조 도 1

우편번호및주소/감정서	물건번호/면 적 (㎡)	감정가/최저가/과정	임차조사	등기권리
150-080 서울 영등포구 도림동 ●감정평가서정리 - 철콘조평지붕 - 도림3빗물펌프장북동 　측동선거리약150m 　지점위치 - 인근일반공동주택및 　소규모공장,상가등 　소재 - 차량출입가능,대중교 　통편보통 - 인근버스(정)도보약 　3-4분소요 - 평지에조성된부정형 　토지 - 남측약8m도로접함 - 도시가스개별난방 - 도시지역 - 준공업지역 - 대공방어협조구역	물건번호: 단독물건 대지 14.08/110 　(4.26평) 건물 29.73 　(8.99평) 방2 4층-2004.5.14보존	감정가 75,000,000 대지 30,000,000 　 (40%) 건물 45,000,000 　 (60%) 최저가 75,000,000 　 (100.0%) ●경매진행과정 　 75,000,000 낙찰 2009-01-21 　 82,499,000 　 (110%) 응찰 : 8명 낙찰자:	●법원임차조사 박 전입 2002.08.27 　 확정 2002.08.27 　 배당 2008.07.29 　(보) 30,000,000 　(월) 250,000 　전부 　점유 2002.08.27- *소유자가 전부 점유하여 사용하는지 여부 임대차 관계 미상 ●지지옥션세대조사 전입 2002.08.27 박 동사무소확인:09.01.09	소유권 김 　 2004.05.14 　 전소유자:김○○ 저당권 방 　 2004.05.21 　 25,000,000 저당권 정 　 2004.06.03 　 30,000,000 가압류 ○○○기금 　 강서 　 2004.06.12 　 27,944,973 압 류 ○○○보험 　 인천중부지사 　 2007.04.30 가압류 김포(새) 　 2007.06.05 　 8,077,238 강 제 박· 　 2008.06.24 +청구액:25,000,000원 등기부채권총액 91,022,211원

낙찰 받은 직후	공사 후

인천 만수동 빌라

경매구분	강제(기일)	채 권 자	◻◻◻	경매일시	종결물건
용 도	다세대	채무/소유자	:	다음예정	종결(종결)
감 정 가	48,000,000	청 구 액	15,000,000	경매개시일	08.06.18
최 저 가	33,600,000 (70%)	토지총면적	12.27 ㎡ (3.71평)	배당종기일	08.09.05
입찰보증금	종결(종결)	건물총면적	39.11 ㎡ (11.83평)	조 회 수	금일1 공고후335 누적335
주의사항	· 토지별도등기 · 배당요구종기일: 2008.9.5.				

■ 물건사진 13
■ 지번·위치 3
■ 구 조 도 1

우편번호및주소/감정서	물건번호/면 적 (㎡)	감정가/최저가/과정	임차조사	등기권리

405-240
인천 남동구 만수동
:
 	
●감정평가서정리
- 철콘조슬래브지붕
- 동부초등교북동측인
  근위치
- 공동주택,단독주택및
  일부점포등혼재
- 차량출입가능,버스
  (정)인근소재
- 도시가스개별난방
- 2필일단의부정형토지
- 2종일반주거지역
 	
08.06.23 ○○감정
	물건번호: 단독물건
	
	대지 12,2667/184
	  (3.71평)
	  (1/15)
	건물 39.11
	  (11.83평)
	96.7.27보존
		감정가 48,000,000
		대지 19,200,000
		  (40%)
		건물 28,800,000
		  (60%)
		
		최저가 33,600,000
		  (70.0%)
		
		●경매진행과정
		  48,000,000
		유찰 2008-10-07
		
		30%↓ 33,600,000
		낙찰 2008-11-06
		  35,820,000
		  (74.6%)
		  응찰 : 1명
		  낙찰자:
		
		허가 2008-11-13
		
		종결 2009-01-21
			●법원임차조사
			*본건 현황조사차 현장에
			임하였으나 폐문부재로
			이해관계인을 만날수 없
			어 상세한 점유,임대관계
			는 미상임.경매시 참고바
			랍니다
			
			●지지옥션세대조사
			전입 세대 없음
			동사무소확인:08.09.29
				소유권 오
				2002.04.09
				전소유자:김○○
				가압류 ○○은행
				인천여신관리
				2005.10.19
				3,649,500
				가압류 ○○주택금융
				인천여신관리
				2005.10.20
				6,500,000
				강 제
				2008.06.18
				*청구액:15,000,000원
				등기부채권총액
				10,149,500원
				
				열람일자: 2008.07.07
				*토지별도등기있음
				-열람바랍니다

2008년 11월 3,582만 원에 낙찰 받아서 2009년 설 연휴 직후 4,500만 원에 매각했습니다. 대출을 활용해서 실제 투자금은 1,000만 원이 채 들지 않았습니다.

3개월 만에 순이익 500만 원을 거뒀습니다.

낙찰 받은 직후	공사 후

미아, 화곡, 신림,
광명, 성남, 평택

- 강북구 미아동 연립 1채
- 평택 지산동 아파트 1채
- 광명 하안동 아파트 2채
- 성남 상대원동 빌라 1채
- 강서구 화곡동 빌라 2채
- 관악구 신림동 빌라 1채

2008년 들어서 불과 3개월 사이에 팔아치운 물건들입니다. 저 물건들을 팔면서 제가 느낀 점은 '해도 해도 너무한 가격에 팔려나가는구나!' 하는 거였습니다.

과연 제가 던지는 물건을 받아 준 그들은 그걸로 또 얼마의 수익을 기대할까(실수요자일까?) 하는 의문이 들었습니다. 과연 여기서 상승 탄력이 더 붙어줄 수 있을까?

물론 향후 최소 10년간 수도권(특히나 서울)은 만성적인 주택공급 부족 현상을 빚을 걸로 예상됩니다. 그래서 부동산 대세 상승을 많이들 예견하는데, 문제는 가격입니다.

그 가격이 이제는 서민들이 섣불리 접근할 수 있는 수준이 아니라는 점에서, 향후 부동산(특히나 요즘 인기를 끄는 다세대 빌라들)의 가격을 현 수준에서 더 올려줄 에너지가 이제는 고갈되어 가는 게 아니냐는 생각이 들기 시작했습니다.

신림동 빌라(방 3, 화장실 1)를 예로 들면, 제가 2007년에 1억 4,000만 원대에서 샀는데, (그때도 이미 1년 전보다 4,000~5,000만 원은 올라있는 상태) 2008년 들어서는 2억에도 충분히 팔리는 분위기입니다.

자, 그럼 투자자들은 돈이 있어서 투자가 가능하다 치고, 계속 가수요만 붙어서는 상승에 한계가 있다는 것은 뻔한 얘기고, 결국 마지막에는 실수요자가 붙어줘야 떠넘기고 나올 텐데….

서울에서 다세대주택에 사는 사람들은 서민층이라고 볼 수 있겠죠? 서민층의 소득수준을 봤을 때, 4인 가족이 거주할 만한 다세대주택이 1억 원 선이면 충분히 매입할 수 있을 겁니다. 1억 5,000만 원선이면 대출 조금 안고 매입하는 데는 망설임이 없을 수준이구요. 2억을 넘기기 시작하면 조금 고민하겠죠? 대출도 부담이 되고요. 그래도 집이 없다고 하니까 무리해서라도 매입할 상황은 됩니다.

그런데 2억 5,000만 원을 넘어가면 어떨까요? 차라리 서울 외곽으로 빠지자는 바람이 일어날 겁니다. 이런 현상은 지금도 실제로 일어나고 있죠. 서울에 집이 부족하니까 서울 주변 의정부나 포천, 부천, 인천, 김포, 구리, 남양주, 성남, 광주(성남과 광주는 자기들만의 리그도 병행해서 진행 중) 등으로요. 그리고 실제로 2억 5,000만 원이 넘는 집을 살 정도의 소득 수준이면 그때는 아파트로 눈을 돌리게 될 테고요. (노원구 아파트 값 폭등)

하지만 만성적인 집 부족 현상은 결국에 앞에서 언급한 2억 5,000

만 원이라는 한계선 이상으로 집값을 밀어 올리는 효과를 가져올 게 뻔하긴 합니다. 다만 그 시기가 어떻게 되느냐 이게 문제입니다. 아마 상대적으로 싸다 싶은 곳이 다 비싸지면, 그럼 다시 상대적으로 싸진 서울 집값이 다시 오르겠죠.

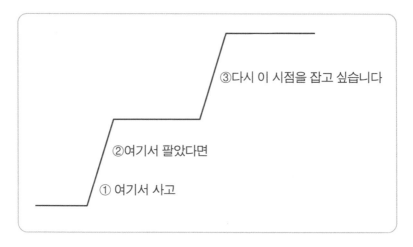

제가 보기에 현재 서울의 다세대주택 가격 추이가 위와 같이 가는 게 아닐까 합니다.

저는 ①시점에서 사서 ②시점에서 팔았고요, 한동안(대략 2년 정도?) 횡보할 것 같다가 다시 상승할 ③시점에 들어가고 싶은 겁니다.

그래서 저의 투자 패턴은 상대적으로 싸다 싶은 곳이 어딘지 계속 탐색을 해서 그런 곳이 발견되면 매입하려고 합니다. 서울에서 웬만한 호재 없는 동네가 없는데, 호재만 보고 투자하기에는 그 리스크가 좀 큰데다가 또 가격대가 더 이상 상승 탄력을 받기에는 좀 버거운 느낌이 듭니다.

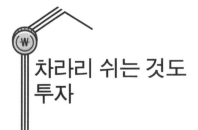

차라리 쉬는 것도 투자

2008년 6월경의 얘깁니다.

우리 카페 회원님 중에 한 분께서 제게 어디다 투자해야 하는지 고민이라는 쪽지를 보내셨습니다. 그런데 그 분만의 고민이 아니더군요. 이에 당시 제가 보던 시장 상황을 정리해 답을 드린 내용입니다.

제가요 기존 보유 물건 정리하고 여기저기서 자금을 융통해서 2억을 모아놨습니다. 그런데 2억을 모은 지 보름이 넘어가는데도 여전히 제 통장에 2억이 고스란히 쌓여 있습니다. 통장에서 2억이 썩어가고 있는 상황입니다. 도대체가 투자할 마땅한 곳이 없더라고요.

올 초까지는 투자할 곳을 미리 물색해 놓고 돈을 모아 들어갔는데, 6월 달 들어서면서 돈을 모았는데도 불구하고 투자할 곳이 없네요. 투자 좀 한다는 제가 손에 돈을 들고서도 투자할 마땅한 곳을 못 찾는 판국인데, ○○○님은 아직은 초보시잖아요. 쉽게 돈 되는 물건이 보일 리 없을 거라고 생각합니다.

이럴 때 급한 마음에 덥석 잡았다가는 잘못하면 장기로 묶일 가능성이 있습니다. 조금 여유를 가지고 한발 물러나서 차분히 숨 좀 쉬면서 시장 돌아가는 상황을 관찰하는 시간이 필요하다고 생각합니다. 쉬는 것도 투자입니다.

실제로 그 이후 2008년 하반기 접어들면서 부동산 시장이 폭락했습니다. 리먼 사태 이후라 부동산뿐만 아니라 주식을 비롯해서 모든 자산가치가 다 같이 폭락했죠.

저도 지금 생각해 보면 천만다행인 게, 그 당시 공동 투자금 2억 원을 들고 어딘가 꼭 투자를 해야만 하는데 하면서 투자했더라면 어떻게 됐을까요?

지금 생각해 봐도 모골이 송연해지고 식은땀이 쭈르륵 흐릅니다.

그 당시 저한테 상담 메일을 보내셨던 회원님께서는 그 이후에 어떻게 하셨는지 저도 그 결과는 모르겠습니다. 모쪼록 그 당시 어려웠던 상황을 잘 피해 가셨기를 바랄 뿐입니다.

경매에 임하는
투자 마인드

- 경매의 목적은 '낙찰'이 아닌 '수익'
- 놓치고 후회하는 편이 묶이는 것보다 100번 낫다
- 20번 입찰에 1번 낙찰
- 낙찰 받기 전엔 정주지 말아야

경매의 목적은 '낙찰'이 아닌 '수익'

'얼마를 써야 낙찰이 될까?'

하는 생각은 머릿속에서 지우세요.

경매의 목적은 '낙찰'이 아니라 '수익'이거든요. 낙찰 받은 것을 남들에게 자랑하기 위해 경매를 하는 게 아니라 돈 벌기 위해 경매를 한다는 거죠.

다른 사람들이 얼마를 쓸 거 같으니까 나는 그 이상을 써서 낙찰 받아야겠다는 생각은 참말로 지극히 위험한 생각입니다. 다른 사람이 얼마를 쓰던 그건 내가 입찰가를 산정할 때 전혀 고려할 사항이 못됩니다.

내가 고려해야 할 사항은 오로지 수익이 나느냐 안 나느냐 입니다. 수익이 나는 가격에 입찰을 해서 낙찰을 받으면 돈 버는 것이고, 떨어지면 또 다른 물건을 찾아서 입찰하면 됩니다.

'얼마를 써야 낙찰이 될까?'가 아니라 **'얼마를 써야 수익이 날까?'**를 생각하세요.

그렇게 했는데 계속 떨어지면 어쩌느냐고요? 그럼 반대로, 높은 가격에 낙찰 받으면 뭐하나요? 수익이 나지 않으면 말짱 헛일인 것을요.

다시 한번 강조합니다.

경매의 목적은 낙찰이 아니라 '수익'입니다. 꼭 기억하세요.

놓치고 후회하는 편이 묶이는 것보다 100번 낫다

법조계 격언에 이런 게 있죠.

"도둑 10명 놓치더라도 억울한 사람 한 명 생기면 안 된다."

저도 비슷한 신조가 하나 있습니다.

"아까운 물건 10개를 놓치는 한이 있더라도 괜한 물건에 돈 묶이면 안 된다."

조급하면 지는 겁니다.

경매는 한 번에 척하니 낙찰되지 않습니다. (물론 입찰가에 0을 하나 더 붙이면 단번에 낙찰됩니다.) 갈 때마다 떨어지죠. 그런데 경매 법정에 가보면 낙찰 받는 사람이 왜 그리도 많은지….

인터넷 재테크 사이트에 가보면 낙찰 받았다는 성공담이 줄줄이 올라오지요. 당연합니다. 누군가는 꼭 낙찰을 받으니까요.

일반 투자도 마찬가집니다. 누구는 어디에 투자해서 대박이 났다 더라, 신문을 보니까 어디 땅값이 올랐고 어디 집값이 올랐다더라, 인터넷 사이트에 들어가 보니까 어디에 호재가 있다더라 하는 식으로 '카더라'가 홍수를 이룹니다.

마음이 급해집니다. 나도 하나 낙찰 받고 싶다, 나도 어딘가에 투자하고 싶다. 조급해집니다.

이번에 낙찰 받지 못하면 후회할 것 같고, 이번 호재가 있는 지역에 투자를 안 하면 후회할 것 같고요.

그래서 확 저지릅니다. 그러고는 묶입니다. 차라리 아까운 물건 계속 놓치는 게 묶이는 것보다 백번 낫습니다. 아까운 것 놓치고 후회하는 편이 괜한 물건에 돈 묶여서 통곡하는 것보다 훨씬 낫다는 말입니다.

시장은 항상 돌고 돌거든요. 이번 기회가 지나가면 다음 기회가 찾아옵니다. 이번에 베팅을 못했다고 영원히 끝난 건 아니라는 얘기죠. 가만히 기다렸다가 다음 기회가 왔을 때 확 잡아야 합니다.

그런데 엉뚱한 물건에 돈 묶여버리면, 그토록 기다리던 기회가 왔어도 그냥 흘려보내야 합니다. 차라리 모르고 지나가버리면 상관없는데, 그 기회를 볼 수 있는 안목이 생겼을 때 그런 일이 발생해 버리면 아주 미치고 팔짝 뛰게 됩니다.

생각해 보세요.

눈앞에서 돈 될 만한 기회를 그냥 흘려버리는 자신의 모습을요.

20번 입찰에 1번 낙찰

요즘 시중에 보면 경매학원이 많습니다. 인터넷을 뒤져보면 경매 강의가 넘쳐납니다. 한 달에 수백 명, 아니 수천 명씩 경매인이 배출됩니다.

그렇게 배출된 경매초보자들의 대부분이 실종(?)됩니다. 순전히 제 개인적인 경험을 바탕으로 유추해 보건데, 경매학원 수강생 100명 중에 50명은 두세 달 만에 지쳐서 탈락, 25명은 고가낙찰로 탈락, 20명 정도가 수익의 단맛을 보고, 20명 중에 대여섯 명 정도가 2~3년 후에도 계속 경매 법정에 모습을 나타냅니다.

경매학원을 수료하고 나면 보통 이런 과정을 거칩니다.

수료하고 나서

수강생 백이면 백 모두 다 의욕에 불타오릅니다. '아~싸! 드디어 남들은 모르는(?) 돈 버는 비법을 배웠다. 이제 경매 법정으로 달려가서 낙찰만 받으면 대박이다.' 종강파티 할 때 서로들 의기충천합니다.

길동이는 상가를 받아서 임대를 놓고 장사가 잘되게 해서 권리금 받아서 팔아넘길 계획이고, 몽룡이는 유치권 책에서 배운 대로 멋지게 해결해서 대박을 낼 생각이고, 방자는 법정지상권 도전해서 엄청난 이익을 남길 작정입니다.

다들 술 한 잔씩 하면서 빛나는 미래를 꿈꾸며 행복해 합니다.

수료 후 첫 경매 법정 출전

오늘 드디어 돈 되는 물건 하나를 발견해서 입찰하러 왔습니다. 법정에 들어서자 가슴이 두근두근거립니다. 내가 여기서 낙찰 받아서 낙찰영수증 들고 모두들 지켜보는 가운데 당당하게 걸어 나오는 모습을 상상해 봅니다.

지난주에 임장하고, 시세 조사하고 권리분석했던 물건, 오늘 입찰하러 온 물건, 이제 곧 내가 주인이 될 그 물건이 무척 마음에 듭니다.

그리고 시간이 흘러 개찰합니다. 결과는 내가 쓴 금액이 거의 꼴찌 수준입니다.

"어, 이상하다. 학원에서 듣던 바와는 다르네!"

이제 이상과 현실의 벽을 처음으로 느낍니다.

수료 후 3개월

하긴 첫 술에 배부르겠어? 다시 힘을 내 물건을 검색하고, 역시 마음에 드는 물건을 발견해서 권리분석하고 조사하고 임장합니다.

이번 물건도 무척 마음에 듭니다. 그리고 입찰, 역시나 떨어집니다. 그러기를 서너 차례, 아무래도 이상합니다. 이건 뭔가 이상합니다. 학원에서 배웠던 얘기가 거짓말입니다. 책에서 본 사례를 믿을 수 없습니다.

"뭐야 이거, 듣던 바와 다르잖아? 경매로 돈 벌기는 무슨 개뿔…."

이 과정에서 애초의 수강생 중 절반이 떨어져 나갑니다.

서너 번 입찰해 보다가 지치는 거죠.

나도 한 번 낙찰 받아 보자

그렇게 서너 번 입찰하고 떨어지고를 반복하다 보면, 나도 한 번 낙찰 받아보고 싶은 마음이 생깁니다. 그리고 얼마 정도 쓰면 낙찰될 것 같다는 감도 조금씩 옵니다. 즉, 입찰가를 높이는 거죠. 일명 고가낙찰이요.

검색을 통해서 물건을 여러 개 골라내고, 여러 개 골라낸 물건들 중에 현장에 직접 나가서 맘에 드는 물건을 추리는 과정에서 내가 점찍은 물건에 정이 생깁니다. 경매 법정에 갈 때쯤에는 이 물건이 꼭 내 것 같습니다.

그래서 꼭 받고 싶어집니다. 그러다보면 입찰가를 높이게 됩니다. 꼭 받고 싶은 물건이기 때문이죠. 그렇게 해서 내 마음에 꼭 들었던 물건을 결국 낙찰 받게 됩니다. 높은 가격이에요. 결과는 정든 물건인 만큼 오래 보유하게 됩니다.

100명 중 20~30명이 이런 과정을 겪습니다.

일반적으로 투자금이 한정된 일반 개인이 물건 하나에 돈이 묶이면 그걸 처분하기 전까지는 다른 투자를 할 여력이 없습니다. 정든 물건 오래 보유하는 동안 다른 투자를 못하는 거죠. 그리고 정든 물건은 이미 높은 가격에 받았기 때문에 처분하기도 쉽지 않고요.

결국 20~30명은 그렇게 해서 경매계를 떠납니다.

결국 꾸준한 입찰만이 살 길

공부에는 정도가 없다고 하죠? 마찬가지로 경매도 다른 지름길이 없습니다. 오로지 꾸준한 입찰만이 있을 뿐입니다.

숱하게 떨어지지만, 그래도 꿋꿋이 수익이 나는 가격으로 입찰해서, 결국 낙찰을 받고, 처분해서 수익을 누립니다. 그러기까지 아주 오랜 세월(최소 반년 이상)이 걸립니다.

그리고 아주 여러 번, 어림잡아 열대여섯 번은 떨어집니다. 행운도 물론 따라줘야 합니다.

내가 들어간 물건에 웬일로 사람이 적게 들어오는 행운 말입니다. 그런데 이런 행운도 꾸준히 입찰하는 사람에게만 찾아옵니다.

경매계에서 살아남는 방법은 간단합니다.

꾸준히 지치지만 않으면 됩니다. 그럼 매달 수백, 수천 명씩 배출되는 나의 경쟁자들을 가볍게 제칠 수 있습니다.

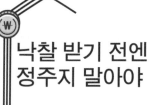

낙찰 받기 전엔 정주지 말아야

물건 하나에 입찰하기 위해서는 많은 과정을 겪어야 합니다. 법원에 물건 하나 입찰하러 가기 위해서는 그 전에 현장조사를 10건 정도합니다.

10건 정도 현장조사를 한 물건 중에 입찰까지 할 만한 물건 한두 개가 걸리죠. 또 현장조사하러 갈 물건은 경매정보 사이트 등을 활용해서 검색하는데, 한 100건 정도는 검색해야 그중에 10건 정도가 현장에 나가볼 만합니다.

그렇게 한 물건을 입찰하는 데 최소한 1주일 이상의 시간이 소요됩니다. 그러다 보면 자연스레 그 물건에 정을 주게 되는 거죠. 완전히 내 물건이라는 생각이 드는 겁니다. 그렇게 정을 줬던 물건인데, 입찰 당일에 다른 사람이 가져간다면? 그 실망감이란 이루 말할 수 없을 만큼 아주 큽니다. 너무너무 아깝다는 생각이 듭니다.

이런 일을 몇 번 겪다 보면 일반적으로 2가지 반응이 나타납니다. 더 이상의 실연(?)이 두려워서 경매 활동을 포기하는 것이 그 하나고, 다른 하나는 역시 실연(?)하기 싫어서 고가낙찰을 받는 겁니다.

둘 다 경매 생활을 접는 지름길입니다.

앞에서 경매의 목적은 '낙찰'이 아니라 '수익'이라고 했잖아요.

이렇게 몇 번 떨어지다 보면 경매의 목적(즉, 수익)을 망각하고 '낙찰'에만 집착하게 됩니다. 입찰할 물건의 예전 낙찰가 통계를 뽑아보고, 최근 사례를 훑어보고, 몇 명이나 조회했는지 조회수에도 민감해집니다.

이제 몇 번 떨어져보니까 이번 물건은 얼마를 쓰면 낙찰되겠다는 감이 옵니다. 즉, 수익을 낼 수 있는 가격을 산정하는 게 아니라, **낙찰받을 수 있는 가격을 계산**해 냅니다. 그렇게 한두 번 더 시도하다 보면 문득 하나를 낙찰 받게 됩니다. 이름 하여 고가낙찰이죠. 그러나 고가낙찰의 말로는? 더 이상 말로 설명할 필요가 없겠죠.

낙찰 받는 가장 쉬운 방법을 알려드릴까요?

애초에 생각했던 입찰가격에 0을 하나 더 붙이는 겁니다.

참 쉽죠~잉!

정말로정말로 진짜로진짜로 아주아주 낙찰 받고 싶은 물건이 생기면, 위 방법을 생각해 보세요.

0을 하나 더 붙여서라도 가져올 만한 가치가 있는 물건인가 하고요.

하고 싶은 얘기가 참 많은데 스스로 자기검열을 많이 했습니다. 썼다가 괜히 귀찮은 일만 생기는 건 아닐까 하는 내용들, 우리 카페 회원들끼리 조용히 알고 넘어가면 되는 일을 굳이 책에 다 써서 사방팔방 알릴 필요가 있을까 하는 생각들입니다.

이런저런 생각과 이런저런 이해관계에 따라 책에 다 못 담은 얘기가 참 많습니다.

카페 회원님들과는 자주자주 만나는 자리가 있어서 이런저런 얘기를 많이 나누는데, 지면을 통해서 독자들과 만나는 일은 참 어렵네요.

양방향 대화가 아니라 일방통행식의 강의 같아서요.

책을 마감하면서 꼭 하고 싶은 얘기는, 모든 투자는 자기의 책임 하에 하는 것이고 투자의 결과는 모두 본인 책임이라는 겁니다.

실패에 대해서 누구하나 책임져 주지 않고 누구하나 도와주지 않는다는 겁니다.

스스로 공부하고 스스로 터득해서 스스로 투자할 수 있어야 합니다. 그러려면 오직 하나 공부만이 살길입니다. 꾸준히 공부하고 또 공부하는 자세가 필요합니다.

시장은 냉정하고, 시장은 무섭습니다.

일개 개인투자자로서 항상 겸손하고 항상 배우는 자세로 투자에 임하고 있습니다. 투자에 성공해도 내가 잘나서 성공한 것이 아니고 우연히 시장상황에 맞는 방향으로 투자를 했을 뿐입니다.

자만해서는 안 되고 다시 한번 겸손하게 공부하는 마음으로 다음 투자를 준비합니다.

- 저자 레이디김이 설마에게 듣고 옮겼습니다.
- 잡지기자인 레이디김은 독자에게 다가가는 문체로 담았습니다.
- 경매를 쉽게 이해할 수 있도록 힘을 쏟았습니다.

2부

경매

'경매가 뭐야? 집을 싸게 살 수 있다며? 경매가 돈이 된다며?' 한창 경매가 서민 재테크로 인식되기 시작할 때인, 2009년쯤《3,000만 원으로 22채 만든 생생 경매 성공기》라는 책으로 소액 투자자들의 마음을 사로잡은 이가 있었습니다. 바로 네이버 '홈336 카페' 운영자이자, 책의 저자인 설마(닉네임), 안정일 씨 입니다.

그 시절 경매는 누군가의 전유물로 여겨져 일반 사람들이 쉽게 접근할 수 없는 재테크 수단이었습니다. 하지만 자신의 경험담을 바탕으로 책을 써낸 후, 소액으로 경기도 분당에 '내 집 마련'을 성공한 것은 물론, 종합부동산세까지 내는 주택 부자가 됐다는 사실이 알려지면서 서민들에게 '나도 부자가 될 수 있다'는 희망을 꿈꾸게 했습니다. 때문에 안정일 씨가 운영하는 '홈336 카페'에는 우연히 그의 책을 읽고 경매에 관심을 갖게 된 사람들이 매우 많았습니다.

카페 닉네임 '소액임차'로 잘 알려진 김광수 씨는 "인생에서 가장 힘든 시기를 보내고 있을 때, 우연히 집어든 책이 바로 설마님 책이었다"며 "앉은 자리에서 이 책을 끝까지 정독하고는 왠지 모를 설레임으로 가슴이 두근거렸다"고 회고했습니다. 그렇게 시작한 경매는 2019년 현재 김광수 씨의 삶을 180도 바꾸어 놓았습니다.

현재 '등기부등본 10개 만들기'라는 목표를 일찌감치 달성한 경매 재테크 달인이 됐고, 자신의 경험담을 초보 투자자들에게 알려주기 위해 경매 강사로 투잡을 뛰며 바쁘게 살고 있습니다.

'겨울꽃'이라는 닉네임을 쓰는 구자현 씨는 '내가 변해야 가족이 산다'는 절실한 마음으로 '홈336 카페' 문을 두드린 내성적인 40대 가장입니다. 남에게 싫은 소리 못하는 여린 성격 탓에 부동산문을 여는 것도 힘들어 했는데 "안정일 씨와 카페 회원들 덕분에 용기를 내서 경매를 시작할 수 있었습니다"면서 "이제는 믿는 구석 때문에 직장을 누구보다 편한 마음으로 다니고 있습니다"고 밝혔습니다.

얼마 전, 구자현 씨가 경매 강의 청강을 위해 서울 양재동 '홈336 아지트'를 방문한 적이 있습니다. 오랜만에 만난 자현 씨의 얼굴은 인터뷰를 위해 처음 만났던 그 시절보다 훨씬 평온해보였습니다.

"요즘 어떻게 지내세요? 경매는 잘되어 가세요?"라고 물었더니 "요즘은 가족들이 먹는 것에 절대 돈을 아끼지 않습니다"면서 뿌듯한 아빠 웃음을 보였습니다. 사랑하는 가족들에게 맘껏 좋은 음식을 사줄 수 있게 됐다는 그의 말에 괜스레 코끝이 찡해졌습니다. 이게 경매의 힘인가 싶었습니다.

2009년 발행된 안정일 씨의 책은 베스트셀러가 된 것도 아니고, 폭발적인 인기로 사람들의 입에 회자되지도 않았습니다. 하지만 그의 책을 읽고 경매를 시작한 누군가는 좀더 안정되고 편안한 집에서 살 수 있게 됐고, 좀더 좋은 것을 먹을 수 있었습니다. 우리 사회의 낙오자가 될 뻔했던 사람들이 누군가의 책을 읽고 다시 일어설 수 있는 힘을 얻었다는 것은 엄청난 일입니다. 필자가 그와 함께 두 번째 책을 함께 쓰기로 흔쾌히 결정한 것은 이런 경매의 긍정적인 효과를 믿기 때문일지도 모릅니다.

필자가 안정일 씨를 처음 만난 건 2008년도 경향신문사 레이디경향에 재직할 당시였습니다. 그는 '한국의 젊은 부자'라는 컨셉으로 진행된 인터뷰어 중 한 명이었습니다.

당시에는 그에 대한 정보가 거의 없었지만, 주위의 추천을 통해 그의 놀라운 경매 성공기를 듣게 됐고, 인터뷰를 진행한 후에는 출판사를 운영하는 지인에게 소개하기도 했습니다. 그 결과 《3,000만 원으로 22채 만든 생생 경매 성공기》라는 책이 출간되었습니다.

그 이후로도 그는 경매에 관련된 기사를 쓸 때마다 늘 최고의 조언자로 활약해 왔고, 필자가 회사를 그만둔 뒤로도 경매에 관련된 인터뷰나 책을 공동으로 진행해 오는 등의 인연을 이어오고 있습니다.

2019년 11월 기준, 안정일 씨는 4만 구독자를 보유한 유투버이자 3만 3,000명의 회원을 거느린 카페 운영자로 강의와 투자를 병행하고 있으며, 2014년에는 《설마와 함께 경매에 빠진 사람들》이라는 제목으로 두 번째 책을 필자와 공동 집필한 바 있습니다.

또한 여전히 그는 경매 낙찰 건수가 100건이 넘을 만큼 발에 땀나도록 현장을 뛰어다니는 열혈 경매전문가입니다.

뒤돌아보니, 10년이 넘도록 이어진 그와의 인연이 범상치 않습니다. 흔히 부동산업계에서 일하는 사람들은 90% 사기꾼이라고 합니다. 실제로도 그런 사람들이 많습니다. 하지만 안정일 씨에게는 '꾼'스러운 느낌, 그게 없었습니다. 왜 그랬을까요!?

그는 고려대 출신으로 전직 컴퓨터 프로그래머입니다.

고지식한 이과생이라서 그럴까요. 평범한 옷차림에 투박하고 담백한 말투와 행동, 남에게 과잉친절을 베풀지도 않고, 잘 보이려 애쓰지도 않습니다. 오버스럽지도 모자라지도 않게 늘 똑같은 모습으로 자신의 자리를 지키고 있다는 게 그와 인연이 오래 지속될 수 있었던 이유였던 것 같습니다. 때문에 지금도 그와 함께 다른 사람들은 만나면, 서슴지 않고 이야기합니다.

"제가 설마님을 만난 지 12년이 됐는데, 이 사람은 그때나 지금이나 늘 한결 같습니다. 그게 장점인 것 같아요"라고 말을 합니다.

'늘 한결 같다'는 게 얼마나 어려운 일인가요. 돈을 벌고 이름이 알려질수록 '잘난 체, 있는 체' 하기 마련인데 그런 면에서 보면 참 대단합니다.

그와의 인연이 이렇게 길어질 수 있었던 또 하나의 이유는 그가 가진 '공생(共生)'의 마인드 때문이 아닐까 싶습니다.

그의 강의를 듣는 많은 사람들은 "경매에 대한 고급 정보를 왜 이렇게 세세하게 알려줄까요?"라는 의구심을 갖게 된다고 말합니다. 소위 말해 '돈' 되는 정보를 혼자만 알고 있지 않고 사람들에게 모두 공개하는 것이 이상하다는 것입니다. 이에 대해 안정일 씨는 "세상에 공짜가 어디 있나요. 이것도 수강료를 받고 가르치는 건데요, 제가 아는 모든 것을 알려주는 건 당연합니다. '항상 내가 더 많이 준다'는 생각으로 살면 오히려 나중에 더 많이 얻게 됩니다"고 겸손하게 말합니다. 또 "다 같이 행복해졌으면 좋겠다"는 말을 입버릇처럼 말합니다.

나 혼자 잘 먹고 잘사는 세상이 아니라, 서로 나누고 도우면서 '함께 잘 살아보자'는 것입니다. 사람의 마음은 옆에 있는 사람에게 고스란히 느껴지고 전염되기까지 합니다. 그래서 그의 옆에는 그 진심을 알아주는 사람들이 항상 바글바글 거립니다. 그리고 다행히(?) 지난 12년 동안 그에게 사기를 당했다고 말하는 사람을 본 적은 없습니다.

안정일 씨의 첫 번째 책은 10년에 걸쳐 서서히 판매되고 이제 절판되어 더 이상 남아 있지 않게 됐습니다. 그리하여 안정일 씨는 필자와 함께 두 번째 책을 준비하기 시작했습니다. 두 번째 책에서는 2009년 이후, 달라진 경매 시장에 대한 이야기가 중심으로 다뤄질 예정입니다. 지난 10년 동안 우리나라 부동산과 경매 시장은 어떻게 변했고, 또한 앞으로 어떻게 변해갈 것인가 입니다. 그 속에서 또 우리는 어떤 기회를 잡을 수 있을까요.

2020년이 시작되며, 수많은 경제 전문가들이 '경제침체론'과 '금융위기론'을 쏟아내고 있습니다. 그들의 말처럼 제2의 IMF, 제2의 리먼 사태가 온다면 어떻게 해야 할까요. 우리는 또 다시 무방비 상태로 당하고만 있어야 할까요. 준비하는 사람들은 그 위기를 좀더 순탄하게 넘어갈 수 있을까요. 준비하는 사람들은 내 집 한 칸을 소중히 지켜낼 수 있을까요.

그리고 준비하는 사람들은 제2의 김광수 씨, 구자현 씨처럼 경매를 통해 삶의 희망을 찾을 수 있을까요. 그 대안으로 경매는 정말 옳은 선택인 것일까요.

지난 추운 겨울 어느 날, 이 수많은 질문의 답을 찾기 위해 서울 양재동에 있는 안정일 씨의 아지트 〈홈336 경매 아카데미〉를 방문했습니다.

경매는 기회다!

시작하는
사람들

지난 겨울 양재동의 한 강의실. 〈홈336 아카데미〉에서는 안정일 씨가 진행하는 경매 기초반 강의가 한창이었습니다.

경매를 배우기 위해 모여든 사람들 40여 명이 초롱초롱한 눈빛으로 열띤 강의에 귀를 기울이고 있었습니다. 그동안 '서민갑부', 'VJ특공대' 등 다수의 방송에 출연하면서 이제는 경매 쪽에서 꽤나 이름이 알려진 안정일 씨. 수강하는 사람들은 'TV나 기사로만 보다가 직접 만나니, 연예인을 보는 기분'이라며 들뜬 표정을 감추지 못했습니다. 이날만큼은 TV에 나오는 연예인도 부럽지 않은 그입니다.

"오늘 강의에 제 방송을 보고 오신 분들이 많으신 걸로 압니다. 그런데 솔직히 말하면 방송에서 본 제 모습은 사실과 다릅니다. 방송에는 거짓이 있습니다!"

이 같은 말에 강의실이 순간 웅성거렸습니다. 그는 말을 이어갔습니다.

"제가 3,000만 원으로 시작한 건 맞지만, 그건 2004년도 이야기에요. 그게 벌써 15년 전이기 때문에 지금 돈으로 따지면 1억 원은 될 것입니다. 하지만 방송에서는 지금도 제가 3,000만 원으로 성공한 사람인 것처럼 보여주고 있기 때문에 거짓이라는 겁니다."

실제로 그렇습니다.

15년 전, 3,000만 원이면 경기도 평택이나 성남에 있는 빌라 한 채를 살 수 있는 금액이었습니다. 그 빌라를 2,500만 원에 전세를 놓으면 실투자금 500만 원으로 사는 것과 마찬가지였고, 고로 3,000만 원이면 빌라 5채를 살 수 있는 돈이었던 것입니다. 그 빌라들은 지금도 그 동네에 그대로 있습니다. 하지만 그 빌라의 가격이 여전히 3,000만 원일까? 당연히 아닙니다! 이제 1억 원이 넘을 만큼 상당히 올랐습니다. 즉, 이제는 경매를 하려면 3,000만 원이 아니라 1억 원이 있어야 한다는 말씀!

또 한 가지 방송에서는 그를 100채의 집을 소유한 사람처럼 포장(?)해서 이야기했지만, 이것도 사실이 아닙니다. 안정일 씨가 지난 10여 년 동안 사고 판 집들이 그만큼이라는 뜻이지, 현재 가지고 있는 물량은 아니라는 것입니다.

"방송을 보고, 3,000만 원으로 하루아침에 부자가 될 수 있겠지~라는 생각으로 오신 분들은 그런 기대를 확 버리고 시작하셔야 합니다!"

다소 유머러스하게 말했지만 참 묵직하고 현실감 있는 조언이었습니다.

설마의 투자 팁

흔히 빌라를 사면 가격이 떨어진다고 이야기하잖아요. 그건 반은 맞고 반은 틀린 이야기입니다. 빌라의 절댓값 자체는 안 떨어집니다. 아니 오히려 올라요. 제가 평택 또는 성남에서 샀다가 팔았던 빌라가 지금은 얼마일까요? 2004년의 가격 3,000만 원보다 더 떨어졌을까요? 아닙니다. 2018년도 기준을 보면, 대략 1억 원(평택) 또는 1억 5,000만 원(성남) 정도 합니다. 절대 가격 자체는 올랐어요. 그럼 왜 떨어진다고 이야기를 하느냐! 같은 가격으로 빌라가 아니라 다른 물건(즉, 아파트)에 투자했으면 빌라보다 더 많이 올랐을 거라는 생각 때문이죠! 즉, 상대적으로 아깝다고 느낀다는 이야기입니다.

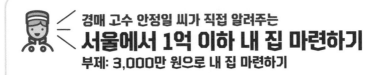

나에게 항상 따라 붙는 수식어가 있습니다.

'3,000만 원으로 시작하는 경매투자' 물론 그 3,000만 원이라는 금액이 요즘의 '3,000만 원'과는 많이 다릅니다. 내가 처음 투자를 시작한 때는 2004년, 지금으로부터 15년 전입니다. 지금의 3,000만 원과는 그 느낌이 다를 수밖에 없습니다.

15년 전, 그 당시에 3,000만 원이면 무엇을 할 수 있었을까요?

그 당시에는 웬만한 빌라 한 채 가격이 3,000만 원이었습니다. 즉, 3,000만 원이면 집 한 채를 장만할 수 있는 금액이었던 것입니다. 물론 그 집이 으리으리한 기와집이 아니라, 방 2개짜리 자그마한 빌라 정도 규모였지만 말입니다.

요즘으로 치면, 방 2개짜리 빌라가 1억 원 정도 합니다. 그마저도 서울로 들어오면 1억 원을 훌쩍 넘깁니다.

요즘도 3,000만 원으로 투자가 가능할까요? 많이들 물어봅니다. 결론부터 말하면, 요즘도 당연히 가능합니다. 예전과 달라졌지만, 여전히 가능합니다.

인천이나 경기도 외곽지역 쪽으로 가면 여전히 5,000만 원 이하 3,000~4,000만 원 정도의 빌라들이 있습니다. 집값 자체가 3,000~4,000만 원인 집들도 심심찮게 발견할 수 있습니다. 서울에는 현실적으로 3,000~4,000만 원짜리 빌라가 없습니다. 대략 1억 원 정도 되는 빌라를(실투자금) 3,000만 원 가지고 도전할 수는 있습니다.

이때는 대출을 활용합니다. 기본적으로 경매를 활용할 때, 낙찰가의 70% 정도까지 대출이 가능합니다. 이점을 적극 활용해서 투자를 하는 것입니다.

○ 서울에서 집(아파트) 장만 하려면 15년 걸린다는데?

"서울에서 집 사기 힘들어요."

"평생 월급 한 푼도 안 쓰고, 숨만 쉬고 모아야 겨우 아파트 한 채 장만할 수 있어요."

흔히 사람들이 이런 얘기들을 많이 합니다.

집을 꼭 아파트로 한정해서 생각할 필요가 있을까요?

아파트 말고 빌라도 있고, 일반 주택도 있습니다. 남들 보여주기 위해서 번듯한 아파트에서 살아야 한다는 생각만 버려도 선택의 폭은 넓어집니다.

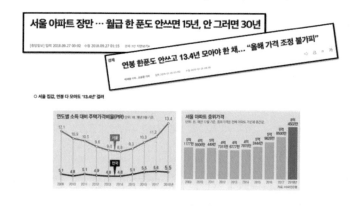

○ 서울의 1억 이하 빌라

2018년 서울(은평구) 빌라 낙찰 사례, 낙찰가 7,000만 원

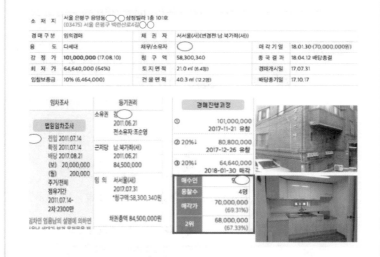

소 재 지	서울 은평구 응암동○-○○ 삼정빌라 1층 101호 (03475) 서울 은평구 백련산로4길○○				
경매구분	임의경매	채 권 자	서서울(새)(변경전:남.복가좌(새))		
용 도	다세대	채무/소유자	○	매 각 기 일	18.01.30 (70,000,000원)
감 정 가	101,000,000 (17.08.10)	청 구 액	58,300,340	총 국 결 과	18.04.12 배당종결
최 저 가	64,640,000 (64%)	토지면적	21.0 ㎡ (6.4평)	경매개시일	17.07.31
입찰보증금	10% (6,464,000)	건 물 면 적	40.3 ㎡ (12.2평)	배당종기일	17.10.17

15평형 방 2개 거실, 화장실, 구조의 빌라 물건으로 서울에서 흔하게 보이는 유형입니다. 서울에서 그것도 최근(2018년)에 낙찰 받은 물건 인데, 가격이 7,000만 원입니다. 즉, 아직도 여전히 서울에서 1억 원 이 하짜리 물건을 찾을 수 있다는 얘기가 됩니다. 내 집 마련 전략으로 이 런 집을 생각해 볼 수 있습니다.

이 빌라를 바탕으로 디딤돌 삼아서 최종 목표인 (남들에게 보여 줄) 번듯한 아파트로 옮겨가는 것입니다. 이런 집의 전세 가격은 8,000~9,000만 원 / 월세는 보증금 2,000만 원에 월세 45만 원 정도 합 니다.

대출이자가 월세보다 쌉니다! 그냥 월세 살면 매달 45만 원 월세를 냅니다. 이걸 낙찰 받아서 대출을 받으면, 대출(LTV 70%) 5,000만 원에 이자 (3.5%) 월 15만 원 정도 나옵니다. 즉, 실투자금 2,000만 원에 월 15만 원 월세를 산다고 생각하면 됩니다.

단순 계산만으로도 그냥 월세 사는 것보다 매월 30만 원 가량이 절약됩니다.

○ 물가 상승률에 따른 자산 가치 보존 (인플레이션 헷지)

전세를 살면, 몇 년이 지나도 그 돈은 그대로입니다.

1억 원 전세를 10년 살았다고 가정해 봅시다. 10년이 지나도 내 수중에는 현금 1억 원이 전부입니다. 그동안 돈값은 하락합니다. (인플레이션 발생) 즉, 집값(자산 가치)이 상승하는 효과가 발생합니다. 월세를 살면 상황은 더욱 악화됩니다.

매달 나가는 월세는 그냥 없어지는 돈입니다. 저축은 감히 꿈도 꿀 수 없는 상황에 내몰립니다. 그런데 이자를 내며 집을 보유하면, 결국 집값 상승이라는 또 다른 목표를 가질 수 있습니다. (장기적으로 보면, 집값은 우상향 곡선을 그립니다.)

부수적인 효과로 그 이자가 월세보다 훨씬 쌉니다.

○ 3,000만 원으로 내 집 마련

내가 돈이 없다고 집까지 못사는 건 아닙니다. 집을 사는데 꼭 몇 억씩 필요한 것도 아니고, 월급을 10~20년씩 꼬박 모아야 하는 것도 아닙니다. 월급을 모아서 집을 살 게 아니라, 일단 집을 사서 빚을 갚아나가는 전략을 사용합시다. 월급을 모으는 동안 집은 더 멀리 달아납니다. 일단 집의 발목을 잡고, 천천히 무릎, 허리, 어깨 결국은 머리 꼭대기로 기어 올라가는 것입니다. 그리고 그 집을 디딤돌 삼아서 더 큰집으로 점프가 가능합니다.

전략은 이외로 간단합니다.

➜ 3,000만 원으로 1억 이하 집(빌라)을 사기, 일반 매매든, 경매든

대출 70%, 7,000만 / 이자 3.5% 월 20만 / 실투자금 3,000만 (부대비용 빼고)

서울에 1억 이하 빌라 (경매 물건) 찾기

경매 정보 제공 사이트에서 검색을 해봅시다.

[지역: 서울(전역), 최저가: 1억 이하, 물건 종류: 빌라(다세대, 연립)]

이 정도 검색 조건을 주고 검색을 해봅시다. 통상적으로 30~40건 정도가 나옵니다. 그중에 문제 (하자) 있는 물건을 제외하고 적당한 물건을 추려보면 대여섯 건에서 많게는 10여 건이 남습니다.

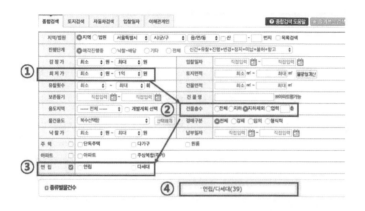

사건번호 ⇕	소재지	용도 입찰일자	감정평가액 ⇕ 최저경매가 ⇕ 낙 찰 가 ⇕	진행단계 (유찰 ⇕)
2019-255	[남부10계] 서울 양천구 신월동 19-9 연희빌라 1층 101호 [건물 39.48㎡][대지권 44.8㎡] 선순위전세권 다음지도 온나라지도 SMS 새창보기	다세대 2019.10.30	126,000,000 80,640,000	유찰 (2회)
2018-9456[2]	[북부5계] 서울 도봉구 방학동 425-18 3층 302호 [건물 34.7㎡][대지권 13.6㎡] 선순위임차인, 도로인접 다음지도 온나라지도 SMS 새창보기	다세대 2019.11.04	101,000,000 80,800,000	유찰 (1회)
2018-108169	[남부1계] 서울 강서구 화곡동 409-93 3층 비호 [건물 40.65㎡][대지권 20.8㎡] 선순위임차인, 도로인접 다음지도 온나라지도 SMS 새창보기	다세대 2019.10.15	112,000,000 57,344,000	유찰 (3회)
2018-12155	[북부1계] 서울 강북구 미아동 791-3286 삼각산빌리지 1 층 102호 [건물 25.78㎡][대지권 16.5㎡] 도로인접 다음지도 온나라지도 SMS 새창보기	다세대 2019.10.14	102,000,000 65,280,000	유찰 (2회)
2019-1640	[북부1계] 서울 강북구 수유동 410-59 1층 101호 [건물 20.3㎡][대지권 11.9㎡] 선순위임차인, 도로인접 다음지도 온나라지도 SMS 새창보기	다세대 2019.10.14	63,000,000 50,400,000	유찰 (1회)
2018-9309	[남부9계] 서울 양천구 신월동 505-4 태영아트빌 1층 101 호 [건물 16.7㎡][대지권 9.48㎡] 다음지도 온나라지도 SMS 새창보기	다세대 2019.10.08	94,000,000 60,160,000	유찰 (2회)
2018-102645[1]	[북부9계] 서울 강북구 수유동 527-74 2층 1호 [건물 26.81㎡][대지권 22.06㎡] 태인개보 재경매, 선순위임차인 다음지도 온나라지도 SMS 새창보기	다세대 2019.10.07	82,000,000 41,984,000	유찰 (3회)
2019-105524	[북부5계] 서울 중랑구 면목동 136-85 2층 1호 [건물 32.43㎡][대지권 22.5㎡] 태인개보 선순위임차인 다음지도 온나라지도 SMS 새창보기	다세대 2019.11.04	94,000,000 75,200,000	유찰 (6회)

자료 제공: 디지털 태인 (부동산 태인)

자녀에게 집을 사주는 전략으로 앞의 방법대로 하면 좋겠습니다! 낙찰 받고 대출 왕창 받아서 실투자금은 증여 처리하고, 이자는 다 갚으면 자식의 집이 되는 것으로 말입니다!

2019년 10월 5일 현재 서울에서 1억 원 이하 경매 물건 9건, 그렇게 추려 봤더니 서울 시내에 빌라 9건이 남습니다. (필자가 원고 작성하는 시점 2019년 10월 5일 현재) 그중에 하나 물건을 골라 보겠습니다.

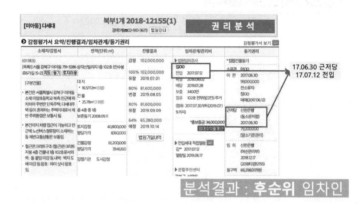

자료 제공: 디지털 태인 (부동산 태인)

사건번호 18-12155

서울 미아동 빌라 (방 2개)

감정가: 102,000,000원 / 2회 유찰: 64%

최저가: 65,280,000원

권리분석상 낙찰자가 떠안을 권리는 없고, 임차인은 소액임차인으로 배당을 다 받기 때문에, 명도에 문제도 없는 물건입니다. 즉, 깨끗한 물건입니다.

서민들이 살 수 있는 가장 흔한 유형의 주거 형태 (방 2개 빌라)
자료 제공: 부동산 태인

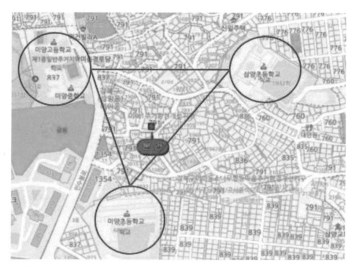

해당 물건의 지리적 위치, 자료 제공: 부동산 태인

지도상에서 물건의 위치를 보면, 서울의 강북(미아동)에 전형적인 주거 단지임을 알 수 있습니다. 주변에 초중고 학군이 모두 형성되기 때문에 한번 입주하면 웬만해서는 이사를 할 필요가 없는 동네입니다.

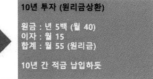

낙찰가 : 7천

낙찰
7000

실투자금
2,500
(비용포함)

대출
5천
(이자 15만원)

10년 투자 (원리금상환)

원금 : 년 5백 (월 40)
이자 : 월 15
합계 : 월 55 (원리금)

10년 간 적금 납입하듯

시나리오를 한번 생각해 봅시다.

7,000만 원에 낙찰을 받아서, 대출 5,000만 원(LTV 70%)에 월 이자(년 3.5%) 15만 원을 예상할 수 있습니다. 10년간 원금(5,000)을 갚아 나간 다고 생각하면, 매년 500 (월 40)씩 원금을 까나가면 됩니다. 이자까지 합하면 월 55만 원이 됩니다. 매달 적금 넣는다고 생각하고 원리금(55 만 원)을 상환하면, 10년이면 온전한 내 집이 됩니다.

월세를 살았으면, 그대로 사라질 돈(월세)이 차곡차곡 쌓인 것입니다. 집이라는 자산에 전세(1억)를 살았으면, 10년이 지나도 그대로였을 그 금액(1억)이, 집에 묻어 놨더니 집과 함께 불어나(1억→1억＋@) 있는 것입니다.

→결혼하는 자녀에게 증여세 부담 없이 신혼집 장만해 주기

직계 존비속(즉, 자녀)에게 증여하는 경우 5,000만 원까지는 증여세 가 면제됩니다. 부부가 열심히 맞벌이를 해서, 대출을 갚아 나가는 것 입니다. 다 갚으면 온전한 내 집 마련 성공하는 것입니다. 돈 모아 집 살게 아니라, 집을 사서 대출을 갚아 나가자 입니다.

여기서, 부동산 재테크 Tip 하나!→ 오피스텔 (임대 수익형) 물건도 비슷한 방식으로 자녀 명의로 매입합니다. 그리고 그 물건에서 나오는

월세는 순수하게 자녀 것이 됩니다. (증여세 없음)

집값 2억

차액 : 5천 -> 증여처리

대출 1.5억 : 네가 갚아라

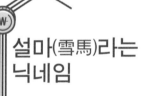

설마(雪馬)라는 닉네임

설마라는 아이디는 안정일 씨가 2004년쯤에 경매를 배우기 위해 재테크 카페를 가입하면서 만든 닉네임입니다. 누군가는 '하얀 설원 위에서 뛰는 말?'이라는 멋진 상상을 하기도 하지만, 닉네임은 의외로 매우 단순하게 지어졌습니다.

내성적인 성격에 경매를 시작하는 게 다소 부담스러웠던 정일 씨는 '경매가 과연 될까?', '내가 경매로 돈을 벌 수 있을까?' '에이~ 설마, 될까?!'라는 뜻으로 지었던 것! '설마~'하고 시작은 했지만, 그럼에도 해내겠다는 의지를 담은 일종의 반어법이었습니다. 그런 의미에서 닉네임을 정할 때 나만의 의미를 담으라고 조언합니다.

닉네임이란 이름을 뜻하는 것이고, 이름이란 남들이 불러주는 것입니다. 경매는 신기하게도 남들이 불러주는 닉네임대로 되더라는 게 안정일 씨의 지론입니다.

처음부터 싸게 사는 투자법

경매에 관심을 갖게 된 것은 책 한 권 때문이었습니다. 재테크에 대해서는 아무것도 모르고 그냥 회사만 다니던 시절, 우연히 '33살에 14억을 벌었다'는 내용의 경매 재테크 책을 봤습니다.

2004년 그 책을 볼 당시, 안정일 씨도 비슷한 나이였습니다. 하지만 그 당시 직장 생활 10년 차에 성남에서 전세 3,000만 원에 살고 있었고, 모아놓은 돈이라고는 3,000만 원밖에 없었습니다. 그런데 그 사람은 어떻게 해서 14억을 벌었다는 것일까요? 내용이 궁금하지 않을 수가 없었고, 그 책을 집어 들고는 단숨에 다 읽어 버렸습니다.

책의 내용은 결국 자기 자랑이었지만, 결국은 부동산 경매를 통해서 돈을 벌었다는 게 요지였습니다. 그리고 경매란 손해 보지 않는 투자법이라는 게 마음에 들었습니다.

호기심에 책을 읽고 난 후 안정일 씨는 '어~ 뭐야, 우리한테도 기회를 주네!'라고 생각했습니다. 당시 같은 회사를 다니는 직장 선배와 상사들은 회사에서 쫓겨나면 살아갈 수 없을 것 같아보였습니다. 역시 평생 그런 삶을 살 줄 알았습니다. 그런데~! 다른 기회가 있다는 게 보였습니다.

그 당시 증권사 전산실에서 근무하고 있었는데, 투자에 실패하는 사람들을 많이 보던 시기였습니다. 내가 사면 떨어지고, 버티다 팔면 다시 오르는 그 불가사의한 현상을 말입니다.

안정일 씨는 이과 출신이라 1+1=2라는 법칙이 통하는 세상에서 살아왔는데, 투자의 세계는 전혀 아니었습니다. 1+1=2가 되기도 하고, 3이 될 수도 있고, 때로는 10이 되기도 했으며, 때로는 정반대로 1+1=-10이 될 수도 있었습니다. 그래서 증권사에 근무하면서도 투자는 일절 해 보지 않았습니다.

그런데 경매는 처음부터 싸게 사는 투자법이었습니다. 사놓고 오르길 기다리는 게 아니라, 처음부터 아예 싸게 사서 사자마자 바로 되팔아 버리는 논리입니다. 보통 일반적인 투자는 현재가에 사서 장래 어느 시점에 오르길 기다립니다. 불확실한 미래의 기대 수익에 배팅한다는 얘기입니다. 이에 반해 경매는 현재가보다 싸게 사서 곧바로 현재가로 팔아버리면 되는 거였습니다. 일종의 차익 거래, 무위험 거래인 셈입니다. 이걸 안할 이유는 없었습니다.

1년 이내에 매도하는 것을 기본

경매의 기본 원리를 예로 들어봅니다.

2014년 경기도 성남시 중원구에 있던 빌라가 경매로 나왔습니다. 감정가는 1억 원, 최저가는 5,000만 원이었습니다. 이 물건의 낙찰가는 6,400만 원이었고, 당시 시세는 8,000만 원대였습니다.

"자, 이게 바로 경매입니다. 법원에 가서 경매 나온 물건을 싸게 사면됩니다! 자, 수업 끝입니다. 다음 주부터는 수업에 올 필요도 없습니다.^-^"

만약 낙찰을 받게 된다면 잔금을 치러야 하는데, 이때 대출이 70~80% 정도 나옵니다. 그럼 대출금 5,000만 원, 실투자금 1,400만 원 (+알파: 취득 비용 등)이 필요합니다. 앞에서 3,000만 원이 15년 전 이야기라고는 했지만, 여전히 3,000만 원 가지고 투자를 할 수 있습니다. 물론 그때와 다른 점은 대출을 활용해야 한다는 것입니다.

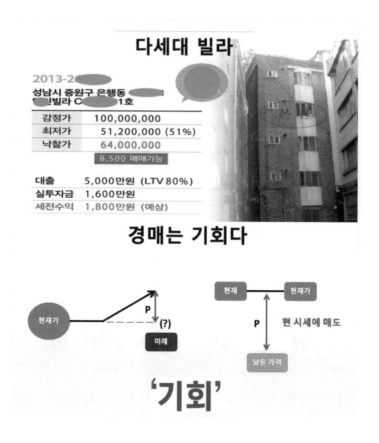

보통 경매로 낙찰을 받고 나면, 1년 이내에 매도하는 것을 기본 원칙으로 합니다. 그러면 양도세가 발생하게 되는데, 세금을 아까워하지 말고 '쿨'하게 내는 것이 좋습니다. 50%의 세금을 제외하고도 수익이 남기 때문입니다.

"투자를 하려면 세금을 내면서 투자를 해야 합니다. 모범납세자가 되자는 뜻이 아니라, 세금을 낼 수 있게 투자를 해야 된다는 뜻입니다. 막상 매도를 해야 하는데, 세금을 못 낼 것 같잖아요. 그럼 못 팔아요. 뜻하지 않게 장기보유를 하게 되죠. 투자를 할 때는 세금을 낼 수 있게, 즉 수익이 나게끔 투자를 해야 합니다."

카페 회원 최전무님의 수익 사례

카페 회원 중에 최전무님(닉네임)은 20년 넘게 회사를 다니다가 2017년 퇴직한 40대 가장입니다. 퇴직을 하면서 받은 퇴직금과 모아 놓은 돈 1억 원으로 경매를 배우기 시작했습니다.

2017년 3월에 경매수업을 처음 듣고, 몇 달 동안 임장과 분석을 해오다가, 그해 경기도 용인에 있는 아파트를 낙찰을 받았습니다.

당시 시세 4억 4,000만 원의 아파트를 약 4억 원이 안 되는 금액에 낙찰을 받았습니다. 이 물건에는 투자금 1억 원, 대출 3억 원이 들어갔으며, 그해 겨울에 4억 3,500만 원에 매도했습니다.

이로 인한 수익은 약 4,000만 원, 세금을 제외하고도 2,000만 원의 수익이 남습니다. 1억 원 투자해서 2,000만 원의 수익이면 꽤나 큰 금액입니다. 회사를 퇴직한 최전무님은 "1년에 이렇게 2건 정도만 꾸준히 하면, 최소한 굶어죽지는 않겠습니다"는 안도의 한숨을

🗐 낙찰/명도 경험담

매매 계약 완료

 최전무(cyni****) 🗩 채림
2018.03.14. 21:21 조회 443

안녕하세요..17-3기 최전무입니다.
11월에 낙찰받은 녀석을 오늘 매매계약했습니다.
짜장파티한지 얼마 안됐는데 계약이 되었습니다..
짜장빨인거 같아요..^^
기준가에 정확히 맞춰서 팔게되었구요, 잔금 받으
려면 아직 기간이 남았지만 숙제하나 끝낸거같아
홀가분합니다.

낙찰부터 매도까지 별 이슈없이..이렇게도 진행되
는구나..신기할 따름..
첫낙찰 인데..이렇게 만만하게 생각하면 안되겠지
요..
다시 긴장타고..첨부터 다시 시작입니다..

내쉬었고, 카페 회원들에게 '명도턱'까지 시원하게 쐈습니다.

"최전무님이 1억 원으로 2,000만 원의 수익을 본 게, 제가 15년
전에 3,000만 원으로 빌라를 투자했던 것과 비슷한 겁니다. 최전무
님이 후기를 보면 '이게 될까 싶었는데, 낙찰을 받아 매도까지 실제
로 되는 걸 보니 너무 신기하다'고 말하더라고요. 제가 처음 낙찰 받
았던 느낌과 똑같을 겁니다."

경매하기 좋은 시장이란 돌고 돈다

안정일 씨가 운영하는 카페에는 '낙찰턱', '명도턱', '매도턱'이라는 게 있습니다.

낙찰 받으면 낙찰 받았다고 밥을 사고, 명도를 완료하면 힘든 명도를 잘했다고 서로 격려하느라 밥을 사고, 매도까지 완료하면 큰 탈 없이 낙찰부터 매도까지 완료한 걸 자축하는 뜻으로 밥을 삽니다.

"저희 카페에는 명도가 끝난 집에 회원들을 초대해서 짜장면을 사는 관례가 있습니다. 그렇게 해야 집도 잘 팔린다는 징크스가 있습니다. 실제로 짜장면 파티를 하고 있는 중에 계약이 된 적도 많아요. 그런데 짜장면 파티를 해서 집이 잘 팔리는 걸까요? 사실 그건 아니죠! 집값이 시세보다 저렴하니까 잘 팔리는 겁니다. 시세보다 비쌌다면, 당연히 안 팔리죠. 팔릴 가격에 내놓아야 팔리는 겁니다. ^^"

누군가는 말합니다.

'덜컥 낙찰을 받았다가 안 팔리면 어떻게 하죠?'

'세가 안 나가면 어떻게 해요?'

이럴 때마다 안정일 씨는 이런 걱정을 하는 건 경매에 대한 이해가 부족한 사람들이라고 말합니다. 답변은 의외로 단순합니다.

"안 팔릴 것 같은 가격에 낙찰 받으면 안 됩니다"는 것입니다. 즉, 시세보다 낮은 가격으로 팔아도 수익이 남을 만큼 낮은 가격으로 낙찰을 받아야 한다는 것입니다. 그것이 경매 물건을 낙찰 받는 첫 번째이자 마지막 목표입니다!

물건용도	경매건수	매각건수	감정가(단위:원)	매각가(단위:원)	매각율	매각가율
아파트	1,244	668	405,926,567,638	420,213,039,302	53.7%	103.5%

⑧ 2012/01 ~ 2012/12 사이의 용도별 매각 통계

물건용도	경매건수	매각건수	감정가(단위:원)	매각가(단위:원)	매각율	매각가율
아파트	7,942	2,544	1,529,944,351,470	1,154,788,719,743	32%	75.5%

⑧ 2007/01 ~ 2007/12 사이의 용도별 매각 통계

물건용도	경매건수	매각건수	감정가(단위:원)	매각가(단위:원)	매각율	매각가율
아파트	4,173	1,788	635,783,580,594	569,469,834,864	42.8%	89.6%

⑧ 2004/01 ~ 2004/12 사이의 용도별 매각 통계

물건용도	경매건수	매각건수	감정가(단위:원)	매각가(단위:원)	매각율	매각가율
아파트	6,182	1,972	594,785,250,020	469,737,684,735	31.9%	79%

시장 상황에 따른 (서울지역 아파트) 낙찰가율의 변화
자료 출처: 대법원경매정보 매각통계

침체기(04년 or 12년) 평균 낙찰가 80% 이하.

활황기(07년 or 18년) 평균 낙찰가 90% 이상.

즉, 낙찰가율도 오르락내리락을 반복합니다. 80% 이하로 떨어졌다가 90% 이상으로 올라갑니다.

시장 상승기에는 높게 써도 낙찰 받기가 힘든데, 침체기에는 (팔수 있을 만큼) 낮은 가격을 써내도 낙찰이 됩니다. 즉, 경매하기 좋은 시장이란 얘기입니다. 안정일 씨가 처음 시작했던 2004~05년 시장이 딱 그런 시장이었습니다.

요즘 유튜브나 방송에서 활발하게 활동하는 사람들은 바로 시장 침체기인 2010~13년 사이에 입문한 사람들입니다. 또는 요즘 뜨는 경매전문가들은 다들 (운이 좋게도) 경매하기 좋은 시절에 경매에 입문했는데, 바로 그런 경매하기 좋은 시기가 눈앞에 기다리고 있는 것입니다.

카페 회원 마리나님의 수익 사례

카페 회원 사례를 하나 더 살펴봅니다. 50대 주부인 마리나님(닉네임)은 노후에 월세를 받기 위해 2018년부터 경매를 배우기 시작했습니다.

이에 2018년 1월에 서울 은평구에 있는 감정가가 1억 100만 원인 빌라를 7,000만 원에 낙찰 받았습니다. 서울에 아직도 1억 원 이하짜리 빌라가 많이 있다는 뜻입니다.

홈336 경매 교실

ⓘ 낙찰/명도 경험담

응암동 수리후 월세계약했습니다.

 마리나(0mi0****) 📱채팅
2018.04.29. 11.45 조회 356 　ㄴ통계

응암동 삼정빌라 명도후 샷시부터 수리에 들어가야했습니다.
도저히 짜장면 파티를 할수 없을 지경이었으니까요.
평일엔 시간이 안나, 주말마다 가서 몰딩과 문짝 페인트에 손잡이, 콘센트, 전등을교체하고
욕실의 욕실장. 수전. 세면대 밑 파이프도 교체하고, 욕실악세사리도 교체했습니다.
봄이라 싱크대업체가 싼곳이라 일정이 밀려 시간이 더 지체됐어요
싱크대 교체하고 마지막으로 도배.장판을 새로 하니 완전 딴집이 됐습니다.

수리하는 중에 아래동네 사는분이 계약하고 싶다고 계속 연락이 와서 결국엔 짜장면 파티 일정도 못잡고,
그분과 어제 부동산 안끼고 계약과 동시에 입주하는 월세 계약을 하고 왔습니다.
원금은 회수하고 월세는 세느님이 내주시고, 플러스 알파 투자금도 생겼답니다.

근저당 걱정하는 임차인에게 설마님이 알려주신데로 월세를 잘 내시면 경매 들어갈 일 없습니다.
했어요

2011년부터 들어와 있던 임차인은 8년간 보증금 2,000만 원, 월세 20만 원에 살고 있었습니다. 하지만 낙찰 당시 월세 시세는 2,000만 원에 40~50만 원이었습니다. 때문에 기존 임차인을 내보내고, 집을 수리해 새로 임차인을 받으려고 했습니다. 하지만 그때 동네 사람이 지나가다가 수리하는 것을 보고 계약을 한다고 해서 부동산 복비도 지불하지 않고 세를 주는 행운이 찾아왔습니다.

이때 보증금을 5,000만 원으로 올리고, 20만 원에 월세를 줬더니, 투자금은 오히려 남는 상황이 발생했습니다.

투자금이 남아 있던 마리나님은 그 이후에 또 다시 낙찰을 받았습니다.

1억 7,000만 원 상당의 빌라를 받았는데, 이 빌라는 1억 9,000만 원에 전세를 놨습니다. 결국, 두 번이나 낙찰을 받았는데, 투자금이 오히려 남는 신기한 경우가 생긴 것입니다.

마리나님은 "투자 원금은 회수하고, 대출이자는 세입자가 내주고, 플러스알파로 새로운 투자금도 생겼습니다"고 말합니다. 이후 마리나님은 계속 다시 낙찰 받고 있습니다.

경매에는 퇴직이 없다

이원석 씨의 《공부란 무엇인가》에 치킨트리(한국 학생들의 진로)라는 게 있습니다. 초등학교에서 고등학교까지 다 똑같은 교육을 받고, 문과와 이과로 나뉘지만 모든 진로의 끝은 '치킨집'이거나 '아사(굶어 죽는 것)'으로 결정된다는 스토리입니다.

치킨트리
(한국 학생들의 진로)

초등학교 → 중학교 → 고등학교 → 문과 → 경·상계열 → CEO → 부도 → 치킨집
백수 → 아사
인문계열 → 백수 → 치킨집
작가 → 치킨집
아사
이과 → 자연계열 → 아사
공학계열 → 과로 → 과로사
치킨집

이원석 저 <공부란 무엇인가> 中

대한민국 직장인들의 앞에 놓여 있는 뻔한 진로입니다. 아무것도 안하면 정해진 길로 가게 되어 있습니다. 언젠간 회사를 그만두게 되고, 결국은 자영업으로 대표되는 치킨집으로 귀결됩니다.

이는 노후 대비가 안 되어 있는 현재 대한민국 직장인의 처지를 단적으로 표현하고 있습니다.

그런데 경매를 배우겠다고 안정일 씨의 카페를 찾은 이들은 그 뻔한 경로에서 살짝 벗어났다는 이야기입니다. 처음에는 큰 차이를 못 느낄 정도로 살짝 벗어난 것에 불과하지만, 나중에는 큰 차이를 나게 합니다.

"저도 처음 경매를 배울 때는 인생이 확 바뀔 것 같은 기대감이 있었어요. 그런데 직장을 다니면서 경매를 하니까 몸은 더 힘들더라고요. 아침 7시까지 밤새서 일을 하고 입찰을 하기 위해 경매 법정으로 갔어요. 회사에는 집에 가서 옷 갈아입고 온다고 말하고 말이죠. 그런데 입찰 끝나고 회사를 가면 제가 더 초췌해져서 돌아오는 거예요. 옷도 안 갈아입고 말이죠. 사람들이 어떻게 생각했겠어요? 하지만 그런 생활을 계속하다 보니 제가 어느 순간 지금 이만큼 와 있더라고요. 여러분들 목표는 무엇인가요? 건물주? 갑부? 그럴 필요 없습니다. 목표를 딱 '주변 친구들 보다' 잘 살자로 정해보세요. 동창회를 다녀와도 부부싸움을 안 할 정도로만 살고 있으면 인생이 행복합니다. 이건희나 빌 게이츠보다 잘 살 필요는 없어요. 제 친구들은 이제 회사 퇴직을 앞두고 있습니다. 퇴직하면 뭘할까 고민 중이에요. 치킨트리가 눈앞에 아른 거립니다. 하지만 경매에는 퇴직이 없다는 게 큰 장점이죠. 여러분들도 할 수 있습니다! ^-^"

경매를 하는 이유

경매를 하는 이유는 시세보다 싸게 살 수 있기 때문입니다.

현재가 보다 낮은 가격에 사서 현재의 시세에 파는 매우 단순한 논리입니다.

경매란, 나 말고도 그 물건에 입찰하는 사람이 또 있다는 뜻입니다. 때문에 많은 사람들이 경매를 배우고 입찰에 도전합니다. 하지만 100명 중에 50명이 입찰에서 떨어지자마자 '아~이건 안 되는 구나!' 라고 생각합니다.

수익이 나려면 낮게 써야 하는데, 그렇게 하면 낙찰이 안 되고, 반대로 높게 쓰면 수익이 안 납니다. 논리적으로 될 수가 없는 구조라고 생각하고 포기하는 사람들이 속출합니다.

'경매는 돈이 될 수 없는 구조'라고 생각하는 것입니다.

아울러 경매가 대중화돼서 이제 와서 시작하기엔 늦었다고 말하기도 합니다. 하지만 이 말 역시 오래전부터 있어 왔습니다.

"제가 2004년에 경매를 배우러 갔는데, 그때 저는 이렇게 생각했어요. '이렇게 좋은 투자법이 있다니 야호~ 신난다! 나는 이제 대박이다'라고요. 그리고 책 저자가 운영하는 경매학원에 등록을 했어요. 근데, 이게 웬걸 그 경매학원에 등록한 수강생이 100명도 넘고, 강의실에 꽉 차더라고요. '그럼 그렇지~! 이게 그렇게 좋은 투자법이라면 사람들이 안할 리가 없지'라는 생각을 하면서 100명과 함께 경매교육을 받게 되었어요."

'나도 낙찰 받아야지'

그렇다면 경매는 어떤 형태로 진행이 될까? 그 과정을 살펴봅시다.

일단 경매 법정은 일반 법정과 똑같이 생겼습니다. 입찰할 때 보증금을 넣는데, 낙찰을 못 받은 사람들에게는 보증금을 돌려줍니다. 반면, 낙찰자는 따로 불러서 신분증과 영수증을 주는데, 마치 학교 다닐 때 단상에 나가서 상장을 받는 느낌으로 받습니다.

"낙찰 받고 통로를 지나가면 모든 사람들이 쳐다보기 때문에 뭔가 집중 받는 느낌이 들어요. 내가 1등한 것 같아서 부러워하죠. 그리고 법정 밖에 나가면 대출업체 아줌마들이 전화번호를 물어보는데, 마치 연예인이 된 느낌도 들어요. 우리가 길거리 지나가다가 누가 전화번호 물어보는 일이 굉장히 드물잖아요. 기분이 참 묘합니다. 그래서 낙찰자를 바라보면서 '와~ 부럽다'라는 느낌이 들게 돼요."

이 때문에 경매를 시작할 때는 '돈 벌어야지'라는 마음으로 시작했던 사람들이 어느 순간 '나도 낙찰 받아야지'로 목표가 바뀌기도 합니다. 그리고 낙찰을 받기 위해 입찰금액을 높게 쓰는 우를 범하게 됩니다. 또한 낙찰을 받아두면 나중에 오를 수도 있다며 스스로 위안을 삼기도 합니다. 더불어 과감히 수익을 포기하고 '낙찰-잔금-명도-매도'까지 경매의 한 사이클을 경험해 볼 거라고 변명 아닌 변명도 하게 됩니다.

경매의 단점

여러분들 중에 법정에 가본 사람이 있는가요? 이혼 법정 말고, 경매 법정 말입니다.

일단 경매 법정에 딱 들어가는 순간 느끼는 감정은 '와~ 사람 많구나'입니다. 이 많은 사람들이 다 내 경쟁자인가? 하는 생각이 듭니다.

어쨌든 경매 물건 하나 골라서 입찰을 해봅니다. 학원에서 배운 대로 달콤한 수익을 꿈꾸며 낮은 가격에 입찰하지만, 결과는 패찰입니다.

내가 입찰한 물건에 나만 입찰한 게 아니기 때문입니다. 나 말고 다른 경쟁자가 10여 명 이상 입찰을 했고, 나는 그중에 거의 꼴찌입니다.

2억 원짜리 아파트에 이런저런 비용, 세금 제하고 수익이 나려면 대략 1억 7,000만 원 정도 입찰해야 수익이 납니다. 그런데 그런 물건에 10여 명이 입찰해서 2억 원짜리 물건에 거의 2억 가까이 써서 가져가는 게 일반적인 현상입니다. 그 현장을 보는 순간, '이건 뭐지?' 하는 생각이 듭니다. 학원에서 배운 것 하고는 다르기 때문입니다. 분명 학원에서 배울 때는 입찰만 하면 낙찰이고, 낙찰 받으면 1~2억 원씩 남겨서 대박이 날거라 생각했는데, 현실은 그게 아니었던 것입니다.

수익이 나려면 (낮게 입찰해야 하는데) 그러면 낙찰이 안 되고, 낙찰을 받으려면 (높게 입찰해야 하는데) 그러면 수익이 안 나고…! 경매는 안 되는 거였다고 포기해 버리고 맙니다. 때문에 100명 중에 50명은 법원에 첫 입찰을 해보고 포기합니다.

쉽게 낙찰 받지 못할 것입니다!

나머지 50명 중에 다시 40명 정도는 경매의 목표가 '낙찰'로 바뀝니다.

처음 경매를 배울 때는 수익이 목표였는데, 법정에 몇 번 가다보면 낙찰로 목표가 바뀌기 시작하는 것입니다.

경매 법정에서 낙찰자가 나오는 걸 보고 있으면 부럽기 때문입니다. 여러 입찰자들 중에 1등(즉, 최고가) 이기 때문입니다. 학교에서 시험보고 1등 한 것처럼 여러 사람이 보는 앞에서 상장(낙찰 영수증)을 받는 것처럼 보입니다. 그걸 보고 있자면 나도 낙찰 받고 싶다는 마음이 가득합니다. 그래서 결국 낙찰을 받을 수 있는 가격을 써내기 시작합니다. 즉, 높게 쓰게 된다는 말입니다. 일명 고가낙찰!

그리고 한발 더 나가서 낙찰 경험을 해보자고요. 경험도 중요한 것이라는 생각까지 하게 됩니다. 그래서 낙찰→잔금→명도→인테리어→매도 이렇게 한 사이클 돌아보고, 수익은 나중에 얻자고 결론을 냅니다.

하지만 수익(즉, 경매를 하는 보람)이 없으면 경매를 다시 할 생각이 나지 않습니다. 아니 그 전에 수익이 안 나면 팔지를 못합니다. 손절매하는 것은 말처럼 쉽지 않습니다.

경매 법정에 가보면, 경쟁자들이 많을 겁니다. 낙찰 받고 팔고 다시 돌아오고, 낙찰 받고 팔고 다시 돌아옵니다. 그런데 낙찰 받고 못 팔게 되면 결국 경매 법정으로 돌아오지 못합니다. 그렇게 경쟁자가 사라집니다.

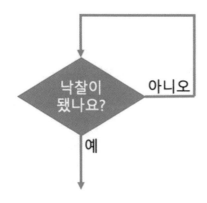

100명 중에 90명은 처음부터 포기하거나, 한 건 낙찰 받아보고 포기합니다. 덮어 놓고 낙찰 받다 보면, 쪽박신세는 절대 면하지 못합니다.

그렇다면, 100명 중에 10명은 누구일까요?

바로 아무생각 없는 사람들입니다. 시키면 시키는 대로 하는 사람들! '낙찰이 안됐어요? 그럼 다시 입찰, 또 안됐어요? 그럼 역시 다시 입찰~!' 낙찰이 왜 안 되지? 어떻게 하면 낙찰 받을까요? 라는 고민을 안 하고 그냥 배운 대로 낮은 가격에 입찰하는 것입니다. 이게 바로 그 어렵고 힘들다는 '낙찰의 숨은 비법'이었습니다.

지난 15년간 안정일 씨를 비롯한 낙찰 받은 회원들의 사례를 모아봤더니, 낙찰 받는 경우가 3가지로 압축이 되는 것을 발견할 수가 있었습니다.

무조건 낙찰 받는 비법
세 가지?

① 입찰서를 쓸 때 0을 하나 더 쓰면 무조건 낙찰이 됩니다

2억 원짜리 물건에 20억 원을 쓰면 되는 것입니다!

안정일 씨의 기억에도 과거에 4억 8,000만 원짜리 아파트에 입찰금 53억 원을 쓴 사람이 있었습니다. 보증금은 보통 법원이 지정한 최저가의 10%를 씁니다. 4,800만 원의 보증금을 내야 합니다.

무조건 낙찰! '0' 하나 더 쓰기

2013.05.02

머니투데이 뉴스

4.8억짜리 아파트 경매서 실수로 53억 썼다가

[기자수첩] 실수를 용납하지 않는 경매시장

집행관이 입찰한 사람들을 순서대로 5억, 5억 2,000, 5억 7,000순으로 부르다가 "000서 오신 000님 53억 원~ 낙찰! 축하드립니다"라고 호명했습니다.

순간 장내가 술렁거렸습니다. 사실, 이 사람은 원래 5억 3,000만 원을 쓰고 싶었던 것입니다. 하지만 입찰가에 0하나를 더 쓰면서 웃지 못할 상황이 발생한 것입니다.

보통 낙찰을 받고 나면 한 달 안에 잔금을 치러야 하는데, 잔금을 안내면 낙찰이 자동 취소가 됩니다. 이때 보증금 4,800만 원은 돌려받지 못하며, 해당 물건은 재경매에 들어갑니다.

"이런 사례는 제가 '낙찰'이라고 써놨지만, 하면 안 되는 겁니다. 하지 말라고 예를 든 겁니다. 입찰 용지에서 금액은 오로지 숫자로만 쓰게 되어 있습니다. 간혹 콤마를 잘못 찍는 경우도 있는데, 자신은 이게 안 보이는 경우가 많아요. 그래서 주변에 확인해야 합니다. 입찰하러 혼자 갔으면 사진을 찍어서 주변 사람들에게 보여 주고 확인하세요."

이 방법의 효과는 확실합니다. 100%의 확률로 낙찰을 받는다는 얘기입니다. 하지만 부작용이 만만치 않습니다. 잔금 미납이라는 부작용이 생깁니다. 그래서 안정일 씨는 강조합니다. 이 방법은 절대로 쓰지 말라고요. 아니 딱 한 번 써야 하는 경우가 있다고 합니다.

"낙찰을 못 받아서 죽을 거 같을 때, 이 방법을 쓰세요. '낙찰병'에 걸리면 약이 없어요. 그래도 목숨을 구하는 용도 이외는 쓰지 마세요. ~^_^"

② 두 번째 방법은 낙찰 확률을 높이는 것입니다.

여러 건을 입찰해야 한다는 뜻입니다. 어떤 사건에는 입찰자가 20~30명씩 사람들이 몰리고, 어떤 사건에는 2~3명 정도로 사람이 없는 경우가 있습니다.

과거 안정일 씨가 낙찰 받은 물건들의 공통점을 살펴보면, 대부분 입찰 경쟁률이 낮은 게 많았습니다. 이 말은 결국, 경쟁률이 작을 것 같은 곳에 넣어야 낙찰의 가능성이 커진다는 의미입니다.

확률을 높이자 ! 여러건 입찰

번호	사건번호	보증금
1	13-19687	8,704
2	13-10243	1,712
3	13-10250	1,280
4	13-11604	1,600
5	13-12133	2,120
6	13-12324	3,560
7	13-13402	2,080
8	13-14313	2,160
9	13-11468(3)	1,168
보증금 합계		24,384

헐 !!!
OTL

모든 사건에 다 입찰을 하게 되면 그중에 하나가 낙찰될 가능성이 높아집니다. 하지만 그만큼의 보증금이 필요하기 때문에 전략이 필요합니다.

"만약, 보증금이 5,000만 원이 있을 때 입찰하려면 2,000만 원과 3,000만 원을 나누어 2개로 나누어 입찰을 하는 게 가능성이 높아지는 거죠. 간혹 '둘 다 낙찰 받게 되면 어떻게 하나요?'라고 걱정하는 분이 계시는데요. 걱정하실 필요 없어요. 보통 둘 다 낙찰이 안 되거든요.^-^ 때문에 걱정하지 마시고 얼마든지 입찰하세요. 여러분들이 경매 공부를 끝내고 현장에 나가서 처음 겪는 문제가 바로 '낙찰'이 안 된다는 겁니다."

☐ 북부4계 2015-2904	2016.03.14 아파트	서울 동대문구 휘경동 57 주공 113동 19층 1906호 [한천로 248] 건물 85㎡ (26평)[33평형] | 토지 40㎡ (12평)	372,000,000 372,000,000 402,500,000	낙찰 (100%) (108.2%)	12명
☐ 북부3계 2015-3136	2016.03.14 아파트	서울 성북구 종암동 104-1 SK 104동 5층 507호 [종암로24가길 53] 건물 85㎡ (26평)[33평형] | 토지 26㎡ (8평)	354,000,000 283,200,000 365,530,000	낙찰 (80%) (103.3%)	38명
☐ 북부3계 2015-5798	2016.03.14 아파트	서울 도봉구 방학동 734 -1, 쌍문동 720,-1,-2 청구 11 0동 4층 407호 [시루봉로 71] 건물 85㎡ (26평)[32평형] | 토지 39㎡ (12평)	280,000,000 224,000,000 261,850,000	낙찰 (80%) (93.5%)	24명
☐ 북부4계 2015-12130	2016.03.14 아파트	서울 동대문구 장안동 336 ,354-1 장안현대홈타운 107동 8층 804호 [장안빛꽃로 107] 건물 85㎡ (26평)[32평형] | 토지 34㎡ (10평)	457,000,000 365,600,000 455,999,999	낙찰 (80%) (99.8%)	9명
☐ 북부3계 2015-13409	2016.03.14 아파트	서울 노원구 월계동 436 ,483,산190,산194 동신 1동 7층 705호 [광운로2나길 30] 건물 112㎡ (34평)[35평형] | 토지 63㎡ (19평)	365,000,000 292,000,000 311,500,000	낙찰 (80%) (85.3%)	4명

예를 들면 2016년도 38명, 24명, 12명, 9명, 4명이 입찰한 물건에 안정일 씨의 수강생들 여럿이 동시에 입찰을 한 적이 있습니다. 이 중 한 곳에 낙찰이 됐는데, 어디였을까요? 바로 경쟁자가 4명밖에 없었던 물건에 낙찰이 된 겁니다.

낙찰에는 특별한 비법이 없습니다. 경쟁률이 적어서 될 만한 상황이니까 낙찰이 된 것입니다. 경쟁률이 4명밖에 안됐던 그 물건은 권리분석이 굉장히 까다롭고 어려울 물건이었을까요? 그것도 아닙니다. 지극히 평범한 물건 중 하나였는데, 이상하게 경쟁률이 낮았을 뿐입니다.

"반전 따위는 없어요. (서프라이즈~ 짜잔!! 사실은 38명이 온 물건을 낙찰 받았죠. 이게 원래 가격은 5억 원짜리 물건인데 아무도 그 진가를 몰라봤어요~~) 이런 경우는 없습니다."

*

당시 시세 3억 6,000만 원 상당의 아파트를 3억 1,150만 원(85.3%)에 낙찰 받았습니다. 이 아파트를 명도 끝내고 수리를 한 후 매도한 가격은 3억 6,000만 원이었습니다. 별다른 특이한 사항도 없었고 매도하기 어렵지도 않았습니다. 결국 확률상 입찰한 사람이 적어야 했던 것입니다. 그냥 운이 좋았어야 합니다. 하지만 그 운이 좋기 위해서는 '꾸준히 입찰해야 합니다'는 공식이 필요합니다. 꾸준히 입찰을 했을 뿐인데, 그중에 하나가 낙찰이 된 것입니다.

"우리 카페에서 낙찰을 받은 사람들은 다 운이 좋은 사람들이에요. 결국 다 낙찰을 받거든요. 모두 운이 좋은 거죠. 이미 낙찰을 받는 분들과 악수를 하고, 낙찰의 기운을 받아가기 바랍니다. ^-^"

③ 세 번째 방법은 '꾸준히 입찰하는 것'입니다.

결국 지난 10년간 사람들이 낙찰 받는 모습을 봤더니, 꾸준히 입찰을 하는 것 이외에 다른 방법이 없습니다. 일명, 기우제 전략! 안정일 씨는 말합니다.

"기우제를 지내서 비가 오는 게 아니에요. 비가 올 때까지 지내는 게 기우제인거죠."

아무 생각 없이 입찰을 하다 보면 어느 순간 낙찰이 찾아옵니다.

"저도 입찰을 계속하다가 낙찰이 된 사건들이 있는데, 자세히 보면 경쟁률이 10명 이하인 물건에만 제가 낙찰을 받았더라는 거죠. 결국 아무 생각 없이 입찰을 하다가 경쟁률이 낮았던 물건들에서 운이 좋게 낙찰이 된 거예요. 낙찰에 특별한 비법은 따로 없는 것 같아요. 제가 남들이 모르는 물건에 기가 막히게 '낙찰 받는 방법을 알려주겠지'라고 생각하는 사람들도 있는데, 저는 그런 거 없어요. 그냥 싸게 입찰하는 방법이 최선의 방법이라고 말하고 싶어요. 만약 내가 쓴 물건에 낙찰이 안 되면, 손해를 안 봤다고 생각해야 된다는 거죠."

경매하는 사람들이 흔히 하는 말이 '패찰했다. 떨어졌다. 또는 졌다'라는 표현을 쓰는데, 안정일 씨는 그런 표현을 안 씁니다. '오늘도 손해 안 봤다'라고 말할 뿐입니다.

경매를 하는 목적은 '수익'을 보기 위함입니다. 손해를 보지 않아야 합니다. 손해가 나면 복구하는 게 무척 힘들기 때문입니다.

경매는 손해를 안보고 투자할 수 있는 거의 유일한 방법입니다.

낙찰을 못 받은 건 아직 손해를 본 게 아니란 겁니다. 투자를 안 하면 손해도 보지 않습니다. 기껏해야 법원까지 가는 교통비와 점심값 정도만 손해를 보는 것입니다.

이런 방법으로 경매를 해야 오래할 수 있습니다.

"그날 하루 일당 손해 본 정도인데, 여러분들 하루 일당은 얼마 안 하잖아요? ^.^"

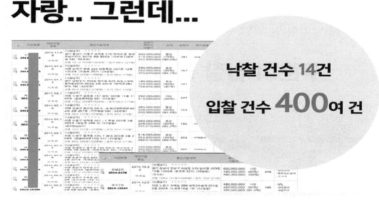

서울지역 아파트/빌라 경매 물량. (대법원 경매정보 매각통계)

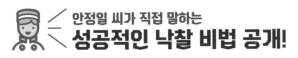

안정일 씨가 직접 말하는
성공적인 낙찰 비법 공개!

2014년에는 1년 동안 14건을 낙찰 받았습니다. 특히 아파트는 환금성이 뛰어나서 낙찰 받기가 힘든데도 불구하고 한 달에 한 건 정도 낙찰을 받은 셈입니다. 하지만! 이 14건을 위해서 1년 동안 입찰한 건수가 무려 400여 건이 넘습니다. 이만큼 입찰을 했으니까 그중에 하나가 낙찰된 것입니다.

"경매는 낙찰된 다음부터 의미가 있는 것입니다. 집행관이 제 이름을 불러준 다음부터 꽃이 될 수 있는 것이죠. 김춘수의 꽃이 결국 경매 이야기였던 거죠. ^-^"

안정일 씨의 낙찰의 비법은 결국 '운'이었습니다. 운이 좋아야 낙찰이 되는 것입니다. 그런데 그 운이 언제 좋을지 모릅니다.

"그 운이 언제 올지 몰라요. 그래서 꾸준히 공을 들여야 해요. 운이란 글자를 뒤집으면 공이 돼요. 운이 오려면 그만큼 공을 들여야 한다는 얘기죠."

홈336 카페 회원들 중에는 '운공'이란 글자가 들어간 닉네임을 가진 회원들이 종종 있습니다. 그만큼 안정일 씨의 철학에 공감하는 회원들이 많다는 뜻입니다.

2등인데 낙찰이 된 경우도 있다고 합니다.

이는 최고가 낙찰자의 낙찰이 무효가 되는 경우일 때 가능합니다. 대리입찰을 할 경우 위임장이 필요한데 인감증명서를 가져오지 않는다거나, 보증금을 적게 넣었을 때 발생합니다. 이런 경우 1등은 무효 처리로 보증금을 돌려받고, 2등이 낙찰자가 됩니다.

"언제 어떻게 낙찰될지 몰라요. 항상 입찰 법정에 출근 도장을 찍어야 합니다"고 말합니다.

경매의 원리

경매는 도대체 법원에
왜 나오는 걸까?

경매 물건이 생기는 이유는
빚이 있기 때문입니다. 빚이 집값을 넘어서면 집주인이나 채무자 입
장에서는 이 집을 유지할 수가 없습니다. 그래서 집을 포기하는 사
태가 발생하는 것입니다.

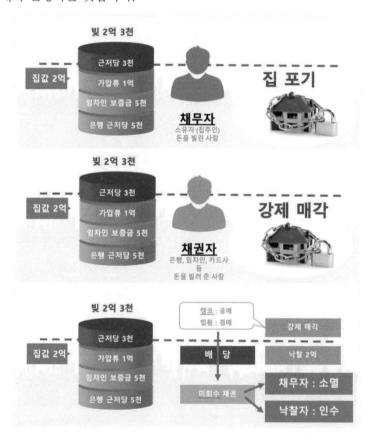

집주인이 집을 포기하면 은행 이자를 내지 않기 시작하고, 임차인의 보증금을 돌려주지 못합니다. 그러면 은행이나 임차인 등의 채권자가 강제로 집을 파는 게 바로 '경매'입니다.

그래서 낙찰이 되면 회수된 돈은 채권자들이 나누어 갖게 됩니다. 하지만 집에 빚이 많기 때문에 채권자 중에 못 받는 사람이 생기게 됩니다.

그렇다면 채권자들 중에 돈을 돌려받고 싶지 않은 사람이 있을까요? 당연히 없습니다. 채권자들끼리 돈을 나누어 가질 수 없기 때문에 법원이 주택을 주인 대신 팔아서 돈을 나눠주는 역할을 직접 하는데, 그게 바로 경매입니다.

권리분석의 핵심

집값이 2억 원인 물건이 있습니다. 그런데 그 물건에 은행 근저당 5,000만 원, 임차인 보증금 5,000만 원, 가압류 1억 원, 근저당 3,000만 원이 들어 있어 총 2억 3,000만 원의 빚이 있다고 칩시다. 그러면 빚을 진 집주인은 집을 포기하게 되고, 돈을 빌려준 채권자는 집을 강제로 매각하게 되는 것입니다.

경매를 통해 2억 원에 낙찰이 되면, 채권자들에게 배당이 돌아갑니다. 하지만 그중에 배당을 받지 못하는 경우가 생깁니다. 그렇다면 이 미회수 채권을 과연 누가 책임져야 하는 걸까요. 채무자일까요, 낙찰자일까요. 그것이 가장 중요한 문제입니다!

이밖에 집에 문제가 심하거나 상속받은 집을 팔기 위해 일부러 경매에 내놓는 경우도 있습니다.

공사 하자가 심한 집(예를 들면 천장에서 비가 온다든가) 같은 경우는 일반 매매에서 팔기가 어렵습니다. 그럴 때 그냥 경매로 던지는 경우가 있습니다. 경매는 집을 못 보고 사는 것이기 때문에 낙찰자가 집의 하자를 모르고 덜컥 낙찰 받는 경우도 있습니다.

"처음 경매 배울 때 같이 배웠던 분이 있는데, '강태공'이란 닉네임을 사용했어요. 어느 날 반지하 빌라를 낙찰 받았는데, 가봤더니 바닥에 물이 찰랑찰랑 고여 있는 거예요. 그때 우리 동기들이 그 분을 놀렸던 기억이 나요. 닉네임이 강태공이라 이런 물 찬 집을 낙찰받았다고요."

이런 경우에는 예상치 못한 수리비가 발생해서 수익이 많이 깎이거나 심지어는 손해 볼 수도 있습니다. 그래서 입찰 전에 현장 탐방도 철저히 해야 합니다.

권리분석 이란?!

경매로 집이 낙찰되면 법원에서는 채권자에게 배당을 해줍니다. 얼마에 낙찰을 받아서 채권자들에게 얼마씩 나누어 주느냐 따져보는 것입니다. 이때 필요한 게 바로 권리분석입니다.

즉 '권리분석'이란, 배당을 짜보는 것입니다.

경매인들에게는 누가 얼마를 받는지가 중요한 게 아니라, 누가 배당을 못 받는지가 더 중요합니다. 그 이유는 못 받은 돈에 대해 채무자에게 쫓아가기 때문입니다. 그런데 그 못 받은 돈은 이 집을 낙찰받은 사람에게도 쫓아갑니다. 이에 채무자가 빚을 책임지는 것을 '소멸(말소)'이라고 하고, 낙찰자가 책임지는 것을 '인수'라고 합니다.

그렇기 때문에 낙찰자의 입장에서는 이 빚이 소멸인지 인수인지가 중요합니다.

권리분석의 핵심은 빚을 누가 책임지느냐 판단하는 것입니다. 그래서 권리분석이 중요합니다! 만약 권리분석을 했는데, 빚을 낙찰자가 인수해야 한다면, 그 물건은 입찰하지 말아야 할까요? 아니다! 그 물건은 빚을 인수할 금액을 감안하고 입찰가를 정하면 됩니다.

권리분석 사례

2억 원에 입찰하려고 했던 물건을 보니, 5,000만 원이 낙찰자가 인수해야 할 빚이라면 1억 5,000만 원에 입찰을 해야 5,000만 원을 인수해도 애초에 입찰하려고 했던 2억 원이 된다는 뜻입니다.

만약, 입찰자가 빚 5,000만 원을 인수해야 하는 사실을 모르고 2억 원에 낙찰을 받았다면, 떠안을 빚을 포함해 총 2억 5,000만 원에 낙찰 받은 것과 다름없는 셈입니다. 권리분석을 했는데, 빚을 낙찰자가 인수 받지 않을 경우에는 2억 원에 그냥 입찰을 하면 됩니다.

입찰가 산정 공식

사고 싶은 금액 − 인수 금액=입찰가!

권리분석이 딱 떨어지게 나오면 상관없는데, 권리분석을 통해 결과가 물음표(?)로 나오면 입찰하면 안 됩니다.

경매는 '송사'입니다. 앞으로의 판결에 따라 결과가 달라집니다. 특히 법정지상권, 유치권, 위장임차인 등의 소위 말하는 특수 물건은 입찰하지 않는 게 좋습니다.

전체 물건 중에 이런 특수 물건의 비율은 20% 정도밖에 안 됩니다. 얼마 안 되는 물건들로 머리 아프게 고민하지 말고, 쉬운 것만 하

희망가	2억			
인수 금액	0원	5천	3억	?
입찰 가격	2억	1.5억	-1억	?

입찰 불가!!

면 됩니다. 나머지 80%의 쉬운 물건들만 계속 입찰을 하면 됩니다.

"권리분석하다 보면 모르는 물건들이 나올 겁니다. 그런 물건은 그냥 패스하세요. 아는 것만 하면 돼요. 어려운 케이스에 대한 질문을 많이 하는데, 모르면 시간낭비하지 말고 다른 물건으로 하면 돼요. 그 어려운 물건과 똑같은 케이스가 다시 나오기도 힘들어요. 학력고사 공부하는 게 아니잖아요. 너무 열심히 공부하면 안 돼요. 그러다가 사법고시 패스합니다. ^-^"

권리분석 실패사례 ①

2012년 어느 날, 경매 법원에 임차인을 인수하는 사건이 있었습니다. 어떤 사람이 시세가 1억 2,000만 원인 물건에 1억 500만 원을 써서 입찰을 했는데, 단독 낙찰이었습니다. 입찰자가 그 사람 말고 아무도 없었다는 이야기입니다. 이럴 경우 둘 중 하나입니다. 운 좋게 입찰자가 아무도 없거나, 아니면 똥 밟은 경우입니다!

아니나 다를까. 이 물건은 6,500만 원의 빚을 낙찰자가 인수하는 물건이었던 것입니다. 때문에 낙찰자는 입찰금액에서 6,500만 원을

중앙 9계 2012-7343 서울 성북구 다세대		
전입	1997.04.10	선순위 임차인
확정	2000.05.10	선순위 임차인
등기권리	2011.11.01	근저당 신영 브릿지
감정가	150,000,000	
임차보증금	65,000,000(인수)	
낙찰가	105,000,000	

총 1억 7천에 사는 셈

제외하고 입찰을 했어야 했습니다. 하지만 이 낙찰자는 그 사실을
알았을까요, 몰랐을까요?!

불행히도 그 사람은 그 사실을 전혀 모르고 입찰에 응했습니다.
때문에 시세 1억 2,000만 원짜리 집을 빚을 포함해 1억 7,000만 원
에 낙찰 받은 셈입니다. 이런 경우 이 사람은 잔금을 못 내게 되고,
입찰자는 보증금을 잃게 됩니다.

홍336 카페 회원이
법원에서 목격한 사건을 기록한 카페 후기

낙찰 받은 사람이 잔금을 미납하게 되면 보증금은 몰수되고, 그 물건
은 재매각 됩니다. 이렇게 권리분석을 제대로 안하면 소중한 보증금을
잃어버리게 된다는 교훈을 얻을 수 있습니다.

"입찰을 갔는데, 내가 단독 낙찰이면 순간 겁부터 납니다. 이상하다.
내가 권리분석을 실수했나? 싶어요. 경쟁자가 많으면 오히려 마음이

편합니다. 카페 회원이 앞의 그 낙찰자한테 '6,500만 원 빚을 물어줘야 한다'고 조언을 했더니 '내가 왜 그래야 하죠?'라고 되물었다고 합니다. 이렇게 아무것도 모르고 경매 법원을 찾는 사람들이 있어요. 이런 실수를 하지 않기 위해서는 뭘해야 할까요? 먼저 공부를 하고 배우는 게 필수죠!"

아저씨 曰

7,500 근저당 갚고
남는 돈 3,000은 세입자
주는거 아니냐고...........

✓ 보증금 (10%) 몰수

✓ 재매각 진행

✓ 재매각 시 보증금은 **20%**

1. 2012-08-14	최초	150,000,000	유찰	
2. 2012-09-18	20%↓	120,000,000	유찰	
3. 2012-10-23	20%↓	96,000,000	낙찰	낙찰액 105,050,000 응찰수 1명 (대금미납)
4. 2013-02-12	20%↓	76,800,000	낙찰	낙찰액 80,160,000 응찰수 1명 (대금미납)
5. 2013-05-28	20%↓	61,440,000	유찰	
6. 2013-07-02	20%↓	49,152,000	유찰	
7. 2013-02-12	20%↓	39,322,000	낙찰	**낙찰액** 46,199,990 응찰수 6명 2위 45,320,000

권리분석 실패 사례②

시세가 11억 원짜리 아파트가 경매에 나왔습니다. 임차인 보증금 6억 원을 낙찰자가 떠안아야 하는 물건이었습니다. 그런데 누군가 이 물건을 7억 원에 낙찰을 받은 것입니다. 임차인 6억 원과 합치면 시장가를 훌쩍 뛰어넘는 금액인 13억 원이 됩니다.

당연히 낙찰자는 잔금을 치르지 못했습니다. 이로 인해 낙찰자는 보증금을 얼마를 날렸을까요? 무려 6,000만 원입니다.

이 낙찰자의 입찰금액은 누가 봐도 실수가 맞습니다. 하지만 법원은 그 낙찰자의 사정을 봐주지 않았습니다. 법원이 몰수한 보증금은 최종 낙찰 금액에 합칩니다. 결국 채권자의 배당금이 늘어나기 때문에 채권자의 이익이고, 채무자의 빚은 그만큼 줄어드는 것입니다.

"경매는 송사이기 때문에 낙찰자가 입찰금액을 잘못 쓴 것에 대해 절대 봐줄 수가 없어요. 낙찰자, 채무자, 채권자 셋 중의 누군가의 실수는 곧바로 다른 누군가의 이익이잖아요. 법원에서 '이건 실수니까 봐줄게'라고 했다가는 반대 당사자인 채권자가 이의를 제기할 게 뻔해요. 그래서 권리분석에서 실수하면 큰일이 납니다."

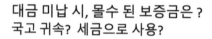

누군가는 '경매는 위험하다'라고 말하기도 합니다.

하지만 경매를 제대로 공부하고 접근한다면 위험할 일은 전혀 없습니다.

경매는 위험하지 않아요. 공부하지 않은 당신이 위험한 거예요~!

경매 정보는
어디에서 얻을 수 있을까

　　　　　　　　　　　　　경매를 하려면 경매 사이트
를 참고해야 합니다. 때문에 경매 사이트에 가입하는 게 좋습니다.
유료 사이트와 무료 사이트가 있는데, 초보자들은 무료 사이트를 통
해 공부를 하다가 실제로 경매에 들어갈 때는 유료 사이트를 참고하
는 게 좋습니다.

　홈336 카페 수강생에게는 태인경매(taein.co.kr) 정보를 2개월간 무
료로 볼 수 있는 혜택이 있습니다. 이런 혜택을 활용하는 것도 방법
입니다.

경매 사이트에서 물건을 들여다봅시다.

서울에 법원이 5개가 있고, 경기도와 인천에 총 10개의 법원이 있습니다. 서울과 경기의 법원이 15개인데, 여기에서 나오는 경매 사건이 꽤 많습니다. 초보자들은 자신이 살고 있는 동네의 관할 법원 보는 것을 추천합니다.

감정가와 시세는 아무 상관이 없습니다!

법원에서 경매에 나온 물건을 감정해서 감정가를 매기는데, 이는 시세와 아무런 상관이 없습니다. 감정가와 시세는 같은 수도, 낮을 수도, 높을 수도 있기 때문에 감정가 보고 입찰하면 절대 안 됩니다.

미술품 경매는 흔히 감정가보다 높게 낙찰되게 마련인데, 부동산 경매에서는 감정가보다 낙찰가가 떨어지는 게 일반적입니다. 이에 감정가는 입찰을 시작하기 위한 가격이라고만 생각하면 됩니다.

경매수업 초보 수강생들
티타임 1탄

홈336 아카데미에 경매수업을 들으러 온 사람들은 매주 주중반, 주말반을 매달 꽉 채울 정도로 수강생들이 많습니다. 하루에 3시간씩 한 달에 4번 수업이 진행되며, 수업료는 약 40만 원입니다.

한 달에 20명이면 1년에는 250여 명이 안정일 씨의 강의를 듣기 위해 이곳을 찾는다는 뜻입니다. 도대체 이들은 어떻게 알고 이곳으로 경매를 배우러 왔을까요?

"(설마) 사실 저도 궁금해요. 제가 사람들이 못 찾도록 카페를 잘 숨겨 놨거든요. 그런데 어떻게들 알고 여기를 오셨을까요? ^-^"

"(OOO) 부동산 경매에 대해 공부를 하고 싶어서 유튜브 등에서 경매 강의를 자주 찾아봤는데, 설마님 강의가 나와 있었어요. 다른 카페를 안가고 이곳으로 온 이유는 카페 분위기가 화기애애하고 좋아서입니다. 여러 사람들 하고도 어울릴 수 있을 것 같아서 그걸 보고 카페를 찾아서 들어왔어요. 또한 결혼을 하고 산 집이 많이 올라서 이제는 부동산에 관심을 가져봐야겠다는 생각을 하게 됐습니다."

"(설마) 우리 카페는 가족 같은 분위기가 좋아서 오는 분들도 있고, 오히려 그게 싫어서 떠나는 사람들도 있습니다. 특히 우리가 어려운 물건을 안 하니까 왠지 실력이 없어 보이기 때문에 다른 곳에 갑니다. 간혹 집을 샀다가 오르니까 '월급보다 낫네?'라고 부동산 경매를 생각하는 분들도 있고, 오히려 떨어져서 '이게 뭐야'라고 화가 나서 오는 분들도 있습니다."

"(OOO) 어릴 때부터 돈 버는 것에 관심이 많고, 관련 책도 많이 보고 유튜브도 많이 봤어요.

"(설마) 25세 젊은 사회 초년생들이 결혼을 한 것도 아닌데, 경매를 많이 하는 것 같아요. 저도 34세에 경매를 배웠는데, 당시에도 같이 배웠던 사람들이 저보다 10년 정도 더 나이가 많았어요. 빨리 시작해서 시간을 번다는 건 정말 중요한 거죠. 나이가 어린 만큼 자금력은 떨어지지만, 오래할 수 있는 시간을 번 거죠."

"(000) 회사 생활하다가 자영업을 오픈하면서 재테크에 대한 관심이 생겼어요. 그중에서도 부동산이 제 성향에 맞는 것 같아서 경매를 선택했죠. 유튜브 등을 통해서 여러 가지 경매 강의를 들었는데, '설마'님이 편하게 느껴져서 오게 됐어요. 제가 앞으로 계속할 수 있는 공부를 하고 싶어요."

"(설마) 경매는 꾸준히 해야 성공하는 재테크라 느긋한 성격이 딱 좋아요. 다가오는 시장이 10년 서브프라임 때와 비슷해요. 그래서 지금은 입찰하기보다 좀더 기다렸다가 해야 합니다. 여유를 갖는 게 중요하죠. 경매는 무한 청강이 가능하니까 계속 들으면서 익숙하게 만드는 게 좋아요. 경매를 듣기 위해 오는 분들 중에서 강의를 들어도 모르겠다, 이해가 안 간다고 하더라고요. 그래서 계속 이해가 될 때까지 들으라고 했어요. 그랬더니 1년 내내 수업을 들으시더라고요. 그러더니 경매를 해서 돈도 꽤 많이 버셨어요. 청강은 배우자도 가능하니까 같이 들으면 좋습니다. 함께 상의해서 결정하세요."

"(000) 설마님 강의를 들었는데, '공을 들이지 않으면 낙찰 받을 수 없다'는 말이 가슴이 확 와 닿았어요. 주위 환경이 제 의지와 상관없이 변하더라고요. 직장 생활을 하고는 있지만, 언제 퇴직할지 모르는 상황입니다. 큰아들이 대학교를 다니는데, 막내가 5살입니다. 막내를 대학 졸업까지 시키려면 꾸준히 일을 해야 한다는 부담감이 있습니다. 그래서 미래를 준비해야 하는데, 어떤 쪽으로 해볼까 하다가 경매에 관심을 갖게 됐죠."

"(설마) 회사는 꾸준히 다니면서 투자를 하는 게 좋습니다. 경매를 배우기 시작하면서 회사를 그만둔다고 하는 분들이 많아요. 그런데 미래를 준비하고 있으면 갑자기 퇴직을 해도 당황스럽지 않죠."

"(000) 제 주위에 사업하는 사람들을 보니까 투자를 해서 그 이익으로 또 투자를 해서 자금을 돌리는 것을 봤어요. 경매는 미래 가치가 아니라 현 시세 대비 수익이 나는 것이 굉장히 매력적이라고 생각했죠. 그래서 공부를 미리 하고 싶었고, 유튜브에서 설마님 강의하는 걸 보니까 기본을 탄탄하게 강조하는 게 마음에 들어서 오게 됐습니다."

"(000) 저는 중소기업 자금 컨설팅 일을 하고 있어요. 그런데 최근 들어 컨설팅을 해줬던 기업들이 부도나는 사례가 늘어나고 있어요. 그런 모습을 보니까 나도 뭔가 준비를 해야겠다는 생각이 들고, 경매는 제가 잘 아는 분야이기 때문에 공부를 하고 싶었습니다. 부동산 바닥에 있었지만, 나는 막상 월급 이외의 돈을 벌지 못했어요. 그래서 직접 배워서 경매를 해보고 싶었습니다."

"(설마) 우리는 거대 담론을 뒤로 하고, 경매 공부를 열심히 하면 돼요. 입찰을 하면 시세보다 싸게 사면 돼요. 여러 가지 담론은 경매하는데, 아무 상관이 없더라고요. 실제로 가격이 빠질 것을 예상을 하고 입찰을 하고 싸게 받으면 시장의 흐름 속에서 팔수 있게 돼요. 부동산은 주식과는 달리 천천히 빠지고, 천천히 오르기 때문에 거대 담론은 큰 의미가 없습니다. 산꼭대기를 바라보고 산을 올라가면 방향을 잃어요.

하지만 내 앞 사람의 뒷모습을 따라 가다보면 그 길을 따라서 정상까지 올라갈 수 있죠. 지금은 당장 우리가 할 일을 실천하는 것입니다. 그러다 보면 어느 순간 올라가 있을 겁니다."

"(000) 15년 전부터 경매 책을 많이 봐왔어요. 이제 정년퇴직이 10여 년 남았는데, 노후를 대비해야겠다고 생각이 들어서 경매에 관심이 없는 와이프까지 데리고 왔습니다. (와이프) 남편에게 이끌려서 왔는데, 막상 와서 사람들의 이야기를 들어보니까 반성을 많이 하게 되네요. 저는 소극적으로 길게 보고 강의만 먼저 들어놓으려고 했거든요. 그런데 다른 사람들은 빠르게 결단하고 실천하는 모습을 보니 제가 이렇게 설렁설렁하면 안 되겠구나 싶은 생각이 듭니다."

"(설마) 보통 와이프랑 같이 오시면 서로 시너지 효과가 나서 좋아요. 번갈아가면서 입찰을 할 수도 있고 함께 상의할 수 있거든요. 목돈이 움직이는 재테크이기 때문에 부부가 함께 오시는 건 언제든지 환영합니다. 배우자는 수강료도 공짜입니다. ^-^"

"(000) 저는 설마님이 서민갑부 프로그램에 출연하는 걸 보고 카페에 가입하게 됐어요. 제가 원래 집 보러 다니는 거 좋아했어요. 서민갑부에서 설마님이 집을 보러 다니는 모습을 보니까 제가 잘할 수 있는 것 같더라고요. 남편이 명퇴를 하고 나서 시간이 여유가 있으니까 가서 경매를 배워보라고 했어요. 그리고 유튜브에서 방송하는 모습을 보니까 정말 느낌이 좋아서 여기까지 오게 됐습니다."

"(설마) 기초반 실전팀 3~4개월 동안 저와 카페에 계신 멘토 분들이 가진 모든 지식과 경험을 드리고 있어요. 그런데 초보자 분들이 이 내용을 고스란히 못 받아들이는 게 당연합니다. 그러니 카페에 와서 청강을 계속 들으시고, 사람들과 꾸준히 교류를 하다 보면 점점 경매에 대해 깊이 있는 지식과 경험을 공유할 수 있으실 겁니다."

부동산 시장 흐름

요즘 부동산 시장은?

2017년, 대한민국 부동산 시장이 계속 상승하면서 '내 집 마련'을 하고 싶어 하는 서민들의 마음을 허탈하게 했습니다. 집값 상승이 계속되자, 정부에서 부동산 규제 정책들을 지속적으로 발표했고 급기야는 2018년 9월(9.13 대책)을 기점으로 부동산 거래가 끊기면서 집값이 하락세로 돌아섰습니다.

하지만 경매하는 사람들 입장에서는 정부의 규제로 시장이 안 좋아지면 기회가 찾아온다는 게 안정일 씨의 설명입니다.

요즘(2018~19년) 부동산 시장에 대해 안정일 씨는 이렇게 말합니다.

"최근(2019년) 들어 홈336 카페에 낙찰 소식이 부쩍 자주 들려오는데요. 예년에 비해서 확실히 낙찰 건수가 늘어나는 느낌입니다. 시장은 돌고 돈다는데, 이제 다시 예전 같은 상황이 반복되려는 모양이에요."

안정일 씨가 처음 경매를 시작한 2004년도에는 경매 물건이 많았습니다. 그냥 많은 정도가 아니라 아주 많았습니다.

요즘 나오는 물량의 5~6배 정도(?!) 그래서 어쩌면 경매하기가 쉬웠는지 모릅니다. 물량이 많으니, 낙찰이 곧잘 됐던 시기였습니다. 어떻게 보면 운이 좋았습니다.

그러다가 2007~08년에 물량이 극적으로 줄어듭니다. 집값이 오르면서 (거의 폭등 수준) 다들 잘 팔리니까, 경매까지 나올 물량이 없

제목	작성자	작성일
56511	이)번 낙찰은 아파트 🖼 [45]	겨울바다남편 🖼	2019.07.22
56507	「낙찰」186부대 19년하반기—2 🖼 [124]	태백산— 🖼	2019.07.22
56406	안녕하세요 첫낙찰 첫명도 첫계약 후기용 [16]	목포사시미 🖼	2019.07.18
56391	19-2기 낙찰 🖼 [53]	햄토리 🖼	2019.07.18
56337	낙찰 신고 합니다. 🖼 [23]	디부맘 🖼	2019.07.17
56079	186부대원 19년 하반기 낙찰— 🖼 [104]	본군 🖼	2019.07.10
56057	첫 낙찰! 이제는 말할 수 있다!! 그리고 두번째 낙찰 🖼 [120]	마법봉투 해원 🖼	2019.07.09
55966	낙찰 후 명도 협의 월세계약 🖼 [33]	삼십대 🖼	2019.07.06
55582	첫 낙찰...이제야 신고합니다~~~~ 🖼 [15]	나답게 또동또동 🖼	2019.06.21
55520	18-8기 낙찰 신고합니다 🖼 [55]	나도가자 🖼	2019.06.20
55470	첫 낙찰요. [70]	주리오 🖼	2019.06.18
55213	첫낙찰 신고합니다!! (1억820낙찰 1억300대출) 🖼 [37]	행복이아빠 🖼	2019.06.12
55172	일산베티낙찰 🖼 [45]	일산베티 🖼	2019.06.10
55057	낙찰 후 진행사항 1차 브리핑 🖼 [12]	삼십대 🖼	2019.06.04
54601	야홋! 낙찰 받았어요^^ 🖼 🔗 [31]	지혜 🖸	2019.05.18

홈336 카페에 올라온 낙찰 소식들

는 것입니다. 낙찰 받기 참 힘들었습니다. 그게 다시 2009년(서브프라임) 이후로 물량이 증가하기 시작했습니다. 2013년까지 그러다가 다시 2014년부터 물량이 줄어듭니다. 시장이 회복세로 접어든 것입니다. 그렇게 경매 물량은 지속적으로 줄어들어서 2018년에는 2013년 대비 4분의 1토막이 납니다.

그런데 이제 다시 물량이 늘어날 기미가 보입니다.

많은 사람들이 갭 투자, 깡통 전세, 대출 규제, 금리 상승, 역전세난 등의 징조를 느낀다고 합니다. 사실 이런 징조를 못 보더라도 지난 몇 년간 상승장(경매 물량 감소)이었기 때문에 이제 그 상승장을 마감하고, 보합 내지는 하락장이 올게 뻔합니다.

시장은 항상 돌고 돌기 때문에 무한정 상승하거나 무한정 하락할

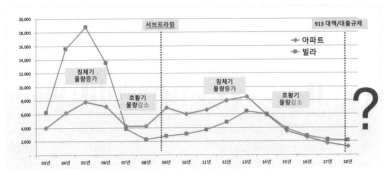

서울지역 아파트/빌라 경매 물량. (대법원 경매정보 매각통계)

수는 없기 때문입니다.

　그리고 사실 경매 물량의 증가가 꼭 하락장일 필요는 없습니다. 보합장만 돼도 물량은 증가합니다. 앞으로 다가올 몇 년간은 부동산 경매를 하는 입장에서는 황금 시장이 될 것입니다.

　흔히들 경매에 큰 장이 선다고 얘기를 합니다. 이에 경매투자자들은 다들 다가올 시장을 기대하고 있습니다.

시장 이야기
2004년부터 설마가 직접 겪은 이야기

① 2004~06년 침체기(경매 물량 증가): 단타 (낙찰 받고 바로 팔기)

설마 안정일 씨가 처음 경매를 시작한 해는 2004년입니다. 그때

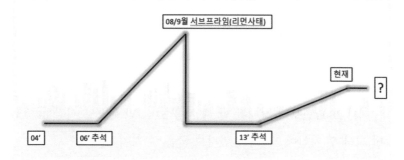

지난 15년간 오르락내리락 반복한 시장

는 부동산 경기가 안 좋았고, 단군 이래 최대 침체라고 언론에서 떠들 때였습니다. 그러다보니까, 경매 물량도 많았습니다.

"지금 생각해 보면 경매하기에는 참 좋은 시기였어요. 물량이 많았거든요."

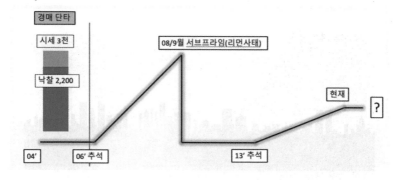

단타 치던 초창기 시절에는 종잣돈이 얼마 없어 계속 단타를 쳤다고 합니다. 부동산 쪽에서는 1년 이내에 사고파는 걸 단타라고 합니다. 주식으로 말하자면 데일리 트레이딩이라고 하겠습니다.

그 당시 성남과 송탄의 빌라(5,000만 원 이하), 소형 아파트(1억 원

이하)가 주요 투자 대상이었습니다.

안정일 씨가 보유한 종잣돈(3,000만 원)으로 입찰 가능한 물건이었으니까요. 그런 물건들을 낙찰 받고 팔고 하면서 조금씩 종잣돈을 불려 나가던 어느 날 문득 신기한 느낌이 들었다고 합니다.

"제가 2004년부터 경매를 할 때 처음 3,000만 원으로 시작했는데, 1년 지난 후 자산이 2배가 늘었다고 글을 쓴 적이 있어요."

그렇게 1년 남짓 투자를 진행했더니, 자산이 2배로 불어나 있더라는 것입니다. 본인도 믿기지가 않아서 누군가 내 주변에 마법을 펼쳐 놓은 게 아닌가 하는 생각이 들 정도였다고 회상합니다.

2004년에 경매를 시작한지 만 2년 만인 2006년 1월에 '내 집 마련'의 꿈을 이룹니다. 그것도 많은 사람들이 선망하는 분당의 아파트로 말입니다.

설마(seno****) 기래광고닷집 🔲

10 여년 전 이야기라는 걸 감안하고 읽어 주세요.... ☺☺

이번주에 문득… 갑자기… 이상하다는 느낌이 들었습니다.

평상시 대로 새벽 일찍(?) 퇴근하고 집에 와서… -.-;;
희숙이랑 얘기 하던 중….

희숙: 오빠 이번 달에 적금 500 타는 거… 투자용 통장에 넣는다.

나: 이번 달에 500 탄다구..? 지난 달에 400 탔잖아…
무신 한달 만에 또 500 이 나오나…?

희숙: 크크… 오빠는 월급 꼬박 꼬박 받아 오기만 하서…
내가 차곡 차곡 모아 줄 테니까…
그걸로 투자 해서 함 잘 불려봐…^.^

나: 가만 있자… 그럼… 적금 탄거 합치고…
이번 물건 세 놓게 되면… 보증금 들어 올꺼구…
엥. 그럼 또 한 건 가뿐하게 할 수 있는 자금이 되네…?

그리고. 생각해 보니까… 먼가 이상했습니다.

지금으로부터 불과 1년전…, 제태크란 것에 관심을 가지고.
책을 첨 보기 시작한 날…

그때 저의 총 재산은… 6천이 채 안됐걸랑여…

전세 3천에 희숙이가 3년간 꼬박 모아준 종자돈 2,500… -.-
그 중에 전세자금 대출이 1천 정도 있었구… T.T;;

근데… 1년을 지내놓고 본 지금…

제 상황을 한번 살펴보면은…

1. 전세 : 3천….

2. 경매로 마련한 빌라 한 채 : 월세 1000/30 계약 진행 중…^.^
(재산 가치로 따지면… 6천 - 7천 사이…)

3. 그리고. 여전히 또 한 건 투자할 만한 여력이 되는 종자돈

부채는…
1. 전세자금 대출 1천은 여전하구…
2. 경매잔금 대출 3천…

대출 이자는… 월세로 모조리 대체 가능…^.^

정리하면….

1. 저의 총 자산이 1년 만에 두 배로 늘었구요…^.^

2. 이자 수입이 그 동안 적자(마이너스 : 대출이자 흑흑) 였는데….
7월 이후부터는 흑자(플러스 : 월세 > 대출이자)로 전환 예상되구요…^.^

3. 무엇보다 중요한… 자신감이 생겼어요.

재태크에 관심을 갖고…, 공부를 시작했고…
공부한 것을 바탕으로 투자의 세계에 한발 내디뎠을 뿐인데…
저의 보유 자산이 순식간에(?) 2배로 늘다니…. 허걱…

너무 너무 신기할 뿐입니다.
제 주변에 누군가 마법을 펼쳐놓지 않았나… 하는 의심이 들 정도로…

물론… 원래 자산이 꼭해야 6천 이었는데….
6천 짜리 빌라를 하나 추가하니까… 두 배가 되는 건 당연하겠지요…. 크크

굳구 그 두 배가 됐다는 자산이란 것도…
아직은 어디 가서 나 재태크 하네요… 하고
말을 꺼낼 수준 조차도 못 되는…, 쭝상맞고 찌찌찌하기 그지 없는 거지만… -.-

하지만… 불과 1년 전의 저는….
저런 것 조차 가능 하리라고는 꿈도 못 꾸고 있었구요…

나는 항상 이 타령으로 살아야 하는 걸까… 하는
절망감(?) 비슷한 감정까지 가지고 있었걸랑여…

근데… 투자를 한 해 보고…
그게 성공적인 대박까지는 아니지만…
그래도 먼가 성과를 손에 쥐게 되니까….

이제 자신감이 생깁니다…

그래… 나도 하면 되겠구나….
맨날 그 타령에 그 타령이 아닌…
어제 같은 오늘과 오늘 같은 내일이 아닌…

어제 보다 한발 나아간 오늘이 있고…
오늘보다 더 나은 내일이 기다리는…. 나의 인생…. ^.^

나두 부자가 될 수 있다는…. 생각….
저에게 힘을 줍니다…^.^

이 모든 게 여러분의 덕 입니다…
여러분을 알고… 여러분들과 교류하게 되면서…
꿈 같은 일이 저에게 현실이 되고 있습니다…^.^

아자… 아자… 파이팅!!!

"집사람한테 어디로 이사 갈까?라고 물었더니 분당으로 가고 싶다는 거예요. 그래서 분당으로 가봤죠. 근데 엄청 비쌌어요."

평소에 입찰하던 물건(빌라) 가격(3,000~4,000)에 '0 하나를 더 붙여야 살 수 있더라'라면 예의 그 특유의 너털웃음을 지었습니다.

"그래서 분당의 제일 싼 집을 찾았죠. 분당에서 남쪽으로 갈수록 집값이 싸거든요. 분당의 최남단 구미동에서 더 남쪽 무지개마을에서 가장 남쪽에 있는 12단지 주공아파트 25평형을 샀어요. 근데 사고 보니 우리동(1206동)이 또 그 단지 내에서 가장 남쪽에 있지 뭐예요. 아파트 베란다에서 팔을 뻗으면, 몸은 분당인데 손은 죽전이었어요. ㅎㅎㅎ"

이어 처음으로 마련한 집(아파트)의 계약 비화를 털어놓았습니다.

"계약금만 빌라 한 채 가격이었거든요. 계약하고 성남에 있던 전셋집으로 돌아와서 갑자기 걱정되기 시작하는 거예요. 과연 잔금을 무사히 치를 수 있을까? 아~ 괜한 짓을 한 건가 싶었어요. 그럼에도 불구하고 잔금을 무사히 치르고 입주했죠."

② 2006~08년 상승기(경매 물량 감소): 급매 작업 / 갭 투자

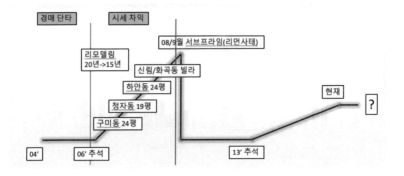

그렇게 계속 단타를 치던 2006년 추석 때 일을 생생히 기억하고 있습니다.

추석 연휴를 마치고 신문을 보고 있는데, 동네 아파트의 리모델링을 허용한다는 기사가 난 것입니다. 보통 리모델링을 하려면 아파트 건축 연한이 20년이 경과해야 가능한데, 그걸 15년만 지나도 추진할 수 있도록 법을 바꾸겠다는 기사가 떴던 것입니다. 그 기사를 보자마자 단지 부동산에 찾아가서 24평 아파트를 하나 더 샀습니다.

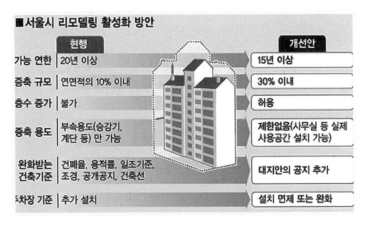

(2009년 4월 9일 서울신문 기사)

2006년 당시 살던 아파트의 준공 연도는 1995년이라 11년차밖에 안된 아파트라서, 기존대로 20년이 지나려면 아직 먼 얘기지만, 15년이라면 얘기가 달라진다는 것입니다.

그 당시 분당 구미동의 24평 아파트가 2억 원이었는데, 주변의 32평 아파트 가격은 6억 원이었습니다. 리모델링을 하면 아파트 전용면적이 30% 늘어날 수 있는데, 그렇게 되면, 24평 아파트가 32평 아파트로 변신하는 셈입니다.

즉, 2억 원짜리 아파트를 사서 리모델링(비용 1억 5,000만 원 예상)을 하면 6억 원짜리 아파트가 된다는 계산이었습니다. 단순하게 생각해 봐도 2억 원 이상 남는 게임이었습니다.

그렇게 분당 구미동에 24평 아파트 한 채를 2억 원에 사 놓고, 그당시 참여하던 경매투자자 모임에 나가서 그 얘기를 했습니다. 그랬더니, 그 모임에서 10명이 산 것과 비슷한 아파트를 매입했습니다.

"제가 2억 원에 사고, 제 뒤를 이어서 2억 500만 원, 2억 1,000만 원, 2억 1,500만 원 이렇게 계속 사는 거예요. 더 이상 사지 말라고 했죠. 너무 많이 오른 거 같다고요. 그리고 한 달 후, 잔금을 치르는데, 그 한 달 사이에 아파트 가격이 3억 원이 된 거예요. 제가 사고도 믿기지가 않았어요."

그때 같이 샀던 10명 중에 7명이 해약을 당했습니다. 당연한 수순이었습니다. 1억 원이 올랐는데, 어떤 집주인이 그걸 그대로 팔겠습니까. 해약(배액 배상)하고 다시 팔아도 남는 장사였는데 말입니다. 그나마 나머지 3명은 무사히(?) 잔금을 치렀는데, 그중에 한 명에 안정일 씨도 포함됐으니 정말 행운이었습니다.

"잔금을 치르는데, 전 주인께서 저한테 '축하합니다. 이건 선생님 복입니다' 이러는 거예요. 신사답고 매너가 있는 분이셨어요. 그런데 해약 당한 7명은 매우 아쉬워했어요. 물론 2,000만 원 계약금 걸고 4,000만 원 받았기 때문에 2,000만 원을 벌긴 했지만, 그래도 왠지 아쉬운 맘을 금할 수가 없었죠."

안정일 씨와 그 일행들은 일단 가격이 오르는 걸 느낀 이상 가만 있을 없었습니다. 아직 덜 오른 동네로 이동을 했습니다.

분당 정자동의 19평 아파트를 샀다고 합니다. 그 당시 1억 9,000만 원 정도였는데, 역시 매입하고 6개월 후에 2억 2,000~3,000만 원에 팔았다고 합니다.

그리고 2007년 가을쯤 광명시 하안동의 24평 아파트를 1억 9,000만 원에 사서 이듬해(2008년) 봄에 2억 4,000만 원에 팔고 빠졌다고 합니다. 동시에 서울(신림동/화곡동)의 빌라를 비슷하게 사서 팔기도 했답니다.

그 당시(2006~08년)는 뭘 사던 오르던 시장이었습니다. 처음에는 자신이 투자에 안목이 생긴 줄 알았다고 착각했다고 합니다. 리모델링이라는 호재를 보고 분당 아파트를 샀더니 귀신같이 1억 원이 올랐고, 정자동 아파트를 샀더니 다시 3,000~4,000만 원이 올랐기 때문입니다.

"야~ 내가 드디어 투자에 도가 텄구나. 나는 마이더스의 손이 됐나보다 라고 생각했죠.^^"

근데, 조금 생각해 보니까, 그게 아니었습니다. 알고 보니 안정일 씨가 투자한 동네(물건)만 오른 게 아니라 수도권 전체가 다 올랐던 것입니다.

"저는 리모델링 연한 단축 얘기를 하잖아요. 내가 여길 딱 찍어서 올랐다고 해요. 그런데 그 당시 고양시 행신동을 투자한 분들은 '서울과 일산 중간에 끼인 행신동의 입지를 일산보다 서울에 더 가깝다는 사실을 아무도 못 알아보는 걸 내가 알아보고 샀더니, 이만큼 올랐다'고 말하더라고요. 구리나 광명도 마찬가지에요. 알고 보면 서울이나 다름없는 곳이야. 내가 그걸 알아보고 샀더니 대박이잖아요.
^^"

그렇습니다. 그 당시(2006~08년)는 서울, 수도권의 모든 부동산 시장은 오를 시기였습니다. 호재와 상관없이 무엇을 사도 무조건 오르던 시장이었습니다.

"2002년 월드컵 거품이 꺼지고, 2003~06년까지 침체기 동안 쌓인 에너지가 2006년 하반기부터 터져 나오기 시작한 거죠. 그냥 집 값이 오를 때가 돼서 다 같이 오른 거예요. 저는 단지 운 좋게 얼떨결에 얹혀 간 거죠. 분당의 그 24평 아파트 리모델링이요? 아직까지도 안됐어요. ^^"

경매전문가들은 IMF때 시작해서 2002년 월드컵을 앞두고 경제 부흥기에 돈을 벌었던 사람들입니다. IMF때 곤두박질쳤던 대한민국 경제는 온 국민의 극복 의지 속에 살아나기 시작하면서 2002년 월드컵과 함께 화려하게 부활합니다.

"그때야 말로 진정한 의미의 반값 경매였던 거죠. 반값에 줍는 아파트 경매라는 책이 베스트셀러가 됐거든요. 낙찰 받았다 하면 2배씩 가격이 오르던 시절이니까요. 제가 그분들께 경매를 배우면서 많이 부러워했어요. 그런 시절이 있었으니까, 돈을 벌 수 있었겠지. 다시 그런 시절이 올 수 있을까? 라고요"

안정일 씨가 경매를 시작한 2004년은 침체기였습니다. 그렇게 시장이 안 좋다고 생각하고 있었는데, 2006년 하반기부터 시장이 급등하기 시작했습니다. 그리고 안정일 씨가 자신이 그렇게 부러워하던 경매전문가들과 똑같은 경험을 하게 됩니다. 사면 오르고 낙찰 받으면 오르는 그 귀한 경험을 말입니다. 지금 배우는 수강생들 역시 과거에 했던 말을 똑같이 하고 있습니다.

"2010~13년에 저한테 배우셨던 분들이 저를 부러워하세요. '설마 님은 좋을 때 경매를 하셨잖아요. 사기만 하면 오르던 폭등기였잖아요'라고요. 그런데 그분들도 2014~18년 상승기를 겪었어요. 그래서 다들 부자가 되셨죠. ㅎㅎ 그분들이 지금 홈336 카페의 멘토 쌤들이에요. 지금은 어떨까요? 현재(2019년) 수강생들은 그 멘토 쌤들을 부러워해요. 경매로 낙찰 받고, 사면 오르는 시장이었잖아요~! 라고요. 시장이 돌고 도는 것처럼, 부러움도 돌고 도나 봅니다. 지금 여러분들에게도 기회는 올 겁니다. 꾸준히 실천을 하고 계세요."

③ 2008년 서브프라임 투자 암흑기

2008년 9월에 리먼브러더스사가 파산을 합니다. 바로 서브프라임 사태가 발생한 것입니다. 이 사건은 전 세계에 영향을 미쳤고, 대한민국도 예외가 아니었습니다. 모든 부동산 거래가 멈추고, 시세는 폭락했습니다.

안정일 씨는 말합니다.

"서브프라임이 오기 전에 이미 전조는 있었습니다. 저는 운이 좋았어요. 서브프라임이 오기 직전에 보유하고 있던 부동산을 거의 다 팔았거든요."

안정일 씨는 인터뷰 내내 자신은 운이 좋았다는 말을 반복했습니다. 그저 운이 좋아서 낙찰이 됐고, 그저 운이 좋아서 가격이 올랐고. 그저 운이 좋아서 잘 팔렸다고….

본인 실력이 좋았다는 얘기는 안합니다. 그게 그저 운만으로 될까요? 운도 실력이라는데!

크게 욕심 안 부리고, 그냥 샀던 가격보다 오르니까, 차익 실현하기 위해 팔았다고 합니다. 그런데 팔고 났더니 서브프라임 사태가 발생했고, 부동산 시장은 폭락했다! 이걸 그냥 운으로만 설명할 수 있을까요? 재차 물었습니다. 정말 몰랐나요?! 그랬더니, 옛날 글이라면서 15년 전에 홈336 카페에 썼던 글을 보여줍니다.

"사실 전조는 있었어요. 근데, 그때는 그걸 명확하게 인지한 건 아니에요. 그걸 느껴서 판 게 아니라 그냥 가격이 올랐으니까, 차익이 생겼으니까 그냥 팔았을 뿐인데, 운 좋게 파국을 피해간 거죠."

7	오늘 분당 답사를 했는데... [15]	雪馬	08.06.21
6	이제는 외곽지역도... 매수세가 꺾이는 분위기... [7]	雪馬	08.06.21
5	법원 경매법정이 한가해 지고 있네요...^.^ [7]	雪馬	08.06.21

또한 리먼 사태가 발생하기(9월) 몇 달 전부터 부동산 거래는 끊겼다고 합니다. 경기도 외곽부터 거래가 없어지기 시작했다고요. 마치 호숫가에 얼음이 얼기 시작하는데 가장자리부터 얼기 시작해서 호수 중심가로 점점 얼어 들어가는 모습이 연상됐습니다.

"분명 작년(2007년)보다는 호가는 올랐는데, 거래는 없었어요. 이천, 평택, 시흥, 인천, 파주, 의정부, 남양주 이런 식으로 거래가 끊기더니 분당, 과천, 광명까지 거래가 실종되더라고요."

모임 회원 중에 광명 하안동 아파트를 안정일 씨와 함께 샀던 멤버가 있었습니다.

그 멤버는 안정일 씨가(봄철에) 2억 4,000만 원에 팔고 나올 때, 그보다 좀 늦게 (7월쯤) 팔면서 2억 7,000만 원에 매도했습니다. 계약할 때 매수인이 드디어 급등하는 지역의 아파트를 샀다며 무척 좋아했습니다. 그런데 딱 한 달 만에 분위기가 바뀌었습니다. 잔금하려는 시점을 보니 시장이 꺾이는 게 보였던 것입니다. 심지어 매수인은 계약을 포기하고 싶어하는 눈빛이었습니다. 그래도 계약금(3,000) 때문에 어쩔 수 없이 잔금을 치렀습니다. 다행히 그 멤버는 꼭지에서 팔고 나올 수 있었습니다.

"무릎에서 사서 어깨에 팔라는 말이 있어요. 바닥과 꼭지는 신의 영역이라고 하죠. 그걸 잡으려다가 망할 수도 있는 거죠. 적당히 먹고 적당히 팔자는 게 저의 투자 철학입니다."

안정일 씨는 운 좋게, 대부분의 물건을 판 이후, 서브프라임 사태를 맞았습니다. 2008년 9월부터 2009년 1월까지 4개월간 부동산 거래는 전무했습니다. 투자의 암흑기였다고 해도 과언이 아닙니다. 그때 어떻게 투자했습니까? 안정일 씨에게 물었습니다.

"어떻게 하긴요. 그냥 쉬었죠. 앞이 안 보이는 깜깜한 시기에는 아무것도 하면 안 됩니다. 쉬는 것도 투자예요."

④ 2009~13년 침체기(경매 물량 증가) 단타(낙찰 받고 바로 팔기)

2009년 1월이 되니까, 여기저기서 거래가 된다는 소식이 들려오기 시작했습니다. 서브프라임 사태 이후 몇 달 만에 드디어 거래가 터지기 시작한 것입니다. 그런데~! 가격대가 영 달랐습니다. 아니 폭락이라는 표현이 어울릴 만한 상황이었습니다.

"2009년 1월에 저희 동네 구미동 무지개마을에서만 10건이 거래가 됐어요. 그런데 바로 몇 달 전까지만 해도 6억 원 하던 아파트 시세가 반토막이 난 거예요. 4억 원에 거래가 터졌더라고요."

이때 안정일 씨의 투자 본능이 꿈틀거렸습니다. 보통 사람들 같으면 6억 원이던 집값이 4억 원으로 폭락하면 당연히 투자를 접을 텐데, 안정일 씨는 이때부터 본격적으로 움직였습니다.

"서브프라임 와중에는 저도 가격을 못 잡았어요. 얼마에 입찰해야 할지 감을 못 잡았거든요. 그런데 이때부터는 가격이 눈에 딱 들어오더라고요. 아~ 이 동네는 4억 원이면 팔리는구나. 그럼 4억 원보다 싼 가격에 입찰하면 되는 거잖아요."

6억 원이던 시절은 잊고, 4억 원에 기준선을 새롭게 잡고 투자를 하겠다는 뜻이었습니다. 2004년 방식대로 낙찰 받고 팔기(일명 단타)를 다시 시작했습니다. 그중에 하나가 평촌의 무궁화아파트였습니다. 평촌도 예외는 아니어서, 5억 원이던 아파트가 3억 원으로 폭락했습니다. 그걸 2억 6,000만 원에 낙찰 받아서 명도를 끝내고 3억 원에 팔았습니다. 처음 경매를 하던 방식과 똑같았습니다. 처음 경매 투자를 시작하던 2004년과 같은 침체기가 찾아온 것입니다. 그리고 그 침체기는 2013년까지 4년간 지속됐습니다.

⑤ 2013~18년 상승기(경매 물량 감소): 급매 작업 / 갭 투자

2013년 추석 때, 안정일 씨는 7년 전과 똑같은 데자뷰 현상을 느꼈습니다. 갑자기 주변 부동산에 물건이 사라지더라는 것입니다. 부동산에 임장을 가면 보여줄 물건이 없다고 합니다. 집값이 오르는 건 아닌데, 그냥 거래되는 집이 없는 분위기였습니다.

그런데 이런 분위기가 과거 '2006년 추석 때 집값이 오르기 직전하고 비슷하다'는 느낌을 받았습니다. 그때 입찰한 물건 중에 하나가 용인 수지에 있는 삼성4차 24평 아파트입니다. 그 당시 시세가 1억 9,000만 원 정도했는데, 경매에 나온 걸 그냥 시세대로 1억 9,000만 원에 입찰했습니다. 도대체 왜 그랬을까요?!

경매를 배우는 수강생들에게 무조건 낮게 쓰라고 강조하는 안정일 씨로서는 있을 수 없는 일이었습니다. 물론 그의 이 같은 행동은 집값이 오를 것이라는 확신이 있었기 때문입니다. 그리고 예측은 적중했습니다.

2013년 8월경에 낙찰 받은 그 아파트는 이듬해인 14년 봄에 팔았는데, 2억 3,000만 원에 팔렸다고 합니다.

"제가 1억 9,000만 원에 낙찰 받은 아파트는 입찰 때 경쟁자가 25명이었는데, 제가 1등을 했어요. 그럼에도 불구하고 낙찰 받은 이후 3억 원까지 오르더라고요. ^^"

이는 일반 매매 시장에서 물건을 구할 수 없을 때 쓰는 방법입니다. 경매에 원하는 물건이 나와 있으면, 원하는 가격을 써서 낙찰 받아 버리는 것입니다. 경매의 목적은 수익인데, 이럴 때는 경매의 목적이 '낙찰'로 바뀝니다.

그 후의 부동산 시장은 독자들도 다 아는 시장입니다. 2018년까지 쭉 오르다가 2018년 9.13 대책 이후로 집값이 주춤하고 있습니다. 2008년 시장이 포화 상태에 달하면서 상승세가 주춤해지는 시장과 비슷한 현상을 보이고 있는 것입니다.

"제가 시장의 침체와 상승을 다 경험했는데, 시장은 항상 돌고 돌더라고요. 지금 우리는 지난 2008년처럼 부동산 시장이 꺾여서 내려가는 걸 보고 있어요. 하지만 이미 2018년 초부터 경기도 외곽은 안 팔리고 있었거든요. 주변 사람들에게 '이제는 시장이 끝물이다. 요즘은 잘못하면 낙찰 받는다'고 말을 했어요. 그렇기 때문에 요즘처럼 하락기에는 내가 낙찰 받고 팔 때쯤 되면 가격이 더 빠지겠구나를 계산하고 입찰에 들어가야 합니다."

부동산 시장은 침체기를 겪어야 상승이 나옵니다. 침체기에는 경매를 배우고 있다가 안정기에 들어서면 경매에 도전해 보면 됩니다.

그때 되면 경매 물량도 많이 나올 것입니다. 경매 물량은 2004~05년도에 많이 나왔고, 2006년부터 물량이 확 줄어들었습니다.

그때 되면 급매로 시선을 돌려서 투자를 하면 됩니다.

그냥 시장에 맞춰 투자를 하면 됩니다.

갭 투자란 무엇인가?

갭 투자 혹은 무피 투자란 무엇인가?

갭 투자는 예나 지금이나 계속 있는 투자 형태인데, 최근(2018~19년) 들어와서 갭 투자 후유증에 대한 기사가 눈에 띄게 늘었습니다.

특히 수십~수백 채 가진 집주인이 전세금을 빼주지 못해서 임차인들이 곤란을 겪고 있다는 소식은 이젠 너무 흔한 얘기라 기사 거리가 안 될 지경입니다. 한때 각광 받던 갭 투자, 어쩌다가 이 모양이 됐을까요? 안정일 씨에게 그 이유를 물었습니다.

"전 재산인데" 보증금 떼이는 세입자...'갭투자' 후유증
최근 수도권을 중심으로 아파트 세입자들이 보증금을 돌려받지 못해 애를 태우는 사례가 속출하고 있습니다. 양도 차익을 노리..
news.sbs.co.kr

갭 투자란, 갭(Gap)+투자(投資)를 합친 말입니다. 간단히 말해서

'전세 끼고 집 사는 걸' 말합니다. 전세 끼고 집을 사면, 내가 준비할 돈은 전세를 뺀 나머지 차액만 준비하면 되는데, 이때 차액을 갭이라고 부르는 것입니다.

만약 투자금이 제로가 되는 상황을 만든다면 그런 경우를 특별히 무피 투자라고 부릅니다.

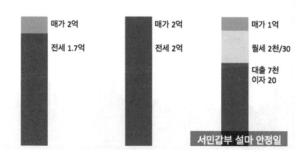

💬 갭 투자 사례

사례를 하나 살펴봅시다. 임차인 보증금이 4,000만 원인 물건인데, 3,800만 원에 낙찰 받았습니다. 경매를 하다 보면 이렇게 전셋값보다 싸게 낙찰 받는 케이스도 종종 있습니다.

그렇다면, 갭 투자는 왜 하는 것일까요?

투자금은 얼마?

수원 1계 2006-45632[2] 내손동 오피스텔

소재지	경기 의왕시 내손동○○○○미원파크빌 201동 5층 509호		
경매구분	강제경매		
감정가	44,000,000	토지총면적	3.15㎡ (0.95평)
최저가	35,200,000 (80%)	건물총면적	24.36㎡ (7.37평)
매각기일	07.07.26 (38,210,000원) 종결		

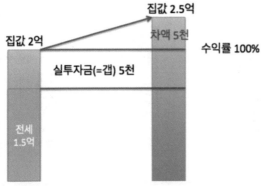

투자 수익률을 극대화하기 위한 기법입니다. 투자금을 줄여서 수익률을 극대화합니다. 2억 원짜리 집이 있는데, 그 집이 5,000만 원 올랐다고 가정해 봅시다.

2억 원짜리 집을 전세 1억 5,000만 원을 끼고 구입해서 실투자금(=갭)이 5,000만 원 들어갔으면, 실투자금 대비 수익률 100%가 됩니다. 전세 없이 2억 원을 다주고 산 경우에는 수익률이 25%로 확 떨어지게 됩니다. 그래서 2억 원이 있다면 노갭(NoGap)으로 2억 원짜리 하나 사는 것보다 5,000만 원으로 집을 4채를 사게 됩니다.

그럼 지금(2019년)은 무슨 일이 벌어지고 있는 것일까요?

갭 투자의 전제 조건은 시세 상승입니다. 이건 갭 투자만이 아닌 모든 투자의 전제 조건입니다. 시세가 상승해서 수익이 발생해야 됩니다. 갭 투자든 일반 투자든 마찬가지 얘기입니다. 요즘 갭 투자에 대한 경고음이 여기저기서 들리는 이유는 시세 상승이 멈췄기 때문입니다. 특히 중요한 점은 전셋값이 질적으로 다르다는 점입니다.

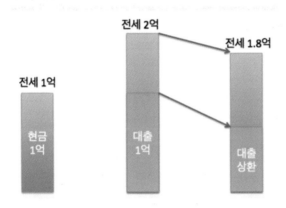

2006년의 전셋값과 2017년의 전셋값의 차이는 무엇일까요.

바로 10년 전, 전셋값에는 거품이 없었습니다. 과거에는 전세를 얻을 때, 대출이 거의 없이 대부분 보유 현금으로 전세를 얻었던 것입니다. 그런데 2013년 이후로 전셋값이 거의 폭등 수준으로 오르게 됩니다. 이때부터는 현금만 가지고는 전세를 구하지 못하게 됐습니다. 그러다 보니, 대출을 받기 시작합니다.

그렇게 전세 고공 행진을 하며, 2017년이 지나갔습니다. 한때 서울 마포, 성북지역은 전세가율이 80%에 육박하기도 했습니다. 그러던 전세 가격이 2018년에 들어와서 상승이 멈추고, 하락 기미가 보였습니다.

"수도권 11곳 전세가율 80% 돌파"

서울 성북구 등 수도권 11개 지역의 주택 매매가 대비 전세가 비율이 80%를 돌파했습니다. 부동산 정보업체 리얼투데이는 지..

더 이상 오르기 힘들어진 것입니다. 대출도 무한정 받을 수는 없는 것입니다. 거기다 대출 규제, 이자율 상승까지 발목을 잡습니다.

대출로 버티던 전세 시장에 거품이 꺼지면서 전셋값이 하락하기 시작했습니다. 그중에 특히 경기도 외곽지역, 물량 공급이 많은 지역은 직격탄이 됐습니다. 이제 보증금을 돌려줄 때가 됐는데, 못 돌려주는 사태가 발생하기도 했습니다. 전셋값이 예전만 못하기 때문입니다.

2006년과 최근(2015년 이후)의 갭 투자가 다른 점

2006년의 전세는 하방 경직성이 강했습니다. 앞에서 얘기한 대로 대출이 없는 전세였기 때문에 떨어질 걱정이 덜했다는 뜻입니다. 게다가 집값도 침체기여서 집 값이 내려와서 전세와 갭을 형성했습니다. 하지만 최근 상황은 전혀 다릅니다.

오히려 집값 근처까지 전세가 치고 올라가서 갭을 형성했다는 게 큰 차이입니다. 대출이라는 불안정한 발판 위에 오른 전세라는 게 문제인 것입니다. 발판(즉, 대출)이 불안하면, 결국 전셋값도 불안해 지기 때문입니다.

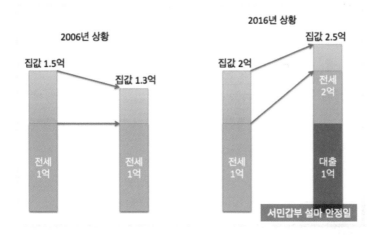

그럼 갭 투자는 하면 안 되는 투자법인가요?

물론 갭 투자가 잘못된 투자법이란 얘기가 아닙니다.

갭 투자도 분명 투자의 한 방법입니다. 오히려 상당히 효율적인 투자법이 될 수 있습니다. 그런데 아무리 좋은 방법도 다 그게 맞는 때가 있는 것입니다.

닭 잡는데 소 잡는 칼 안 쓰고, 소 잡는데 닭 잡는 칼을 못 쓴다고 하지 않습니까.

갭 투자 조심해야 할
시기가 왔다!

이제 갭 투자는 조심해야 할 때입니다. 2~3년 전에는 전셋값이 집값 대비 80%까지 육박하기도 했는데, 이제는 60~70%대로 떨어지고, 심지어는 50% 미만인 곳도 있습니다.

앞으로는 이 수치가 더 벌어질 것으로 예상됩니다. 게다가 집값도 보합 내지는 침체가 예상되고 있습니다.

이럴 때 갭 투자는 쉬는 게 좋습니다. 가장 최근(2019년)에 빌라 갭 투자 문제가 발생한 적이 있습니다. 이 건은 기존의 갭 투자 문제와 뭔가 다른 양상이었습니다.

150채 집주인을 고소합니다..전국 휩쓴 '갭투자 후폭풍'

[SBS 뉴스토리] 150채 집주인을 고소합니다 갭투자는 적은 자금으로 여러 채의 집을 살 수 있는 손쉬운 부동산 투자 방식으로..

갭투자 인기지역 '노원·마포' 전세가율 3년 만에 60%대로

송고시간 | 2018-05-02 05:59

f y ₣ ⋯ | 🖨 + −

전셋값 약세에 매매가와 격차 커져…강남구는 50%대 붕괴 초읽기
강남권 등 일부 역전세난 조짐…갭투자자 비상, 세입자 피해 우려도

(서울=연합뉴스) 서미숙 기자 = 서울 아파트 전셋값이 두 달 이상 약세를 보이는 가운데 강북 서민 아파트 단지를 대표하는 노원구와 도심의 인기 주거지로 떠오른 마포구의 매매가 대비 전세가 비율(이하 전세가율)이 약 3년 만에 70%대에서 60%대로 내려왔다.

그동안은 아파트의 갭 투자에 대한 이야기가 많았습니다. 그런데 최근에는 빌라의 갭 투자가 언급이 되고 있습니다. 특히 주로 신축 빌라 위주로 전세를 끼고 빌라 수십 채를 사 모은 갭 투자자의 이야기가 말입니다.

"제가 2018년부터 갭 투자 조심하자는 글과 유튜브 방송을 올려왔어요. 이제 본격적인 후폭풍이 몰아치고 있네요. 특히 신축 빌라에서 이런 식의 투자가 많았거든요. 빌라는 시세 파악도 힘든데, 더구나 신축 빌라는 더욱 시세 판단이 어려워요. 전세를 정상 시세보다 1,000~2,000만 원 높게 놓는 경우도 자주 있거든요. 전세 임차인은 높은 전세가를 감당하기 위해 전세 대출을 받게 되죠."

예를 들면, 이런 식입니다.

신축 빌라 분양가 2억 3,000만 원에 전세 2억 원을 끼고 3,000만 원을 투자한 갭 투자인 것입니다. 근데, 이 물건은 분양가와 전세 가격이 좀 비싸게 형성된 부분이 있었는데, 투자자와 임차인들이 잘 모르고 들어오는 경우가 많습니다.

갭 투자란 무엇인가?　　　　　　　　　　　　　　　　**303**

"투자자는 이렇게 여러 채 사 놓으면, 집값이 올라서 큰 수익이 날 거라고 생각하고, 임차인은 새 집이라는 장점만 보고 들어오기 때문이죠. 결국 시간이 지나 임차인이 나가려고 하면 그 가격에 새로 임차인 안 들어오게 되고, 분양가보다 시세도 떨어지게 돼요. 이건 투자자도 죽고, 임차인에게도 피해를 입히는 가장 바보 같은 투자라고 할 수 있죠. 혹시 전세 들어가실 분들은 신축 빌라 전세는 조심하세요. 전세보증보험 꼭 가입하시구요."

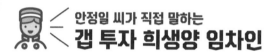
안정일 씨가 직접 말하는
갭 투자 희생양 임차인

내가 만약 갭 투자 희생양(임차인)이 됐다면! 최근 들어 전세금 돌려받지 못하는 임차인들이 늘어나고 있다는 부동산 뉴스 때문에 너무 안타깝습니다.

갭 투자자가 투자 실패로 잠적하는 바람에 임차인이 전세금을 돌려받지 못하고 있다는 내용입니다. 임차인들의 피해가 이만저만이 아닙니다.

전세 들어간 집이 알고 보니 갭 투자 물건인데, 집주인이 전세금 빼 줄 돈이 없다며, 임차인에게 집을 떠넘기려 한다는 것입니다. 차라리 이 정도면 양반입니다. 보통은 집주인이 잠적해서 아예 연락이 안 되고 전세금 돌려받을 길은 요원한데, 갑자기 집이 경매에 넘어갔다고 법원 송달문이 오는 경우도 많은 것이 현실입니다. 마른하늘에 날벼락입니다.

만약 내가 이런 상황이라면, 이렇게 하겠습니다!

1 경매 신청

2 낙찰

3 채권 추심

갭 투자 물건의 특징

① 전세 끼고 투자

갭 투자라는 게 기본적으로 전세를 끼고 투자를 합니다. 그러다 보니까, 임차인이 주로 선순위입니다. 여기에 힌트가 있습니다. 선순위임차인이라는 점을 적극 활용합니다.

② 집값 < 전셋값

집값이 전셋값보다 낮아집니다. 집을 팔아도 전세금을 돌려주지 못하는 사태가 발생합니다. 결국 집주인은 연락 두절 후 잠적합니다. 즉, 이미 사건은 벌어졌고 내 전세금은 묶였습니다. 손해가 불가피한 상황입니다. 이 상황에서 피해를 최소화하는 방법을 생각하자는 것입니다. (물론, 애초에 이런 일이 발생하지 않았으면 그게 최상입니다.)

이렇게 집값이 전셋값보다 낮은 물건이 경매에 나오면 낙찰이 안 됩니다. 더 정확히 이야기하면, 나와 같은 경매투자자들은 입찰을 못합니다. 선순위임차인을 인수해야 합니다. (무슨 얘기인지 이해 안 되는 분들은 기초 강의를 들어 보시라.) 그러면 아무도 입찰을 안 들어와서 계속 유찰이 될 테고, 결국은 임차인이 낙찰 받을 수밖에 없는 상황이 됩니다.

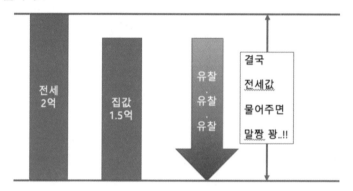

아무리 싸게 (단 1%에) 낙찰 받아도 전세금 물어주고 나면 남는 게 없습니다. 어차피 내가(즉, 임차인) 낙찰을 받을 수밖에 없는 상황이라면 선순위임차인이라는 지위를 적극 활용해서, 경매 신청을 하고 내가 낙찰 받는 게 좋습니다.

왜 경매 신청을 하라고 하는지, 그 이유를 살펴봅시다. 실제 진행하는 경매사건 2가지를 예로 들어 봅시다.

둘 다 선순위임차인인데, 하나는 경매 신청(배당요구)한 케이스, 하나는 경매 신청을 안한 케이스입니다. 각각의 경우 어떻게 달라지는지 살펴봅시다.

첫째, 임차인이 경매 신청을 한 케이스!

물건 요약

- 임차인 한○○

- 경매 신청권자(＝배당 요구)

- 선순위임차인

- 1순위 배당

- 보증금 1억 6,000만 원

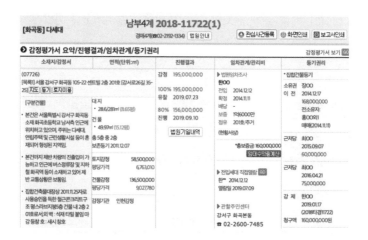

자료제공: 태인경매정보(www.taein.co.kr)

　이 물건의 시세가 1억 6,000만 원 이하라면, 아무도 입찰을 못합니다. 반대로 1억 6,000만 원 이상이면, 임차인은 아무런 걱정을 할 필요가 없습니다. 누군가 입찰을 할 것이고, 임차인은 보증금 전액을 배당받게 됩니다. 낙찰되면 임차인은 보증금을 무리 없이 회수합니다. 계속해서 유찰이 되면, (일반적인) 임차인들은 걱정을 합니다. 낙찰이 안 되면, 내 보증금은 어떻게 돌려받나 막막해집니다.

내가 이 물건의 임차인이라면 좀더 유찰을 시킨 후에 내가 낙찰을 받을 것입니다. 지금 이 글의 취지는 앞에서도 언급했지만, 전세금 피해를 막자는 게 아니라 이미 발생한 상황(전세금을 못 돌려받는 상황)에서 내가 임차인이라면 어떻게 응대해서 그 피해를 최소화하느냐 하는 이야기입니다.

이 물건의 가격이 1억 5,000만 원 (즉, 전세 1억 6,000만 원보다 낮다)고 가정하겠습니다. 내가 임차인이라면 몇 번 더 유찰시킨 후에 입찰을 합니다. 예를 들면, 최저가 6,000만 원까지 떨어지기를 기다렸다가 6,000만 원에 입찰하는 것입니다. 물론 더 떨어뜨려도 됩니다. 어차피 아무도 입찰을 못하는 물건입니다.

낙찰→잔금 납부→배당 순서로 진행이 됩니다. 배당 받을 때, 바로 임차인이 받습니다. (경매신청권자=배당 요구)

즉, 내가 돈을 내고 다시 내가 받습니다. 그 집의 소유권은 나한테 넘

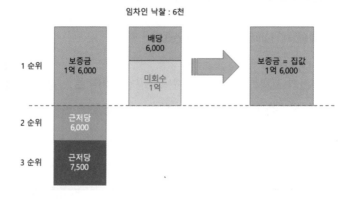

임차인 낙찰 : 6천

| | 보증금 1억 6,000 | 배당 6,000 / 미회수 1억 | 보증금 = 집값 1억 6,000 |

1 순위 / 2 순위 근저당 6,000 / 3 순위 근저당 7,500

어 왔고, 나는 낙찰 대금을 배당으로 돌려받습니다. 그런데 여전히 전세금을 돌려받지 못한 상태는 변한 게 없습니다. 내가 묶인 전세가격(1억 6,000만 원에) 시세 1억 5,000만 원짜리 집을 산 셈입니다. 즉, 비싸게 산 게 맞습니다. 경매 신청(=배당 요구)하면, 낙찰 대금을 임차인이 배당으로 돌려받습니다.

자~ 이제부터가 중요합니다.

나는 여전히 집주인으로부터 1억 원(미회수 채권)을 받을 권리가 남아 있습니다. 전세금 1억 6,000만 원 중에서 6,000만 원은 경매라는 절차를 통해서 배당 받은 것으로 처리가 됩니다. 비록 내가 낸 돈 내가 돌려받은 것에 불과하지만 말입니다. 6,000만 원을 제외한 (미회수 채권) 1억 원에 대해서는 집주인한테 계속 채권 추심을 합니다. 평생 동안 말입니다.

그게 받을 가망이 있을까요?

거의 가망이 없습니다. 그래도 아예 포기해서 집주인을 자유롭게 놔두는 것보다, 채권을 살려 놓고 계속 추심을 하자는 얘기입니다. 나는 집주인 때문에 (맘)고생 많이 하는데, 집주인은 그냥 편히 놔두고 싶은가요? 받을 가망이 있든 없든 계속 추심하면서 괴롭히기라도 해야 합니다.

어차피 전세금 돌려받지 못하는 데, 그 대신 일단 집이라도 챙겨 놓자는 것입니다. (물론 지금 당장은 비싸게 사긴 했지만 시간이 지나면 결국 집값은 최소한 물가 상승률 만큼은 올라갑니다.) 그리고 집주인한테는 평생 채권을 추심합니다.

여기서 한 가지 TIP~! 그냥 배당 요구만 할 게 아니라, 나(임차인)도

경매를 넣어야 합니다. 2순위 이하 채권자(은행)만 경매에 넣으면, 무

잉여(?)가 됩니다. 그러면 경매가 진행이 안 됩니다.

두 번째, 경매 신청을 (배당 요구를) 안한 케이스!

물건 요약

- 임차인 최○○

- 경매 신청(배당요구) 안 했음

- 선순위임차인

- 배당 없음

- 보증금 2억 5,000만 원 (전액 인수)

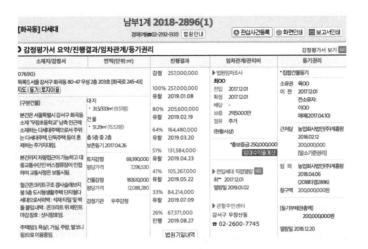

자료제공: 태인경매정보(www.taein.co.kr)

이 물건의 전제 조건은 같습니다. 집값이 2억 5,000만 원 (전셋값) 이

하라면 아무도 입찰을 안(못) 합니다. 등기를 보니, 17년 보존등기입니

다. 집을 사면서 동시에 전세를 넣습니다. 신축 빌라 갭 투자 케이스입니다.

이 물건이 이미 여러 차례 유찰이 됐습니다. 감정가 2억 5,700만 원에서 최저가 6,737만 원까지 떨어졌습니다. 감정가 대비 26%!

이 물건은 임차인이 배당 요구를 안 했습니다. (경매 신청도 당연히 은행 채권자가 했습니다.) 그러면 임차인은 낙찰을 통해서 전혀 배당을 못 받습니다. 임차인 보증금 (2억 5,000만 원) 전액 낙찰자 인수입니다. 이 물건도 아무도 입찰을 안(못) 할 겁니다. 결국은 임차인이 낙찰을 받아야 합니다. 아니면 계속 유찰되다가 취하될 수 있습니다.

만약 첫 번째 사건처럼 임차인이 낙찰을 받는다면, 임차인은 낙찰 대금을 실제로 납부해야 합니다. 그 낙찰 대금은 근저당권자(은행)이 배당 받기 때문에, 배당으로 돌려받지도 못합니다.

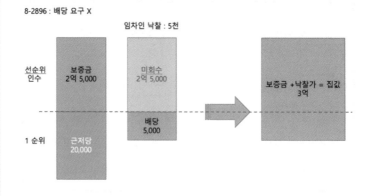

8-2896 : 배당 요구 X

배당 요구를 안 하면, 낙찰 대금은 채권자(은행)이 배당 받습니다. 이 물건을 임차인이 5,000만 원에 받는다고 가정하면, 낙찰 대금 5,000만 원은 은행이 배당을 받고 임차인은 전세금 2억 5,000만 원 전액 미회수 채권이 됩니다. 결국 기존 전셋값(2억 5,000만 원)에 낙찰 대금 (5,000만 원)을 더 주고 사는 셈입니다. 그렇잖아도 비싸게 집을 떠안는 건데, 더 비싸게 떠안는 셈이 됩니다.

물론 미회수 채권 (2억 5,000만 원)에 대해서는 평생 채권 추심할 수 있습니다. 그런데 그게 받을 가망이 있냐하는 건 별개의 문제입니다.

*

첫 번째 경우는 추가 비용(현금) 없이 집을 챙기는 데 비해, 두 번째 경우는 실제로 추가 비용이 들어간다는 점이 다릅니다. 그래서 만약 내가 두 번째 경우 임차인이라면, 이 사건은 취하되도록 놔두고, 별개로 경매를 신청해서 별도의 새로운 사건으로 진행하도록 할 것입니다.

그래서 내가 만약 갭 투자 희생양(임차인)이 됐다면, 이렇게 해야 합니다.

1 경매를 신청합니다. (경매 신청권자는 자동 배당 요구)

2 내가 (낮은 가격에) 낙찰을 받고

3 미회수 채권(못 받은 전세금)액은 평생 채권 추심합니다.

낙찰자 명의는 제3자 명의로~!

글 본문 중에 계속 '내가(임차인)' 낙찰 받는다고 언급을 했는데, 실제로는 '임대차 계약 당사자'가 낙찰 받으면 임차 보증금 채권은 소멸합니다. 그래서 제3자를 통해서 우회 낙찰 받는 방법을 사용해야 합니다. 가장 간단한 방법은 배우자 명의로 낙찰 받는 것입니다.

제3자 명의로 낙찰을 받아서, 임차 보증금 인수로 처리하고, 집주인에게는 낙찰자가 부당이득반환청구 소송을 하는 것입니다. 물론 앞에서 계속 언급했지만, 채권을 회수할 확률은 거의 없습니다. 그래도 계속 채권을 살려두고 임차인의 억울함을 풀어나 보자는 취지입니다. 그러다 혹시나 아는가요? 어디선가 집주인의 재산이 포착될지 말입니다!

한 가지 더!

집주인이 집을 넘겨줄 테니까, 받아가라고 하는 거 받으면 안 됩니다. 이대로 가면 경매 넘어간다는 위협에 겁먹을 필요도 없습니다. (어차피 내가 경매 넣을 거라고 큰소리치자) 집주인의 요구대로 소유권 이전 계약을 하면, 집주인에 대한 내 전세금의 채권/채무 관계도 같이 사라집니다.

전세금 대신에 집을 넘겨주기로 한 거니까요. 어차피 (경매든 소유권 이전이든) 내가 넘겨받는 건 어쩔 수 없는 상황인데, 뭐하러 집주인 부담을 덜어 주는 가요. 그럴 필요 없습니다.

경매로 넘겨서 빚이라도 남겨 둡시다. 그리고 평생 채권 추심! 지금까지 얘기는 그나마 임차인이 선순위일 때 가능한 얘기입니다. 불행 중 다행인 점은 갭 투자 물건의 대부분이 이런 (선순위임차인) 물건이라는 점입니다.

후순위임차인의 경우는 전혀 처지가 다릅니다. 내가 능동적으로 할 수 있는 게 아무것도 없습니다. 수동적으로 다른 사람(집주인, 채권자 등)의 처분에 내 인생을 맡기는 수밖에 없습니다. 그냥 배당을 통해서 내 보증금을 무사히 돌려받기를 기도하는 수밖에 없습니다.

그래서 처음부터 대출 없는 집에 (전세) 들어가야 합니다. 요즘 갭 투자로 인해 전세금 못 받는 임차인들이 많다고 합니다.

심지어는 전세 사기에 걸려서 고생하는 임차인들이 있다고 합니다. 너무나 답답하고 화가 납니다. 임차인들이 좀 알고 있었으면 좋겠습니다.

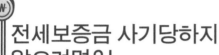

전세보증금 사기당하지 않으려면?!

얼마 전, 안산지역 오피스텔의 부동산 중개업소가 사기를 친 사건이 있었습니다. 월세 물건을 전세인 것처럼 속여서, 임차인에게는 전세보증금(6,000~7,000만 원)을 받아서 집주인에게는 월세보증금(1,000만 원)만 주고 그 차액(5,000만 원)을 가로챘습니다.

피해자 120여 명에 피해액이 65억 원에 이릅니다. 피해자 대부분은 20~30대 사회초년생과 신혼부부들이라고 합니다. 이른바 전세사기 사건입니다.

그런데 이런 사건이 이게 전부가 아닙니다. 꽤 자주 발생합니다. 영등포 당산의 100억 원대 사건, 강남 역삼동에 40억 원대 사건 등이 있습니다.

이 사건의 핵심은 '공인중개사'가 끼어있다는 점입니다. 공인중개사가 작정하고 집주인과 임차인 양쪽을 속인 겁니다. 임차인한테는 전세보증금조로 6,000~7,000만 원을 받고, 집주인에게는 월세보증금에 해당하는 1,000만 원만 주고, 나머지 차액인 5,000만 원을 가로채는 수법입니다. 그러고는 집주인에게 들키지 않으려고 몇 달 동안은 월세를 입금해 주는 식입니다.

이런 물건들은 주로 임대 수익형 투자 물건인데, 집주인이 계약 때마다 매번 직접 오지 않고 중개사에게 위임을 한다는 점을 악용한 사기 수법입니다. 임차인은 보증금을 고스란히 날렸고, 집주인은 임차인을 내보내는 데 애를 먹게 됩니다. 잘못하면 임차인의 보증금을 집주인이 물어주는 경우도 생길 수 있습니다.

① 집주인이 주의할 점

이를 대비하기 위해 집주인이 주의할 점은 무엇일까요? 이런 사기 사건의 경우 보통 집주인이 중개사에게 위임장을 작성해 줍니다. 그런데 '임대차 관계에 대해 위임한다'와 같은 포괄적인 내용으로 작성을 하게 되면, (집주인을 속인) 전세 계약에 대해서까지 집주인이 책임을 질 수도 있습니다.

'월세 계약 보증금 얼마에 월임차료 얼마에 대한 계약을 위임한다'와 같이 명확한 계약의 범위를 정하는 게 안전합니다.

"저도 이렇게 중개사에게 위임해서 세를 놓는 경우가 많아요. 매번 계약할 때마다 내가 갈 수 없는 경우가 많은 게 사실이거든요. 이럴 때 저는 임차인에게 꼭 한 번쯤은 전화 통화를 해요. 표면적인 이유는 안부 인사지만, 근데 실제 목적은 내가 알고 있는 계약이 맞는지 확인하는 절차인 거죠. '안녕하세요. 집주인입니다. 이번에 보증금 얼마에 월세 얼마에 계약하고 들어오셨잖아요. 살면서 불편한 점 있으면 언제든 연락주세요' 라는 내용으로 통화를 하는 거죠. 만약 이 임차인이 전세 계약을 하고 들어왔다면, '어? 아닌데요. 저 전세 얼마에 들어 왔잖아요' 이렇게 반문할 거잖아요. 다행히 저는 아직까지 이렇게 사기를 당한 적은 없었어요."

② 임차인이 주의할 점

또한 임차인이 주의할 점도 있습니다. 혹시 내가 전세를 구하는 임차인 입장이라면 이렇게 할 것을 권합니다. 등기부등본 확인ー집주인 이름 및 근저당 설정 등 / 위임장 확인ー인감도장 찍혀 있고 인감증명서 첨부되었는지 확인 / 입금자 이름 확인ー반드시 집주인 명의의 계좌로 입금 / 전세보증보험 가입!

여기서 가장 중요한 건 3번째 단계입니다. 집주인 명의가 아닌 다른 사람 명의의 계좌로 입금하라고 하면, 반드시 의심을 해야 합니다. 보통 배우자라고 하는 경우가 많은데, 배우자도 제3자인 건 마찬가지입니다.

그리고 전세보증보험에 꼭 가입을 합시다. 예년에는 집주인 동의가 필요했으나, 이제는 집주인 동의 없이도 전세보증보험에 가입할 수 있습니다.

"마지막으로 임차인을 위한 결정적인 팁이 하나 더 있어요. 이것은 제가 현장에서 10여 년간 임대를 하면서 터득한 나름대로의 비법인데요, 바로 전세자금 대출을 받겠다고 하는 것이죠. 전세자금 대출이야말로 집주인의 신원확인이 필요하거든요. 임차인 입장에서도 집주인 신원 확인이 필요한데, 그걸 금융권이 나 대신 해주니 이 얼마나 고마워요. 만약 계약 시점에 전세자금대출 얘기를 했는데, 중개사 측에서 (집주인에게 물어보지도 않고) 그건 집주인이 허락하지 않을 거라고 얘기를 한다면, 의심해 볼 만하지 않나요? 그런 집에는 안 들어가면 그만이죠."

또한 계약서에 보면 부동산 공제증서라는 게 꼭 붙어 있습니다. 보증한도 1억 원 (또는 2억 원) 이런 식입니다.

이건 일종의 보험인데, 중개업자가 사고를 치면 피해자가 금전적 보상을 받는 제도입니다. 꽤 칭찬할 만한 장치인 것은 맞습니다. 그런데 여기에 일반인들이 착각하는 것이 있습니다.

거래 건당 1억 원씩 보장해 주는 것이 아닙니다. 중개업자로 인해 발생한 모든 사고에 대해 전체 보장 금액이 1억 원이라는 얘기입니다.

즉, 중개업자가 10건의 사고를 일으켰고, 그 피해 금액에 각각 1억 원씩 10억 원이라면, 이 경우에도 보장 금액은 여전히 1억 원입니다. 보험금 1억 원으로 피해자 10명이 나눠 갖게 되는 셈입니다.

피해는 각각 1억 원이지만, 1,000만 원씩만 보상받는다는 이야기입니다. 물론 없는 것보다는 낫긴 합니다. 어쨌든 계약서에 첨부되어 있는 공제증서를 100% 믿지는 말아야 합니다.

비슷한 듯하지만, 전혀 다른 유형의 사건 하나를 더 살펴봅니다. 이건 사기라고 정의하기도 애매한 사건입니다.

창원지역에서 발생한 사건인데, 소유주가 1명(또는 이해관계인 몇 사람)이라는 특징이 있습니다. 앞의 전세 사기와는 전혀 다릅니다. 앞의 사건은 소유주와 임차인이 각각 다수라면, 이 사건은 소유주는 특정인 한 사람이고 임차인이 여럿인 사건입니다.

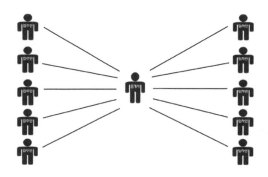

중개업자 한 사람이 다수의 집주인과 임차인을 속인 케이스

사례-집주인 한 명이 여러 임차인에게 피해를 입힌 경우

내용은 이렇습니다. 집값 대비 전세비율이 높은 지역에서 특정인(또는 특정 집단)이 전세를 끼고 집을 매입합니다. 여러 채를 반복해서 말입니다.

2010년경 대략 1억 원 하던 창원지역 22평대 아파트는 전세 7,000

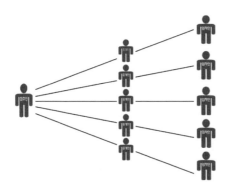

창원 상남동 성원아파트 매매 시세

만 원을 끼고 3,000만 원이면 투자할 수 있었습니다.

2년 만인 2012년 해당 아파트는 가격이 1억 5,000만 원까지 오르고, 전세도 1억 원으로 올랐습니다. 대략 매가 1억 5,000만 원으

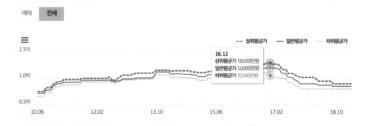

창원 상남동 성원아파트 전세 시세

로 전세 1억 원을 끼고 5,000만 원을 갭 투자를 하는 식입니다. 시간이 흐르면서 전세 가격이 2017년에 1억 3,000만 원까지 올라갔습니다. 전세금을 올려 받으면서, 확보되는 돈으로 추가 매입을 한 것으로 보입니다.

이렇게 전셋값과 집값이 함께 올랐던 이 당시는 갭 투자자에게는 황금 같던 시기였습니다.

그랬던 황금시기가 2017년에 급변하기 시작합니다. 전셋값과 함께 집값이 하락하기 시작한 것입니다.

최고 1억 3,000만 원까지 올라갔던 전셋값은 2년 만에 9,000만 원까지 떨어졌고, 집값은 1억 7,000만 원에서 1억 원으로 떨어집니다. 집은 안 팔리고, 전세금은 못 내주는 사태가 발생한 것입니다.

현재 창원지역에는 임대사업자가 여러 명인 걸로 파악됩니다. 그들은 적게는 수십 채에서 많게는 100~200여 채를 보유한 것으로 알려졌습니다. 그리고 그들의 임대주택에 세 들어 있는 임차인들은 보증금을 돌려받지 못한 상태라고 합니다. 그들 임차인들의 많은 피해가 예상됩니다.

이 임대 물건들이 결국 경매에 넘어가게 되면, 임차인 개인별로

3,000~4,000만 원 정도의 보증금 피해를 보게 될 것입니다. 참으로 안타까운 일이 아닐 수 없습니다.

*

처음 세를 얻을 당시에는 아무 문제가 없었습니다. 집값 1억 6,000~7,000만 원에 전셋값 1억 3,000만 원이면 전세비율이 높은 감은 있지만, 그래도 집값보다는 낮으니까 괜찮다고 생각할 만 했습니다. 더구나 집에 대출도 없습니다. 일명 선순위임차인입니다. 그럼 무엇 하나 흠 잡을 게 없었습니다.

누구한테 물어봐도 안전한 전셋집이라는 답이 돌아왔을 겁니다. 그런데 불과 2년 만에 집값이 그렇게 폭락을 해버린 것입니다. 집값이 폭락하면서 모두가 불행해 진 것입니다.

창원지역의 지역 분석, 집값 폭락 이유, 향후 전망, 경매투자자로서의 전략 등의 이야기는 나중에 알아보도록 합시다.

임차인 입장에서 이런 사태를 미연에 방지할 수 있을까요? 앞에서 언급한 중개업자 사기건 하고는 다른 얘기고, 시장의 변화로 발생한 사태라 뾰족한 수가 없습니다. 유일하게 사용할 수 있는 수단은 전세보증보험입니다.

내가 전세 얻는 집이 향후 집값이 떨어질지 오를지 하는 건 알 수가 없는 거니까요. 오른다면 전세금 회수하는 데 별 문제가 없겠지만, 떨어질 경우를 대비해서 전세보증보험을 들어 두는 것입니다.

나중에 집주인이 보증금을 돌려주지 못하는 경우에 임차인은 보험사에서 전세금을 돌려받을 수 있습니다. 보험사는 집주인에게 추징하겠지만, 집값이 떨어지면 회수가 어려워 질 것입니다. 그러나 임차인과는 상관없는 일입니다.

"경매를 하다 보면 가장 안타까운 사람들은 역시 임차인입니다. 일반적으로 경매라고 하면 경매 당한 집주인이 불쌍하다고들 생각하죠. 물론 틀린 얘기는 아니에요. 애써 마련한 집을 잃는 상황이니 그게 좋을 리가 없죠. 그러나 내가 경매를 하면서 봐온 바로는 사실 집주인은 안타깝긴 해도 본인이 돈을 빌려서 모두 쓴 거니 억울하지는 않아요. 가장 억울한 사람들은 임차인이죠."

집주인 입장에서는 어찌됐든 본인 책임입니다. 집값이 오르면 그 이익은 고스란히 자기 것이고, 떨어지면 본인의 판단 하에 투자한 것이니까 본인이 떠안을 짐입니다. 경매를 당하는 것도 결국 빚이 많아서 그런 것인데, 그 빚도 집주인 본인이 끌어다가 쓴 것입니다. 이미 집값 이상으로 빚을 쓰고 그걸 못 갚아서 집이 경매로 넘어간 것입니다. 어쨌든 다 집주인 스스로 초래한 사태라 억울할 일도 아닙니다.

그런데 임차인은 무엇 하나 자기 책임인 게 없습니다. 그냥 전세(또는 월세)들어와 살고 있을 뿐인데, 집주인이 빚을 지면서 살고 있던 집이 경매에 넘어가게 된 것일 뿐입니다. 그런데 어이없게 보증금을 잃는 상황이 발생합니다. 이 얼마나 황당하고 억울한 일인가요.

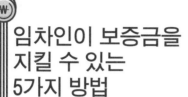

임차인이 보증금을 지킬 수 있는 5가지 방법

그렇다면 임차인이 보증금을 지킬 수 있는 방법은 없을까요. 물론 있습니다. 그 5가지 방법을 공개합니다.

① 대출 있는 집에 들어가지 마라

대출금+보증금 〈 집값 * 70%

비록 대출이 있다 하더라도 대출금과 보증금을 합한 금액이 집값의 70% 이하면 일반적으로 안전하다고들 생각합니다. 그러나 그러한 공식이 이제는 깨질 때가 됐습니다. 바로 집값이 하락하기 때문입니다.

예를 들어 앞에서 언급한 창원 상남동 아파트의 경우 : 대출 없이 전세 1억 3,000만 원에 사는 임차인과 대출 2,000만 원에 전세 1억 1,000만 원에 사는 임차인이 있는데, 그 두 임차인의 처지는 하늘과 땅 차이로 벌어집니다.

두 집이 다 같이 경매에 진행될 경우에 1억 3,000만 원 임차인은 선순위임차인의 지위를 갖게 되고, 보증금(1억 3,000만 원)을 모두 받을 때까지 집을 점유할 권리가 생깁니다. 보통 이런 경우에는 아무도 입찰을 안 하게 되므로 임차인이 낙찰 받아서 소유권을 취득하는 게 일반적입니다. 결국 임차인이 1억 3,000만 원에 집을 사는 셈이 됩니다.

그에 반해 1억 1,000만 원 임차인은 대출 때문에 후순위임차인이 됩니다. 이 집이 낙찰되면, 임차인은 속절없이 집을 비워줘야만 합니다. 보증금 몇 천만 원을 손해 보는 것은 물론이고 경매투자자 입장에서 1억 3,000만 원에 임차인이 들어가 있는 물건의 입찰은 피하겠지만, 1억 1,000만 원 (대출 2,000만 원 깔린) 임차인 집에는 아무 부담 없이 입찰을 하게 됩니다.

아마도 이 아파트 물량이 경매로 나오게 되면, 낙찰가는 9,000만 원 이하가 될 것입니다. 이렇게 되면, 1억 1,000만 원 임차인 물건은 은행에 대출 2,000만 원을 먼저 배당 받고, 나머지 7,000만 원을 임차인이 배당 받게 됩니다. 임차인은 4,000만 원 손해를 보게 됩니다.

이 경우 임차인의 선택은 2가지입니다.

1억 1,000만 원 중에 7,000만 원만 배당 받고 나가든가, 차라리 임차인이 입찰해서 소유권을 취득하든가 해야 합니다. 어찌됐든 결국 집주인의 은행 빚을 임차인이 대신 갚아주는 꼴이 됩니다.

이번에 예를 든, 창원 상남동 아파트의 경우 집값이 전세가 이하로 빠지면서, 극단적인 상황이 연출됐는데, 일반적으로 집값 이하로 빠지는 경우는 드물기 때문에 최소한 대출이 없는 집에 들어가면 일단 안전하다고 할 수 있겠습니다.

② 보증금을 받기 전에는 주소를 빼지 말아야 한다

경매를 하다 보면 간혹 이해 안가는 상황에 맞닥뜨리곤 합니다. 임차인이 보증금을 돌려받지도 않으면서 살던 집에서 주소를 빼는 경우입니다.

이유인 즉 집주인이 "대출을 받으려고 하니 잠깐만 주소지를 다른 곳으로 옮겨 달라"고 했기 때문입니다. 집주인의 황당한 부탁에 순순히 응할 사람이 몇이나 될까 싶지만 '좋은 게 좋은 거다'라는 생각으로 잠시 주소를 빼주는 임차인들이 분명 있습니다.

이 경우 집주인은 임차인에게 이전할 다른 주소를 제공해 주기도 합니다. 하지만 보증금이 들어가 있는 상태에서 주소를 빼는 행위는 매우 위험합니다.

주소지를 없애는 순간 그 집에 대한 임차인의 권리는 제로가 돼버립니다. 만약 집주인이 대출에 대한 이자를 내지 못해 급기야 집이 경매로 넘어간다고 생각해 봅시다. 졸지에 임차인은 후순위로 밀려 경매가 진행되더라도 전세금을 온전하게 돌려받지 못할 가능성이 큽니다.

심지어 주소지를 빼고 다시 원상 복귀시켜 놓지 않은 경우라면 경매 후 배당 자체를 받지 못할 뿐 아니라 대항력도 주장할 수 없게 됩니다.

③ 이사하기 전날 미리 전입신고를 하라

임차인의 대항력은 전입신고 한 날 다음날부터 발생합니다.

> ▪ 제3조(대항력 등)
> ① 임대차는 그 등기(謄記)가 없는 경우에도 임차인(賃借人)이 주택의 인도(引渡)와 주민등록을 마친 때에는 그 다음 날부터 제삼자에 대하여 효력이 생긴다. 이 경우 전입신고를 한 때에 주민등록이 된 것으로 본다. 주택임대차보호법 제 3조. 대항력 부분.

이는 근저당을 설정한 날과 전입한 날이 같으면 근저당을 우선순위로 인정을 해준다는 뜻입니다. 즉 임차인은 후순위임차인이 되는 것입니다. 후순위가 되는 순간 앞에서 살펴본 대로 보증금을 잃을 가능성에 노출됩니다.

이 대항력 조항을 이용한 사기 사건이 가끔 발생하곤 하는데, 집주인이 임차인 몰래 대출을 받는 경우가 있습니다. 전세를 계약하고 잔금을 지불할 때까지 임차인에게 대출이 발생할 것이라는 사실을 숨기고 있다가, 임차인이 이사하는 당일 잔금을 받자마자 바로 대출을 실행시키는 수법입니다.

그렇게 되면, 같은 날 은행 근저당과 임차인의 전입이 발생하는데, 임대차보호법 제3조 대항력 조항에 의해서 임차인은 다음날부터 대항력이 발생하게 되고, 후순위임차인이 됩니다. 이러한 사기 사건은 발생하고 나면 어떻게 할 방법이 없습니다. 이미 지난 일이 되기 때문입니다. 그래서 미연에 방지하는 게 상책입니다. 방법은 의외로 간단합니다. 그냥 이사하기 전날 전입신고를 하면 됩니다~!

그렇게 되면 은행 근저당보다 하루 빨리 전입을 하게 되니까, 선순위임차인이 되고, 혹시나 전셋집이 경매에 들어간다 하더라도 보증금을 100% 안전하게 지킬 수 있게 됩니다.

그런데 이 글을 읽는 여러분들 중에는 이사하는 날 전입은 고사하고 바쁘다는 핑계로 이리저리 시간을 허비하다가 이사하고 일주일 후, 또는 한 달이 지난 후에 전입하는 경우가 많았을 것입니다. 아니면 아예 전입이 뭐냐? 이러면서 그냥 사는 경우도 있을 것입니다. 그런데 그게 얼마나 위험한 행동인지 빨리 알아야 합니다.

④ 대출 상환 조건이면, 대출 갚는 걸 내 눈으로 확인하라

기존에 대출이 이미 있는 집에 대출을 갚는 조건으로 전세를 들어가는 경우가 많이 있습니다. 이럴 때도 집주인만 믿고 전세금을 그냥 줬는데, 집주인이 대출금을 안 갚고 잠적하는 바람에 피해를 보는 사례가 가끔 있습니다.

보통 계약서에 이런 식으로 특약을 답니다. '잔금과 동시에 근저당은 말소하기로 함'이라고요! 그리고 대부분의 임차인들은 계약을 했으니까, 당연히 말소하겠지 하고 별 생각 없이 전세 잔금을 집주인에게 주고는 맙니다.

계약은 계약이고, 내가 확인할 것은 확인해야 합니다. 이런 경우에는 잔금 날 반드시 집주인과 동행해서 은행에 가야 합니다. 은행에 가서 직접 돈 갚는 걸 확인해야 합니다. 은행 대출인 경우에는 사실 은행까지 갈 필요도 없습니다. 그냥 은행에 전화해서 대출 갚겠다고 계좌번호 불러달라고 하면 끝입니다. 은행에서 불러준 계좌번호로 대출금을 갚고, 나머지 잔금을 집주인 주면 됩니다.

예를 들어, 전세 2억 원의 집에 들어가는데, 기존 대출이 1억 5,000만 원이 있었습니다. 그러면 은행에 직접 1억 5,000만 원을 입금하고, 나머지 5,000만 원을 집주인에게 주면 된다는 얘기입니다. 그런데 이렇게 간단한 걸 확인하지 않아서 보증금을 날리는 케이스가 종종 있습니다. 참으로 안타까운 일입니다.

⑤ 다가구 원룸 건물에 전세 들어가지 마라

들어가게 되면 가능하면 소액 보장 범위 이내로 들어가야 합니다.

(차라리 월세가 안전하다)

원룸 건물을 포함한 다가구 주택은 한 집에 여러 가구가 거주하는 주택을 말합니다. 이건 다시 말하면 임차인이 여러 명 있다는 뜻입니다. 임차인이 많다는 건, 혹시 나중에 그 집이 경매 넘어갔을 경우, 임차인들끼리도 경매 낙찰금을 가지고 경쟁을 하게 된다는 것을 의미합니다.

임차인들끼리 경쟁을 할 때, 그럼 우선순위는 뭘 가지고 가릴까요? 바로 전입 순서에 따라 달라집니다. (물론 거기에 확정일자까지 함께 있어야 합니다. 자세한 얘기를 하자면 길어지고 여기서는 간단하게 전입만 가지고 얘기를 하겠습니다.)

예를 들어 지금 원룸 건물에 전세를 들어간다고 칩시다. 그 건물에는 이미 임차인들이 살고 있습니다. 나는 몇 번째 순위일까요? 당연히 맨 꼴찌입니다.

신축 건물에 맨 먼저 들어가지 않는 한, 항상 나보다 누군가는 먼저 전입해 있을 거라는 얘기입니다. 그럼 그런 물건이 경매에 넘어가면, 나는 맨 나중으로 순서가 밀리니까요, 전세금을 못 받을 확률도 그만큼 높아집니다. 그래서 원룸 건물과 같은 다가구 주택에는 소액 보장 범위 이내에서 들어가는 게 안전합니다. (소액 보장 범위가 무슨 얘기인지는 나중에 다시 기회를 봐서 설명하기로 합시다.)

또는 차라리 월세를 들어가는 게 안전합니다. 만약 경매에 넘어가게 되면, 첫 번째 소액 보장 범위에 대부분 해당하고, 두 번째는 월세를 안내면서 보증금에서 차감되면 되니까 손해를 안 보게 됩니다.

앞에서 언급한 창원 상남동 아파트 임차인 중 월세 임차인이 있습

니다. 대출 1억 원이 있는 집에 월세 (보증금 1,500만 원 / 월세 60만 원)
들어간 경우입니다.

이런 경우 현재 이 임차인은 월세를 안내고 있습니다. 보증금에서
까면 되니까요, 손해 볼 일이 없습니다. 나중에 경매 넘어간다 해도
안타까울 일이 없습니다. 남은 보증금은 100% 배당으로 회수할 수
있습니다. 바로 소액 보장 범위에 들어갑니다.

ps. 전세보증보험에 가입합시다. 이제는 집주인 동의 없이도 보증보험에
가입이 가능합니다. 보증보험에 가입해 두면, 이런 고민을 할 필요가 없
습니다.

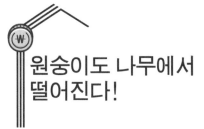

원숭이도 나무에서 떨어진다!

설마도~! 경매로 손해를 봤던 사례 ①

원숭이도 나무에서 떨어집니다. 경매전문가 안정일 씨도 경매를
통해 손해 본 사례들이 있다니, 도대체 무슨 사연인지 들여다봅시다.

2007년 7월, 감정가 3억 6,000만 원짜리 분당의 아파트를 낙찰가
5억 500만 원에 낙찰 받았습니다. 낙찰가율이 무려 140%였습니다.
경쟁자 20명을 제치고 낙찰을 받았습니다. 평소 지론이 싸게 낙찰

받는 거였는데, 단독 아니면 낙찰이 안 된다고 강조하던 그가 왜 이렇게 높게(?) 받게 됐을까요?

이 물건의 감정가가 실제보다 낮게 책정되어 있었던 게 원인이었습니다. 우리가 평소 알고 있는 분양 평수와 등기부등본에 쓰여 있는 면적(평수)은 좀 다릅니다.

등기상의 평수는 분양 평수에 비해 비율이 75% 정도 됩니다. 때문에 실제로 25평인데 등기상에 찍힌 평수는 18평형밖에 안 됩니다. 32평대 아파트는 실평수가 25평이라고 등기에 쓰여 있습니다. 그런데 이 경매에 나온 물건이 등기상에 쓰여 있는 평수로 감정가가 책정되어 있었던 것입니다.

분양 평수로는 31평 아파트인데 등기 평수가 22평이라고 쓰여 있어서 감정평가사 직원이 부동산 들어가서 "22평이 얼마인가요?"라고 물어본 것 같습니다.

그때 마침 그 아파트에 분양 평수 22평짜리 아파트가 있었는데,

시세가 3억 6,000만 원이었습니다. 반면 31평 아파트의 시세는 5억 7,000만 원인 것입니다.

이렇게 경매감정가가 완전히 잘못 나오는 경우도 종종 있습니다. 그래서 입찰하려는 사람들이 20명이었고, 5억 500만 원에 낙찰을 받았습니다.

"제가 분당에 있는 그 아파트를 낙찰을 받고 법원을 나오는데, 부동산 하시는 분이 '그 아파트 5억 5,000만 원에 파세요'라고 하더라고요. 그 사람한테 팔았으면 한 달 만에 5,000만 원을 벌 수도 있었던 기회였던 거죠. 아! 이때 팔았어야 했는데~!"

자료제공: 태인경매정보 (taein.co.kr)

이 아파트는 2007년 7월에 낙찰 받은 물건입니다. 이때는 부동산 시장이 한창 오를 때였습니다. 경기도 분당의 이 아파트들은 리모델링을 하면 면적이 40평형으로 넓어진다는 호재도 있고, 게다가 신분당선과 정자역의 역세권이라 향후 10억 원까지 갈 거라고 생각해 그냥 전세를 놨습니다.

그 후로 1년 정도를 가격이 조금 더 상승해서 좋았습니다. 언제까지? 2008년 서브프라임이 오기 전까지요!

"2008년 이후 부동산 시장이 꼼짝도 안하고 묶이면서, 인내하는 세월이 흘렀어요. 그러던 2013년 추석쯤 부동산 사장님이 '그 집 아직 안 팔렸죠? 매수자 있는데, 4억 2,000만 원이면 팔릴 것 같아요'라고 하더라고요. 그 말을 듣는 순간, '5억 원에 낙찰 받았는데 못 팔아요'라고 안 팔았어요. 그러다가 어느 순간, 부동산 시장이 '이상한데?'라는 느낌이 오더군요. 어느 날 갑자기 시장에 물량이 하나둘씩 없어지는 거예요. 부동산에 가서 '요즘 아파트 얼마나 해요?'라고 물어보면 '지금 매물이 없어요'라고 말하는 거죠. 한마디로 시장이 진공 상태가 된 거예요! 그 누구도 집값이 오를 거라고는 생각 안하는 분위기였어요."

하지만 '썰물이 빠지듯이 물량이 빠진다'는 모습을 보는 순간, 곧 오를 것 같은 느낌이 강하게 들기 시작했습니다. 이런 분위기에는 물량을 확보하려고 입찰을 들어가는 경우도 있습니다. 특히 물량이 안 나오는 동네에서는 경매가 나오면 기회라서 곧바로 낙찰 받아갑니다.

실제로 2013년 추석이 지나고, 2014년 봄이 되자 2007년에 낙찰 받았던 분당의 아파트 가격이 상승해 4억 7,000만 원에 얼른 팔았습니다. 2007년에 5억 원에 낙찰 받았던 그 아파트를 7년 만에 팔아넘긴 것입니다.

2013년에 시장 판단을 안 하고 그냥 팔았으면 4억 2,000만 원에 팔았을 텐데, 무려 5,000만 원을 더 받고 팔았으니 다행이라면 다행이었습니다.

부동산에서는 "왜 지금 파세요? 기리다면 5억 원 갈 것 같은데?" 라고 말했지만, "5억 원까지 갈 물건을 5억 원에 팔면 누가 사느냐. 그래서 4억 7,000만 원에 판다"면서 큰소리를 쳤습니다.

과연 안정일 씨는 이 물건으로 이익을 본걸까요. 손해를 본걸까요. 당연히 손해를 본 것입니다.

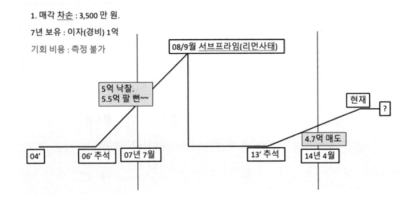

그런데 이 집의 보유기간이 무려 7년(2007년 낙찰, 2014년 매도)이었습니다. 투자금이 묶이면서 매달 대출이자와 기타 비용 등을 쓰면서 시간을 보낸 후, 손해를 보고 겨우 빠져나온 겁니다. 물건을 장기

보유하려면 이자가 나가면 안 되는데, 임차인 바뀔 때마다 부동산 비용 등 많은 비용이 나갔습니다. 거기다가 여기서 허비한 기회비용은 측정 불가합니다.

그래서 물건은 팔수 있을 때 팔아야 합니다. 시장은 어떻게 바뀔지 모릅니다. 시장은 항상 예상을 빗나갑니다.

시장 예측을 100% 맞추는 비법이 있습니다! 그냥 현재 가격이 얼마인지 보고, 그것보다 싸게 사는 게 답입니다. 그게 경험이 쌓이면 영역을 넓혀갈 수 있습니다. 계속 시장이 오를 줄 알았는데, 급락하는 경우도 있다는 걸 염두하고 봅시다.

설마도~! 경매로 손해를 봤던 사례 ②

누군가 입찰했다가 미납한 물건이 있습니다. 누구일까요? 바로 안정일 씨입니다! (입찰금액 끝자리 336) 왜 그랬는지 이유를 들여다봅시다.

이 물건의 낙찰가격은 1억 7,000만 원이었습니다. 이 물건에 잔금을 미납하면서 보증금 1,568만 원을 날렸습니다. 이 물건은 재경매에 들어가서 1억 3,000만 원에 박00 씨가 낙찰 받았습니다.

이 물건은 안정일 씨가 카페 회원(히카리님)이 대리입찰했던 물건입니다. 당연히 낙찰이 안 될 줄 알았던 물건이었습니다. 그런데 '설마님~ 낙찰이 됐어요'라는 문자를 받는 순간, '아차~! 실수했구나. 이거 보증금을 날리겠구나'라는 생각이 들었습니다. 사실, 이 물건은 현장 임장을 안 하고 입찰을 한 물건이었습니다. 여러 가지 사이트 카페 등을 보면서 인터넷으로 사이버 임장만 한 것입니다.

소재지/감정서	면적(단위:㎡)	진행결과	임차관계/관리비	등기권리
(413-863) 경기 파주시 파주읍 연풍리 483 동광모닝스카이 102동 8층 802호 지도 등기 토지이용 [구분건물] · 경기도 파주시 파주읍 연풍리 소재 연풍초등학교 북서측 인근에 위치하는 동광모닝스카이 아파트 제10 2동 제8층 제802호로서 주변은 소규모 아파트단지 단독주택 농경지 각급학교, 근린상가 등으로 형성되어 있는 도시근교 주택지대로 제반 주변환경은 보통시 됨. · 단지내 포장도로를 이용하여 본건까지 차량진입 용이하며, 인근에 버스정류장이 소재하는 등 제반 교통편의은 보통임. · 철근콘크리트구조 (철근콘크리트 브K지붕 지상15층 중 8층 802호로 서사용승인일자2009.11.30)외벽 :몰탈위페인칠 마감 등 내력 :벽지 위타일붙임 마감 등 창호 :샤시	대지 · 13893.6㎡중 56.56/13893.6 =56.5587㎡ (17.11평) 건물 · 84.953㎡ (25.7평) 8층 15층 중 8층 보존등기 2010.01.04 토지감정　　44,800,000 평당가격　　2,618,360 건물감정　179,200,000 평당가격　　6,972,770 감정기관　회원감정	감정 224,000,000 100% 224,000,000 유찰 2013.06.12 70% 156,800,000 낙찰 2013.10.17 170,336,000 (76.04%) 김** 응찰 2명 허가 2013.07.24 미납 70% 156,800,000 유찰 2013.10.30 49% 109,760,000 낙찰 2013.12.04 133,400,000 (59.55%) 박**	▶ 법원임차조사 김00 전입 2011.09.21 확정 - 배당 - 보증 7000만 점유 - (점유: 2011.9.21.부터사용함) (현황상) 정00 전입 2012.06.12 확정 - 보증 - 점유 - (현황상) *총보증금: 70,000,000 임대수익률계산 ▶ 전입세대 직접열람 Go	* 집합건물등기 소유권 박00 이 전 2011.09.16 전소유자: (주)용곡 매매2008.02.13) 근저당 국민은행 (문산지점) 2011.09.16 163,200,000 [말소기준권리] 근저당 (주)용곡 2011.11.18 24,000,000 임 의 국민은행 (여신관리집중센터) 2013.01.14 (2013타경1446) 청구액 139,994,602원

보증금 1,568만 원

"제가 이 물건 입찰할 때가 2013년이라서 경매를 시작한지 10년 정도 됐고, 기초반과 실전반 회원들을 교육하고 있을 시기였어요. 그래서 '나는 이미 고수다'라고 자만했던 거죠. '아파트 경매는 현장을 안가도 아는 거 아닌가?'라는 생각을 한 거예요."

뒤돌아서 다시 생각해보니 이 물건은 국토부 데이터 중에 실거래가 2억 2,000만 원이었습니다. 그래서 1억 7,000만 원에 입찰하면 낙찰도 안 될 것이라고 생각했습니다. 그런데 낙찰됐다는 문자를 받자마자 '이거 잘못되었구나'를 깨달았습니다.

국토부가 제출한 데이터의 실거래가 금액이 다 똑같았고, 이 거래들이 모두 6월 한 달 동안 거래된 것입니다. 그렇다면 이건 미분양 아파트를 할인 분양한 것이 분명했습니다. 그런데 이런 자료들을 무시하고 낙찰을 받은 것입니다.

전체	84.88㎡	84.93㎡	84.95㎡	121.05㎡							
2012.01		2012.02		2012.03		2012.04		2012.05		2012.06	
계약일	거래금액(층)	계약일	거래금액(층)	계약일	거래금액(층)	계약일	거래금액(층)	계약일	거래금액(층)	계약일	거래금액(층)
11~20	22,680 (7)									11~20	22,680 (7)
											21,680 (1)
											21,680 (1)
											22,180 (2)
											22,180 (2)
											22,180 (2)
											22,180 (2)
											22,180 (2)
											22,180 (2)
											22,680 (7)
											22,680(14)
											22,680(14)
											22,680(13)
											22,680 (5)
											22,680 (8)
											22,680(12)
											22,680(13)
											22,680(11)
											22,680(10)
											22,680 (8)

그리고 사후 임장을 가봤습니다. 낙찰 받은 아파트를 직접 가보니, 경기도 파주에서도 맨 끝 쪽 허허벌판에 아파트가 달랑 한 개 있었습니다. 부동산에 물어보니 매매를 하려면 1억 5,000만 원 정도면 팔릴 거라고 했습니다. 그래서 결국 보증금 날리는 게 낫다고 생각했던 것입니다.

"저는 이 사건으로 보증금 1,568만 원을 날렸어요. 이 사건을 통해 얻은 교훈은 모르는 동네에 가면 아무리 고수이며 전문가라도 실수할 수 있다는 거죠. 그래서 항상 초심을 잃지 말아야 해요. 그 당시에 저에게 1,500만 원은 재정에 타격을 줄 큰 금액이 아니었어요. 그런데 경매초보자들은 이런 실수를 하면 크게 손해를 입을 수 있고, 이런 실수를 한 번 하면 경매가 하기 싫어집니다. 때문에 조심해야 하죠. 자기가 아는 동네(즉, 앞마당) 아는 물건만 하세요~!"

안정일 씨가 직접 말하는
사기에 대처하는 우리의 자세

부동산 투자 경력이 15년에 이르다 보니, 별의별 사건사고를 다 겪어 봤습니다. 경매 당한 안타까운 사연부터 내가 소유한 건물의 반지하방 월세로 시작해서 2층 전세 독채를 얻은 중국동포 임차인 사연까지요.

그중에는 내가 직접 사기를 당한 사연도 있습니다.

오늘은 내가 직접 겪은 사기 사건의 유형에 대해 서술해 볼까 합니다.

독자 여러분들도 살다 보면 특히나 부동산 투자를 하고자 한다면 필히 마주치게 될 사기 유형입니다. 예방 주사를 맞아 놓으면 독감에 걸리지 않듯이, 내 사례를 거울삼아 독자 여러분들은 이런 사기를 당하지 않기를 바랍니다.

사례 ① 급매물 팔아주겠다. 단 감정평가서가 필요한데…

2006년의 일입니다. 성남에서 낙찰 받은 빌라를 팔기 위해 파인드올 (지금의 벼룩시장) 사이트에 올려놨는데, 서울(강서구 등촌동)에 있는 제일부동산의 이호준 대리(가명)란 사람에게서 전화가 왔습니다. 매수자가 있는데, 상의해 보고 전화를 주겠다는 내용입니다.

그리고 다음날 오전 일찍 다시 전화가 왔습니다. 매수자가 사고 싶어 하니, 내일(즉, 다음날) 만나서 계약합시다. 그러면서 하는 말이, 매수자가 그 빌라의 가치를 알고 싶어 하니까 매매용 감정평가서를 떼어 와랍니다. 감정평가 금액이 6,300 이상만 나오면 매수자가 바로 매매할거라고 합니다.

이 말을 듣는 순간 '드디어 빌라가 팔리는 구나'라고 기대를 했습니다. 그런데 감정평가서를 어디서 뗀단 말인가? 첨 들어보는데?!

그랬더니, 자기가 아는 감정평가원을 연결시켜 주겠다고 하면서, 대명감정기획원의 임윤석 과장(역시 가명)이란 사람의 전화번호를 알려줍니다. 이쪽에 연락해서 감정평가금액이 얼마나 나오나 문의하라고 합니다. 내일 아침 9시까지 그 평가서가 자기네 부동산에 꼭 배달되게 하라는 당부를 하고 전화를 끊었습니다.

알려준 번호로 전화를 하고 주소를 불러주니까, 전화 속의 임윤석 과장이란 사람이 얘기를 합니다. 그 빌라 같은 물건이면 6,500 정도 평가가 되겠다고…. 그 얘길 듣는 순간, 오케이 '팔 수 있겠다'라는 생각이 들었습니다. 원하는 감정평가서를 발급해 줄 수 있다는 것입니다.

그러면서 하는 말이, 내일 오전까지 서류를 받으려면, 오늘 12시 이전에 접수를 해야 하니, 발급수수료 42만 원을 입금하라는 것입니다.

그때 시간이 11시 반쯤이었는데, 마침 통장에 당장 이체할 돈도 없었고, 30분 만에 어디 가서 42만 원을 빌리기도 힘들고 해서, 다시 제일부동산 이호준 대리에게 전화를 했습니다.

나: 평가 금액이 6,500만 원 정도 나온다고 하네요.

이호준 대리: 그러면 됐습니다. 매수자가 바로 계약할 겁니다.

나: 근데, 지금 당장 42만 원이 준비가 안 되는데, 어차피 내일 계약할거니까 지금 이 대리님께서 수수료를 입금해 주시고, 내일 계약금 받으면 그때 드리면 어떨까요?

이호준 대리: 그건 좀 힘들고요. 어떻게 신경 좀 써 보세요. 12시까지

준비가 안 되면, 감평업체에 연락해서 시간을 좀 조정해서라도, 수수료를 꼭 선생님께서 입금하세요. 그리고 매수자가 이걸 꼭 하고 싶어하니까, 매수자 맘 변하기 전에 내일 만나서 아예 잔금까지 치르도록 하겠습니다.

나: 이 물건 아직 명도도 안 끝난 건데요?

이호준 대리: 그거는 한 달 정도 여유를 주면 되니까, 걱정하지 마세요. 알아서 하겠습니다.

통화를 마치고 나니 뭔가 찜찜했습니다. 경매 물건을 명도도 안 된 상태에서 사겠다는 경우는 드문데, 나한테 그런 드문 행운이 왔나? 감정평가 수수료라고, 무작정 덜컥 입금하기도 그렇고, 그게 꼭 내가 입금해야 할 돈인지도 모르겠고, 그냥 자기들이 알아서 할 것이지 라는 생각만 들었습니다.

그래서 제일부동산 이호준 대리한테 다시 전화를 해서, 복비를 100만 원 더 얹어줄 테니, 수수료를 대신 처리해 달라 했습니다. 역시나 힘들다고 합니다. 그러면 2~3일 내로 돈을 구해볼 테니, 며칠 후에 계약하자 했습니다. 그랬더니 그 사이에 매수자가 다른 집을 알아보고 계약할 수도 있다고, 내일 당장(!!!) 계약해야 한답니다. 그러니까 어떡하든 힘을 좀 써서 돈을 구해보라고 재촉합니다.

이 정도 되면 의심이 확신으로 바뀌는 순간입니다!!! 내가 집을 팔 욕심에 앞뒤 안 가리고 덤벼들면 걸려들기 딱 좋겠다 싶은 느낌이 들었습니다. 돈을 준비해서 입금하라는 전화가 30분 간격으로 왔습니다. 야, 웃기지만 너 사기꾼이지 이러려다가, 오후 4~5시쯤 전화가 오길래.

이호준 대리: 사장님 어떻게 준비는 되셨나요?

나: 아 네~ 해결했습니다. ㅎㅎ

이호준 대리: (밝은 목소리) 아~ 잘 됐네요. 그럼 낼 계약하시죠. ~

나: 네~ ㅎㅎ 친구 중에 법무사 하는 놈이 있는데, 그 친구가 아는 감평사를 연결해 줘서, 그쪽에서 서류를 떼기로 했습니다. 서류 준비해서 낼 아침에 제가 직접 사무실로 찾아 가겠습니다.

이호준 대리: (갑자기 목소리 톤이 변한다) 어… 그… 저… (목소리에 힘이 없고, 느려진다.) 감평 사무소가 어디… 인… 지…?

그동안 전화 목소리의 목청도 높고, 말소리도 빠르던 사람이 말투가 갑자기 느릿느릿 바뀌었다. 머릿속이 복잡해졌나 보다(^-^)

나: 아~ 그건 모르겠고요. 법무사 하는 '친구놈'이 알아서 해준다고 했습니다. 계약금 받으면 돈 줄 테니까 좀 해결해 달라고 했죠.

이호준 대리: 그 친구분한테 돈을 빌려서 입금하시면 되죠. (끝까지 입금하라고 하네)

나: 그럴 필요 뭐 있습니까. 일단 그냥 떼어 준다고 하네요. 나중에 달라고. 아는 사이가 이래서 좋은 거죠. ㅎㅎㅎ

이호준 대리: 감정평가액도 충분히 나오나요?

나: 그럼요. 충분히 나옵니다.

이호준 대리: 그… 그럼… 일단…. 네… 일단 그러니까, 알겠고요. 다시 연락드리겠습니다.

그러고는 전화를 끊었습니다. 다시 전화가 안 올 줄 알았는데…. 30

분 후에 다시 전화가 왔습니다.

이호준 대리: 안녕하세요. 사장님.

나: 아~ 네~ 어쩐 일로 (이미 다 들통 났는데…?)

이호준 대리: 아… 이를 어쩌죠. 매수인께서 갑자기 일이 생기셨답니다. 장모님이 위태롭다고 하시네요. 지금 가봐야 하신답니다.

나: 아… 그래요? 어딜 가시는데요?

이호준 대리: 네… 장모님이 전라도에 계신다는데, 3일장을 치러야 해서 며칠 후에 오신답니다.

벌써 10년도 훨씬 넘은 일인데, 또렷이 기억이 납니다. 진짜로 저렇게 얘기했습니다.

매수인의 '장모님이 위독하다'도 아니고, '위태롭다고!' 그러고는 위태로운 장모님의 3일장을 치러야 한다고 합니다. 갈수록 가관입니다. 결국 이 사건은 매수인의 장모님이 위태로워지는 관계로 일단락됐습니다.

누군가의 조급한 마음을 이용하는 이러한 사기 수법은 지금 여전히 현재 진행형입니다.

잘 안 팔리는 상가나 건물, 토지 등이 주요 타킷입니다. 항상 주의하시기 바랍니다. 물건을 파는데, 그 가치를 증명하기 위한 감정평가서 (또는 시세확인서) 같은 건 없습니다.

사례② 오랫동안 거래한 부동산인데, 어느 날 갑자기…

2007년쯤 일입니다. 성남에 거래를 몇 건 했던 부동산에서 연락이 왔습니다. 급매물이 떴다는 것입니다.

물건 내역을 들어보니 맘에 들었습니다. 급매가격 5천만 원에 나온 빌라였는데, 시세보다 1,000만 원 이상 싼 매물이었습니다. 게다가 당시는 시세가 한창 오르던 때라 가지고 있으면 2,000 이상 수익이 날만한 물건이었습니다. 오케이~ 콜! 잡아주세요. 계약금 500만 원을 입금했습니다.

그리고 예상대로 가격이 더 올랐습니다. 한 달 후 잔금 날, 기분 좋게 부동산을 찾아갔습니다. 그런데 뭔가 이상했습니다. 부동산이 있어야 할 자리에 없었습니다. 잠깐 내가 뭔가 착각했나? 눈을 깜빡이고, 여기저기 둘러 봤습니다. 분명 옆에 편의점, 그 옆에 세탁소. 그런데 그 옆에 있어야 할 부동산이 없는 것입니다.

텅 빈 상가만 있고, 문 앞에는 각종 고지서와 읽지 않은 신문이 널브러져 있었습니다. 그렇습니다. 부동산이 잠적한 것입니다. 내가 입금한 보증금을 들고….

사연은 이랬습니다. 내가 보증금을 입금한 대상은 부동산 중개사 계좌였습니다. 계약을 하다 보면 이런 경우가 가끔 있습니다. 급매물을 잡기 위해서 중개사한테 계약금을 입금해 놓고, 나중에 중개사가 집주인에게 입금하는 식입니다. 몇 차례 거래했던 곳이라 믿었던 탓도 있습니다. 그런데 들고튀었습니다.

알고 보니까, 나만 당한게 아니었습니다. 그 중개사가 작정하고 다른 거래의 계약금, 중도금, 잔금도 다 본인 계좌로 받았던 것입니다. 다른 부동산 중개사들도 여러 명이 당했습니다. 그렇게 그 중개사가 들고튄 돈이 무려 20억 원에 달했습니다. 그중에는 나랑 거래를 하는 부동산 중개사도 있었는데, 그 사장님은 1억 원을 사기 당했습니다. 내 돈 500만 원은 아무것도 아니었습니다.

부동산 중개사가 사고를 치면, 해당 거래를 했던 피해자는 일종의 보험 처리를 받을 수 있습니다. 부동산중개사협회에서 운영하는 공제조합이 있는데, 거기서 보험금이 나옵니다. 아마 부동산 거래를 해보신 분들은 본 적이 있을 것입니다.

일반적으로 공제금액 1억 원을 가입합니다. 부동산 중개사가 사고를 친 경우에는 해당 중개사가 가입한 공제조합에서 공제금액(1억 원)이

피해 보상금으로 나옵니다. 그게 딱 1억 원입니다. 무슨 말인지 이해가 되는가요?

총 피해액은 20억 원인데, 그 보상금으로 나오는 건 딱 1억 원이라는 뜻입니다. 피해자 각자에게 1인당 1억 원씩 나오는 게 아닙니다. 계약서에 보면 공제증서 한 장씩 끼워줍니다. 그러다 보니까 각자 1억 원씩 나온다고 착각합니다.

총 피해액은 20억 원. 공제금액 1억 원. 즉 피해액 대비 1/20 (5%) 보상입니다. 나는 그래서 피해액 500만 원에 대해 25만 원이 나왔습니다.

그 이후로 나는 거래를 할 때, 제3자 명의로 입금을 하게 되면, 반드시 당사자의 위임장을 받습니다. 여기서 말하는 제3자란 배우자도 포함입니다. 배우자에게 입금하는 경우도 위임장을 받아 놓습니다.

사례③ 정권 차원의 비자금 조성 목적의 물건이 있는데…

2008년 어느 날, 누군가(A씨)로부터 묘한 얘기를 들었습니다. 당시 정권 고위층(핵심 고위층, 일명 VIP의 형님)이 비자금 조성 목적으로 잠실 재건축 아파트를 반값에 판다는 얘기였습니다.

당시는 잠실 주공 1~4단지 아파트가 잠실 엘스, 리센츠, 트리지움, 레이크팰리스 등으로 재건축 완료하고 입주를 막 할 때였습니다. 그리고 동시에 정권이 새롭게 바뀐 때이기도 했습니다.

잠실의 새 아파트 33평형 분양가가 9~10억 정도 하고 있었는데, 그걸 반값인 5억에 (몰래) 판다는 얘기였습니다. 비자금을 조성해야 하기 때문에 흔적이 안 남아야 하고, 그래서 이렇게 몰래 그리고 반값에 처분한다고 했습니다. (파는 사실을) 아무도 모르게 어떻게 팔 것이며, (아무도) 모르게 판다는 걸 A씨는 또 어떻게 알아냈을까요? 궁금했습니다. 그게 사실인지. 사실이면 대박입니다. 사자마자 바로 되팔아도 한 채당 4~5억은 남는 거였으니까요.

그렇게 해서 그 A씨를 만나러 갔습니다. 만남의 장소는 성남 모란역 근처의 지하 다방, 두둥~ 마치 무슨 영화에 나오는 주인공이 된 느낌입니다. 담배 연기 자욱한 지하 다방, 자리에 앉으니 주인이 엽차를 내옵니다. 프림 둘, 설탕 둘 들어 간 커피 한 잔을 시켜야 할 것만 같은 분위기였습니다.

그 A씨는 주위를 둘러보며 무슨 일급비밀을 말하듯 조용하게 말을 했습니다. 이거 바깥으로 새나가면 안 되는 정보입니다. 그러면서 내게 돈이 있는지 물었습니다. 나는 그에게 물건이 확실한지 물었습니다. 확실하다고 말합니다. 나는 돈 있다고 했습니다. (말로는 무슨 말

이런 엽차 잔에 보리차 물이 담겨 있었습니다

인들 못하나)

  그랬더니 김 회장이란 사람을 소개시켜 주겠답니다. 김 회장이 정권 실세와 끈이 있다면서, 얘기가 잘되면 잠실아파트를 반값에 받을 수 있다는 것입니다. 그러면서 하는 말이 '잔고증명'을 할 수 있겠냐고 합니다. 최소 10억 원은 있어야 김 회장을 만날 수 있다는 것입니다. 그래서 걱정 말라고 했습니다. '잔고증명' 10억 원 준비해서 가겠다고요. (어디까지 하는지 한번 보자)

  드디어 김 회장을 만나는 날, 10억 원 '잔고증명서'를 준비해서 강남 어디쯤에 있는 김 회장 사무실로 찾아갔습니다. 사무실에 들어서는 순간 이거 영화에서 본 것 같은 느낌이 들었습니다. 힘 좀 쓸 것 같은 회장님 사무실, 가운데 앉은뱅이 탁자, 양쪽에 소파, 그리고 정면에 넓은 마호가니 책장에 등받이가 긴 의자, 뒤로 기대면 잠이 솔솔 올 것 같습니다. 그리고 가장 눈에 띄는 건 뒷면 벽에 걸린 호랑이 가죽입니다. 전혀 이질적이면서도 왠지 그 분위기에 딱 어울렸습니다.

김 회장 왈: 우리 큰일 한 번 해봅시다. 허허허

그러고는 어떻게 이런 물건이 이런 가격에 나왔는지, 자기가 정권 실세와 얼마나 막역한 사이인지 썰을 한참을 풉니다.

김 회장: 안 사장님, 물건 몇 개나 소화하실 수 있나? 내가 100채쯤 가져오면 다 소화하실 수 있나? (반말인지 존댓말인지 헷갈리게 말을 합니다.)

한 채당 5억씩 남는다 치고, 100채면 500억. 참 쉽다. 500억.

나: 당연히 가능합니다. (자신감 빵빵)

김 회장: 좋소. 우리 큰일 한 번 해봅시다. ㅎㅎㅎ 그럼 돈을 좀 준비해 주시겠소? 고위층 몇 군데에 기름칠을 해야 하는데, 대략 2억 정도가 필요하오. 2억 원을 준비해 주시오. 안 사장.

나: 아파트 매매 계약금이 아니고, 고위층 기름칠할 돈이라고요?

김 회장: 어허~ 큰일을 할 사람이 이런 시스템을 모르시면 되나?

나: 근데, 2억 원은 내가 무린데요. 회장님이 준비해 주시면 안 될까요? 물건은 제가 다 소화할게요. 2억 원을 회장님이 준비해 주시면, 5채 팔아서 나온 수익은 몽땅 회장님 드리겠습니다.

김 회장: 어허~ 큰일을 할 사람이 그런 푼돈에 연연하시오? 2억 원은 안 사장이 꼭 준비해 주시오. 잔고증명 10억 원 들고 오셨잖아~

말끝마다 '큰일 할 사람'을 붙입니다. 큰일을 할 사람이 아니라, 큰 사고를 칠 사람이었습니다. 알았다고 2억 원 준비해서 다시 오겠다고 하고 그 자리를 벗어났습니다. 그러고는 다시는 연락을 안했습니다. 지금도 잠실 석촌호수 주변을 지나갈 때면, 그때 그 김 회장 큰일을 했는지, 큰 사고를 쳤는지 궁금해지곤 합니다.

사례④ 이중계약, 내가 계약한 물건 소유자가 바뀌었다?

2008년쯤 일입니다. 의정부에서 빌라 급매물을 하나 잡았습니다. 역시 시세보다 1,000만 원 이상 싼 매물이었습니다. 계약은 당연히 집주인과 정확하게 했습니다. (지난번 성남 사례처럼 중개사 통장으로 입금하는 짓은 이제 더 이상 안 합니다.)

두 달 후, 잔금일이 다가왔습니다. 그 사이에 집값은 조금 더 올랐습니다. 날씨도 좋고 기분도 짱입니다. 바로 되팔아도 짭짤한 수익을 올릴 수 있는 물건입니다. 계약한 부동산을 찾아갔습니다. 부동산 표정이 심상치 않습니다. 사장님, 무슨 일 있으신가 봐요? 이런 세상에! 그 무슨 일이 내 일이었습니다.

오전에 잔금 치르기 위해 등기부등본을 열람했는데, 이상하더라는 것입니다. 소유권 이전이 되어 있더라는 것입니다. 아니! 이게 무슨 말인가요?! 집주인은 연락이 안 되고 있었습니다. 시간이 지나도 나타나질 않고, 부동산 사장님, 나, 그리고 대출 실행할 법무사 직원 모두 황당한 상황에 빠졌습니다. 결국 그날 잔금을 못 치렀습니다. 전 주인은 나타나질 않았고, 난 계약금을 날렸습니다.

사연은 이랬습니다.

나한테 계약금(1,000만 원)을 받은 집주인은 그 집을 바로 다른 사람에게 매도했습니다. 잔금일 나보다 빠르게 정해서 잔금 받고, 새로운 매수자에게 소유권 넘겨주고 잠적해 버렸습니다. 명백한 이중계약이고, 사기 사건입니다. 나는 즉시 전 소유주 소재를 파악하고, 사기로 고소할 준비를 했습니다.

그런데 그 전 소유주가 나한테 내용증명을 보낸 게 있었습니다. 다른 사람한테 매도하기 전에 보낸 것이었습니다. 내용은 나와의 계약을 해지하겠다는 해지 통보였습니다. 나와의 계약이 유효한 상태에서 제3자와 계약하면 이중계약으로 사기가 성립하는데, 나한테 해지 통보를 하고 다른 사람과 계약하면 사기가 성립하지 않습니다. 그냥 단순히 계약 파기일 뿐이고, 나한테 계약금의 2배를 배상하면 그만인 것입니다.

계약이란 게 그렇습니다. 매수자가 잔금을 안 치르면, 계약금을 포기하는 것이고, 매도자가 계약을 파기하고 싶으면, 계약금의 2배를 돌려주면 됩니다. 결국 그 전 주인은 나한테 계약 파기를 통보하고, 계약금 2배를 돌려주면 상황은 종료가 됩니다.

문제는 여기서 발생했습니다. 전 주인이 배액 배상을 안했기 때문입니다. 계약 파기를 통보했으니, 사기 사건은 성립하지 않고, 단순히 계약금을 돌려줄 채권/채무 관계만 이행하지 않은 것뿐입니다. 즉, 형사 사건은 없어지고 민사만 남은 셈입니다.

내 계약금을 먹고 튀겠다고? 가만있을 내가 아닙니다. 일단 민사 소송을 해서 판결을 받아 났습니다. 그게 있어야 뭐든 할 수 있습니다. 그 판결문을 근거로 전 소유주의 재산 조회를 했습니다. 나오는 게 없습니다. 그렇겠지. 싹 정리했겠지. 기다렸습니다. 이제부터는 끈질긴 사람이 승리합니다. 2년을 기다렸습니다. 2년 만에 경기도 어디 작은 도시에서 사업자를 내는 게 걸렸습니다. 오케이. 사업자 통장에 압류를 걸었습니다. 2년쯤 지나면 내가 포기할 줄 알았나보다.

압류를 걸자 연락이 왔습니다. 계약금을 돌려주겠답니다. 웃기지 말라고 했습니다. 계약 관례대로 배액 배상하겠답니다. 장난하시냐고 되물었습니다. 그동안 들어간 소송비용, 지연 이자, 정신적 위자료를 다

청구했습니다. 그리고 마침내 다 받아냈습니다. 어떤 분야가 됐든 포기하지 않고, 끈질기면 결국 이긴다는 걸 또 한 번 느낀 사건이었습니다.

2006~08년 부동산 상승기 투자법

2007~08년에 부동산 가격이 올랐던 것처럼 2014~18년에도 똑같은 이치로 부동산 가격이 올랐습니다. 2007년에는 투자자들에게 1억 원이 있으면, 아파트나 빌라를 샀습니다. 주변에서 사는 분위기면 계속 오르게 되어 있습니다. 심지어 계약해 놓은 걸 추가 금액을 받고 팔 수 있는 전매까지도 가능했습니다.

당시에는 오피스텔이 사람들의 관심에서 벗어난 상태였기 때문에 가격이 다 떨어졌습니다. 이때 안정일 씨는 오피스텔에 관심을 가졌습니다. 덕분에 경기도 고양시 화정동에 위치한 오피스텔을 6,000만 원에 매수를 하고, 6,000만 원에 전세를 주면서 투자금 없이 오피스텔을 계약하기도 했습니다.

그리고 경기도 분당에서는 분양가 1억 2,000만 원이었던 오피스텔을 8,700만 원에 구매했습니다. 이때 전세금 8,000만 원이 들어가 있었기 때문에 700만 원에 매수한 것과 마찬가지였습니다.

이 당시의 갭 투자는 분양가보다 가격이 빠져서 전셋값에 근접한 것입니다. 하지만 최근 3~4년의 갭 투자는 전세가를 시세까지 밀어 올려서 매매하는 형태입니다. 전셋값을 밀려 올려서 집값과 비슷해진 금액은 결국 다시 내려오게 되어 있습니다. 게다가 요즘은 대출이 많아서 갭 투자를 하기에는 불안합니다.

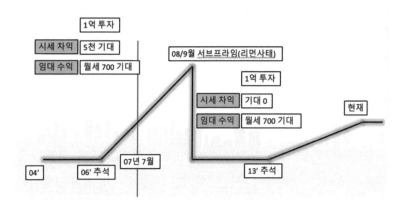

2008년 서브프라임 이후 4~5년 동안 부동산 시장은 침체에 빠졌습니다. 2006~08년 상승기에는 1억 원이 있으면 아파트나 빌라에 투자했는데, 이후에는 사람들이 월세 받는 물건을 찾기 시작했습니다.

그 때문에 안정일 씨가 가지고 있던 오피스텔이 팔리기 시작했습니다. 2006년에 6,000만 원에 매수했던 원룸 물건은 2011년쯤 7,200만 원에 팔았습니다. 게다가 2013년 이후부터는 오피스텔이나 원룸이 유행하기 시작해서 그때 가지고 있던 물건들을 다 처분했습니다.

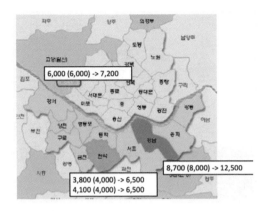

"제가 투자를 해보니까 물건을 사고 판 게 아니고, '때'를 사고 판 것 같아요. 즉 타이밍이 중요하다는 뜻이요. 물건은 사야 할 때가 있고, 팔아야 할 때가 있습니다. 물론 저도 그걸 거꾸로 한 적도 있어요. 그러면 손해를 봅니다. 앞으로 다가올 시장은 경매 물량이 늘어날 시장입니다."

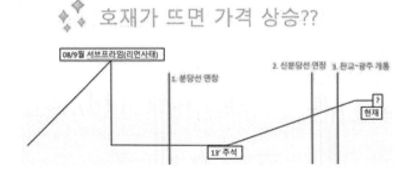

호재를 대하는
우리의 자세

2008년에 남양주시 오남읍 진주아파트에 재건축 추진 현수막이 붙었는데, 10년이 지난 2019년에도 여전히 (재건축 하지 않은 채) 그대로 있습니다.

지도를 보면서 주변에 건축하기 좋은 빈 땅이 많습니다. 이는 재건축 재개발을 할 가능성이 매우 낮다는 뜻입니다. 그냥 주변 빈 땅에 아파트를 지으면 훨씬 쉽기 때문입니다. 재건축 재개발은 인구 과밀지역, 더 이상 아파트를 지을 땅이 없는 지역에서만 가능한 것입니다.

이곳에 걸린 현수막은 그냥 호재 분위기만 일으켜서 치고 빠진 것입니다. 때문에 호재만 보고 이런 물건에 들어가면 안 됩니다.

안정일 씨는 오남읍 진주아파트를 2006년에 3,000만 원대에 낙찰받아서, 2008년 재건축 호재가 떴을 때, 6,000만 원 중반 가격에 팔았다고 합니다.

그런데 그 이후로 1억 원까지 올라가서 아까웠다며 너털웃음을 지었습니다. 시장에는 항상 호재와 악재가 혼재되어 있습니다. 시장이 뜰 때는 호재가 주목을 받고, 시장이 침체일 때는 악재가 눈에 띕니다.

"호재 중에 전철역 개통만큼 강력한 게 있을까요? 그런데 지난 10년 역사를 보면, 전철역 개통이 전혀 효과가 없던 때가 있어요. 2012

2008년 아파트 단지에 내걸린 재건축 추진 현수막(다음 지도 로드뷰)

2018년 (10년 후) 전혀 변화가 없는 아파트 단지(다음 지도 로드뷰)

년에 분당선이 연장됐거든요. 오리 죽전에서 기흥역까지, 그때 기흥역 주변의 아파트를 전철역 개통 호재를 보고 투자했던 세력이 꽤 있었어요. 근데 결과는 꽝이었죠. 아파트 가격이 전혀 움직이지 않았죠. (서브프라임 이후 13년까지) 시장이 죽어 있으니까, 아무리 호재를 쏟아부어도 별 무소용이었어요."

그에 비해서 2016년의 신분당선 연장(동천역)이나 경강선(판교~광주~이천) 전철 개통은 주변 아파트 가격이 엄청나게 상승했습니다. 2014~18년에는 시장이 오를 시기였기 때문에 조그마한 불씨에도 엄청난 시세를 터뜨리게 된 것입니다.

경매를 하려면 시장의 큰 흐름을 봐야합니다. 2011년에는 서울 노원구에 아파트가 많을 때는 1년에 한 해에 경매 건수가 1,500건 나왔습니다. 그런데 2015년 이후에는 노원구의 아파트 건수가 800건으로 줄었습니다. 그러면 낙찰 경쟁률이 높아집니다. 그래서 2015~17년까지는 낙찰이 잘 안됐습니다.

2010~11년에는 20~30번 입찰에 한 번 낙찰됐습니다. 최근 몇 년 동안의 부동산 시장은 오르는 시장이었습니다. 최근 4~5년 동안에는 경매 물량도 없고, 낙찰 받으려면 50~60번 입찰해야 했습니다. 때문에 입찰가가 시세의 80~90%까지 받았습니다.

 호재가 뜨면 가격 상승??

1. 분당선 기흥역 12년 개통
2. 신분당선 동천역 16년 개통
3. 판교~광주 전철 16년 개통

그런데! 지금은 부동산 시장이 하락기에 접어들었고, 이러면 경매 물량이 늘어납니다. 그런데 이제는 입찰 넣으면 낙찰이 잘되는 시기입니다. 이제 부동산 시장이 꺾이면 입찰가가 시세의 75~80%에도 낙찰이 될 것입니다.

2019년 후반쯤 되면 낙찰의 확률이 올라갈 것입니다. 경매 물량이 늘면 우량한 물건이 나옵니다. 경매로 우량한 물건을 확보하는 전략도 괜찮습니다. 경기가 나빠질 때는 팔기는 힘듭니다. 하지만 더 싸게 낙찰 받아서 팔면 됩니다.

앞으로도 시장은 돌고 돕니다. 앞으로 다가올 시장이 좋은 기회가 될 것입니다. 기다리면 기회는 옵니다.

안정일 씨는 진정 위기를 기회로 삼는 사람이었습니다. 경매를 접하면서 직장인에서 투자자로 변신했고, 이후 개인 사업과 투자를 병행하면서 달라진 삶을 살게 됐습니다. 서브프라임이 가져다 준 건, 경매투자자가 아니라 경매학원 운영자로서의 새로운 삶이었습니다.

"사람일은 어찌 될지 모르는 거잖아요. 일단 시작하는 게 중요한 것 같아요. 그러면 전혀 다른 세상이 펼쳐질 거라고 생각해요. 저도 처음 경매를 배울 때 지금처럼 될 거라고는 꿈에도 생각 안했거든요."

주위에 사람들이 모이기 시작했던 건 그가 활동하던 경매 카페에 투자 일기를 올리기 시작하면서부터입니다. 그의 투자 일기는 폭발적인 인기를 불러일으키면서 팬 층을 확보하게 됐고, 그 내용들은 첫 번째 책인《생생 경매 성공기》의 밑바탕이 됐습니다. 그렇게 모인 사람들이 모일 공간이 필요했고, 그래서 만든 게 홈336 카페였습니다.

처음 만들었을 때, 카페 회원 200명으로 시작한 홈336 카페는 지금 2019년 11월 기준 네이버 카페에 3만 3,000명, 유튜브 구독자 4만 명이라는 꽤 큰 규모의 카페와 유튜브 채널로 성장했습니다.

카페를 만든 지 꼭 10년 만이고, 경매 재테크를 시작한 지 15년 만입니다.

이렇게 견실한 커뮤니티로 키워 낸 비결을 물었습니다.

"저 혼자 만든 게 아니에요. 모든 건 다 카페 회원들이랑 같이 만든 거죠. 제가 좋은 사람들을 만난 덕이고, 운이 좋았어요."

항상 모든 게 운이 좋았고, 모든 게 주변 사람 덕이라고 합니다. 그런데 얘기를 듣다 보면 운이 좋았다는 말에 수긍하게 됩니다. 카페를 처음 만든 시기가 2008년 5월입니다. 이때는 마침 서브프라임 사태가 있기 몇 개월 전입니다.

서브프라임 사태가 투자자들에게 끼친 영향은 2가지였습니다.

첫째는 자산 가치의 손실, 둘째는 투자 행위의 중단.

두 가지 모두 투자자들에게는 치명적입니다.

그런데 안정일 씨는 그 2가지 치명적인 상황을 용케 피해갔다고 합니다.

그 첫째 자산 가치의 손실은 운 좋게도 보유하던 부동산을 서브프라임 사태가 오기 전에 다 처분함으로 해서 피해 갔습니다. (시장 분위기 편 참조)

그렇다면 경매 물건이 전혀 없을 때인 서브프라임 당시에는 무엇을 하면서 어떻게 살았을까요? 부동산 시장이 침체와 하락기에 있다고 무작정 쉬고 있었던 것은 아니었습니다.

"서브프라임 기간 (2008년 9월~09년 1월) 5개월 동안은 투자를 쉬었어요. 할 수가 없는 시장이었죠. 운 좋게도 저는 그때 홈336 카페와 경매학원을 운영하고 있었어요. 그로인한 수익으로 생활이 가능했어요. 투자가 멈추는 대신에 개인 사업을 하고 있었죠."

2008년부터 카페를 만들고, 기초반과 실전반을 운영하면서 경매를 배우고 싶어 하는 사람들을 교육하기 시작했습니다.

이 당시에 '하늘세상', '소액임차', '숀' 등의 닉네임으로 활동하는 회원들이 배출됐고, 그들이 현재는 홈336 카페의 든든한 멘토들로 활약하고 있습니다.

일반적인 투자자들이 투자 손실을 보고 파산하는 와중에 재테크 학원이 안정적으로 운영되면서 그 위기를 넘길 수 있었다는 얘기입니다.

서브프라임 위기를 '운 좋게' 무사히 넘긴 정일 씨는 이후 착실하게 자리를 잡아 나가기 시작합니다.

그간의 경험을 엮은 책 (《생생 경매 성공기》, 지상사)도 출판하게 되고, 방송(KBS VJ특공대, MBC 경제매거진, SBS 뉴스토리, 채널A 서민갑부 등)에도 출연하는 유명인이 되었습니다.

자신도 이렇게 될 줄은 전혀 몰랐다고 합니다.

"처음에는 직장 생활의 불안감에서 플랜B를 준비하기 위해 시작한 건데, 한 발 앞으로 나가니까 또 다른 길이 보이고, 더 앞으로 나아가니까 더 많은 길이 보이는 거예요. 신기했어요."

그러면서 자신의 행보를 등산에 비유합니다. 산 밑에서 출발할 때는 산꼭대기는 보이지도 않습니다. 그냥 앞 사람의 뒤꽁무니만 보고 따라갑니다. 그러다 어느 정도 올라가면 저 너머도 보이고, 산등성이도 보이고, 내가 올라온 길 외에 다른 길도 보이고, 더 높이 올라가면 더 멀리 보이고, 더 많은 등산 루트도 보입니다. 내가 전진할수록 점점 더 많은 가능성에 노출된다고 합니다.

"사람일은 어찌 될지 몰라요. 일단 시작하세요. 그러면 전혀 다른 세상이 펼쳐질 거예요."

지금도 그 다음을 바라보고 있습니다.

"제 꿈은 '336은행'을 만드는 거예요. 제가 경매 초창기에 돈이 모자랄 때, 좋은 물건을 발견했는데, 도전할 수 없는 거예요. 모자라는 자금 때문에 아쉬움을 삼키며 포기했던 물건이 많았어요. 카페를 운영하다 보니 초창기 때 제 모습을 보는 듯한 회원들이 많은 거예요. 저 분들한테 투자를 하고 싶어요. '336은행'이 있다면 대출을 해주면 좋을 텐데."

예전에는 마땅한 방법이 없어서 어쩔 수 없었는데, 요즘은 클라우드 펀딩이라는 게 있다고 합니다. 바로 P2P 대출입니다.

2019~20년 목표가 P2P 클라우드 펀딩 시스템을 완성시키는 것이라고 합니다.

"336 회원들이 낙찰 받은 물건은 제가 가치 평가를 할 수 있거든요. 담보 가치가 충분하고 수익이 나는 물건이 보여요. 그런 물건에 대출을 해주면 서로 서로 원원할 수 있거든요."

부족한 대출에,

2018년 9.13 대책 이후로 대출 규제가 대폭 강화된 요즘, 이런 때 필요한 시스템이라고 생각합니다.

예전에는 경락 잔금 대출이 낙찰가의 70~80%씩 나와서 경매투자자들의 자금 운영이 여유로웠는데, 대출 규제 이후로 대출 금액이 대폭 줄어들면서 자금 부족 현상이 심해졌다고 합니다. 부족한 금액을 클라우드 펀딩 방식으로 해결해 주겠다는 발상입니다.

낙찰자는 모자라는 자금을 충당할 수 있어서 좋고, 개인은 비교적 고수익(년 8~15%)의 이자 수익이 발생해서 좋고, 양쪽을 중개하는 플랫폼을 만들어서 플랫폼 수수료 수입이 생겨서 더욱 좋다는 생각입니다.

이런 사업 확장을 통해 이제 그는 투자자에서 사업가로 진화해 가고 있습니다. 인생은 꿈꾸는 자의 것이라고 했습니다. '사업가'라는 또 다른 꿈을 꾸고 있는 그의 꿈이 현실이 될 날이 얼마 남지 않은 것 같습니다.

·

복리의 마법

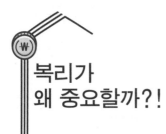

복리가
왜 중요할까?!

① 경매의 필수품은 마이너스 통장?!

보증금 확보하고 내 돈을 굴려야 합니다. 경매를 하는데 반드시 필요한 건 뭘까요? 바로 입찰보증금입니다. 다들 보증금 정도는 일단 준비하고 경매 공부를 시작합니다.

경매투자자들은 그 보증금은 어디에 보관하고 있을까요?

마늘밭에 땅 파고 묻어 놓은 것은 아닐 테고, 대부분 은행 계좌에 들어가 있을 것입니다.

"그런데 보증금이란 게 생각해 보면 대부분의 시간을 은행 계좌에 묶여서 잠자고 있는 돈이에요."

경매란 게 한 달이면 30일 내내 입찰을 하는 건 아니라고 합니다. 주말 등을 빼면 한 달에 보름도 입찰을 가지 않습니다.

안정일 씨도 한창 입찰을 다니던 때 임에도, 한 달에 열흘 남짓 입찰을 갔습니다. 나머지 20일은 그냥 돈이 노는 셈입니다.

일	월	화	수	목	금	토
	입찰	입찰				
	입찰		입찰		입찰	
	입찰	입찰		입찰		
	입찰			입찰		

즉, 보증금은 항상 사용하는 건 아니지만, 언제 필요할지 몰라 항상 대기하고 있어야 합니다.

"보증금이 이렇게 은행에 묶여 있는 시간이 참 아까웠어요. 시간은 곧 돈이라는 말이 단순 비유적인 표현이 아니에요. 투자를 하다 보면 절실하게 느껴요. 진짜 물리적으로 시간=돈이에요."

이 돈을 어디 정기 예금 같은 데 묶어두면 차라리 이자라도 받을 텐데, 그렇다고 입찰을 안 할 수도 없고, 정일 씨의 고민은 여기서 시작됐습니다.

② 입찰보증금은 하루살이 인생

입찰보증금은 수시로 필요하긴 한데, 그 필요한 기간은 딱 하루면 충분합니다. 아침에 수표로 보증금을 찾았다가 오후에 다시 은행에 입금하는 패턴의 반복합니다.

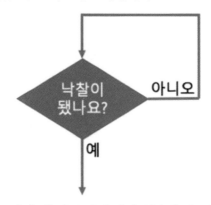

이럴 때 아주 유용하게 활용할 수 있는 게 마이너스 통장입니다. 줄여서 '마통'. 하루 이자는 얼마 안합니다. (마통 적용 이자는 개인 별로 차이가 있습니다.)

"쓸 때만 이자를 낸다는 마통의 특징(장점)이 보증금 용도와 딱 맞아 떨어지는 거예요."

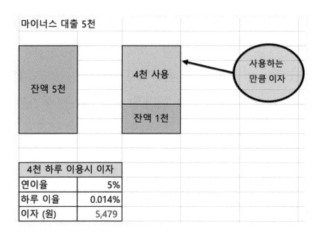

물론 마통을 만들어 놓고, 다른 용도로 사용하면 안 됩니다. 한 번 빼서 쓰기 시작하면 다시 채워지지 않는 게 마통의 불가사의한 특징(단점)이기도 합니다. 오로지 보증금 용도로만 사용해야 합니다.

이렇게 마통으로 보증금을 활용하고, 내가 기존에 준비해 놨던 보증금은 어디 다른 곳에 고금리 상품에 집어넣어서 이자를 챙기는 겁니다. 단 1%의 이자라도 챙길 건 챙겨야 합니다.

"내 돈은 쉴 틈 없이 굴려서 이자 수익을 얻고, 내가 써야 하는 돈은 필요 없을 때는 사용하지 않아서 이자 부담을 안 해야죠."

이렇게 마통을 활용하면 쓸데없이 시간만 축내고, 돈은 못 벌고 있나 하는 초조감을 훨씬 줄일 수 있습니다.

내 돈은 어디선가 열심히 구르고 있으니까 마음이 편해지는 효과가 있습니다. 실제로 이런 초조감 (또는 조급함) 때문에 일을 그르치는 경우가 왕왕 발생합니다. 투자는 항상 느긋하고 조심스럽게 해야 합니다. 그러기 위해서는 그럴 수 있는 환경을 조성해 놓는 게 필요합니다. 그중에 하나가 마통 활용법입니다.

③ 만들 수 있을 때 만들어 놓자

마통은 만들 수 있을 때 만들어 놓아야 합니다. 나중에 필요할 때 만들려고 하면 이상하게 안 만들어 집니다. 세상일 참 미묘합니다. '개똥도 약에 쓰려면 꼭 없다.' 그러니 바로 이 칼럼을 읽고 있는 지금 만들어 놓기를 권합니다. 어차피 잔고 채워놓고 안 쓰면 이자 안 나가는 돈입니다. 얼마나 부담이 없는가요.

마통 만들기 가장 좋을 때는 직장 다니고 있을 때입니다. 월급 통장 개설한 은행에 찾아가서 마통 만들어 달라고 하면 바로 만들어 줍니다. 소득 증빙, 재직증명서 이런 거 가능할 때 얼른 만듭시다.

나도 예전에 회사 다닐 때 마통 만들어 사용했습니다. 그때 딱 600만 원짜리 마통이 개설됐습니다. 지금 보면 아주 작은 돈인데, 그때는 그게 아니었습니다. 그때 600이면, 그 당시 내가 입찰하던 물건 (빌라, 아파트) 최저가가 2,000~5,000만 원 사이였으니까 보증금으로 충분한 금액이었습니다. 빌라 같은 경우에는 한 번에 2~3건 입찰도 가능했습니다.

그렇게 마통을 활용해서 입찰을 다니다가 덜컥 낙찰이 됩니다. 그러면 그때 어디선가 열심히 구르고 있는 보증금을 호출하면 됩니다. 돈은 정신없이 굴려야 제 맛입니다. 쉴 틈을 주지 말고!

복리의 마법 1:
72 법칙

"돈 버는 방법을 알려드릴까요? (귓속말) 저축을 하면 돼요…^^ 너무나 당연한 얘기를 했나요? 저축을 하세요. 대신 복리로…! 72법칙이라고 들어보셨나요? 학교 졸업한 이후로 무슨 법칙 따위는 더 이상 외우지 않겠다고 다짐을 하셨나요? 재테크를 하려면 반드시 알아야 하는 법칙이 있어요. 뉴턴의 물리학 제1법칙은 잊을지언정 재테크에서 72법칙은 알아야 합니다."

인류 최고의 천재 물리학자 아인슈타인이 얘기한 게 있습니다. (상대성 이론, 광양자 이론, 통일장 이론 이런 거 말구요.) 이렇게 말했습니다. 인류 최고의 발명품 '복리'입니다. 대체 복리가 뭐 길래?!

인류 최고의 발명품은 '복리'이다.
알버트 아인슈타인

여기서~ 잠깐 퀴즈!

둥그런 연못이 있습니다. 거기에 개구리 한 마리가 있습니다. 개구리는 번식을 합니다. 하루에 2배씩! 첫날에는 1마리, 둘째 날에는 2마리, 셋째 날에는 4마리, 넷째 날에는 8마리…. 이런 식으로 개구리가 그 연못을 가득 채우는데 30일이 걸립니다.

문제입니다! 그럼 개구리가 연못을 절반 채우는 데는 며칠이나 걸릴까? (생각해 보세요. 답은 맨 마지막에!)

개구리 문제가 사실은 복리 문제입니다. 한 마리가 새끼를 쳐서 두 마리가 됐는데, 그 둘은 또 각각 새끼를 쳐서 네 마리가 됩니다. 여기서 중요한 건 바로 새끼가 새끼를 친다는 점입니다. 즉, 원금이 있으면 원금은 계속 이자를 낳고, 그렇게 태어난 이자는 또 이자를 낳습니다. 그 이자는 또 이자를 낳습니다. 이자가 이자를 낳고, 이자가 또 이자를 낳고, (원금은 원금대로 계속 이자를 뽑아냅니다.)

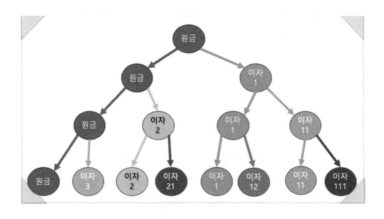

① 72법칙이란…? (복리 계산하기)

간단한 계산을 하나 해봅시다!

- 원금: 1천만 원
- 연이율: 10%
- 10년 후의 원리금 합계는 얼마일까요?

1년에 100만 원. 10년 후 이자는 1,000만 원. 10년 후 원리금 합계
: 2,000만 원. (원금의 2배)

이게 우리가 흔히 하는 이자 계산식이며, 이런 걸 '단리' 라고 합
니다. 그럼 이제 복리로 계산하겠습니다. 복리는 매년 이자를 원금에
보태서 계산합니다. 이자가 해가 갈수록 불어나는 구조입니다.

- 1년 후: 원금 1,000 + 이자 100= 1,100만 원.
- 2년 후: 원금 1,100 + 이자 110= 1,210만 원.
- 3년 후: 원금 1,210으로 계산하면…

복리 계산은 컴퓨터의 도움 없이 간단하게 계산이 안 됩니다. 그
래서 단순한 공식을 하나 만들었는데, 그게 72법칙(공식)입니다.

복리의 마법	72법칙		
년 10% 복리 투자			
구분	원금	이자	합계
1년차	1,000	100	1,100
2년차	1,100	110	1,210
3년차	1,210	121	1,331
4년차	1,331	133	1,464
5년차	1,464	146	1,611
6년차	1,611	161	1,772
7년차	1,772	177	1,949
8년차	1,949	195	2,144

- $T = 72 / r$
- 시간 = 72 / 이율

원리금 합계가 2배가 되는데 걸리는 시간입니다. 즉, 내 원금이 언제쯤 2배가 될까 계산할 수 있는 공식입니다.

- 시간 = 72 / 10 = 7.2 (년)

연이율 10%로 복리 투자를 하면 원금이 2배가 되는데 7.2년이 걸립니다. 그냥 단리로 계산하면 10년이 걸리던 것에 비하면 무려 3년이나 단축이 됩니다. 이게 복리의 마법 1탄이에요. 시간 단축 효과~!

② 목표 수익률 잡기

72법칙을 활용하면 목표 수익률을 잡을 수 있습니다. 내가 목표한 시간 안에 원금을 2배로 만들고 싶으면, 수익률(이자율)을 얼마나 벌어야 하는지 계산이 됩니다.

'72 / 시간 = 이자율'이 됩니다.

내가 5년 만에 원금 2배를 만들고 싶습니다.

72 / 5 = 14.4%

즉, 14.4% 수익률(이자율)로 복리 투자를 하면 5년 만에 원금 2배가 됩니다.

14% 수익률은 좀 무리일까요?

좀 넉넉하게 목표를 10년으로 잡으면 72 / 10 = 7.2%

즉, 7%대 수익률만 올려도 10년 만에 원금 2배가 됩니다. 7%대 수익률이면 도전해 볼만 하지 않을까요?

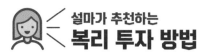

설마가 추천하는
복리 투자 방법

자~ 그럼 복리 투자하는 방법은 뭐가 있을까?

①가장 간단하고 안전한 방법: 은행 저축

 저축은행의 1년 만기 정기 예금의 이자율이 대략 2.5% 정도입니다. (2019년 기준. 이자 소득세는 계산에서 제외) 1년짜리 정기 예금을 트고, 1년 만기 때 원금과 이자를 찾아서 다시 1년짜리 정기 예금에 넣습니다. 그걸 계속 반복합니다. 그럼 계산을 해봅시다. 시간＝72/2.5＝28.8(년) 대략 29년이면 원금에 2배가 됩니다. 너무 오래 걸린다고 생각할 수도 있지만, 그래도 아무것도 안하고 있는 것보다는 낫습니다. 아직 투자할 만한 데가 없는 분들은 이거라도 하는 게 좋습니다.

은행 예금 이자 10% 시절

② 머리를 조금 쓰자. 부동산과 금융의 조화

월세를 받아서 저축을 해봅시다. 즉, 월세를 받아서 그냥 써버리는 게 아니고 그걸 또 모으면 거기에 이자가 붙습니다. 이게 바로 복리~! 그렇게 월세를 1년 모아서 그걸 정기 예금으로 전환하고, 1년 예치하면 또 이자가 붙습니다. 그렇게 해서 어느 정도 모이면, 다시 월세 물건 추가합시다. 그러면 돈이 모이는 속도가 점점 갈수록 빨라집니다.

복리의 특징은 시간에 비례한다는 점! 처음에는 별로 실감을 못합니다. 그런데 그게 시간이 갈수록 기하급수적으로 늘어납니다. 복리는 결국 시간 싸움입니다. 처음 1~2년은 별로 효과가 없습니다. 최소한 5년 이상 쌓고, 시간이 오래 될수록 큰 이자가 발생하기 때문입니다.

시간이 지날수록 가속도가 붙는 게 복리의 마법입니다. 게다가 부동산에 투자를 해놨기 때문에 복리 말고 부수적인 효과도 기대할 수 있습니다.

집값 상승   월세 저축

바로 집값 상승! 이건 복리로 계산되지 않는 보너스입니다.

복리에 대해 간단히 정리하면 다음과 같습니다.

1 당장 하라. (시간이 곧 돈입니다.)

2 이자를 재투자하라. (복리가 마법을 부리기 시작합니다.)

3 투자를 병행하라. (금융권 금리만 가지고는 부족하니까요.)

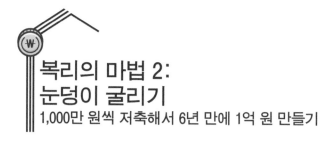

복리의 마법 2: 눈덩이 굴리기
1,000만 원씩 저축해서 6년 만에 1억 원 만들기

종잣돈을 1년 만에 1억 원으로 만드는 가장 쉬운 방법은?

1,000만 원씩 저축해서 1억 원을 만들려면 몇 년이 걸릴까요?

그렇습니다. 10년은 걸립니다.

그럼 다시 첫 번째 문제!

종잣돈을 1년 만에 1억 원으로 만드는 방법은?

그 방법은: 2억 원으로 시작하면 됩니다. 그렇습니다. 손쉽게 단기간에 큰돈을 버는 방법은 없습니다. 우리가 1,000만 원씩 저축해서 1억 원을 만들려면, 10년이 꼬박 걸릴 수밖에 없습니다. 1,000만 원씩 저축하는 것도 어려운데, 그 어려운 걸 10년간 계속해야 됩니다.

돈 버는 것, 그리고 모으는 것은 어려운 일입니다. 그 어려운 돈 모으는 것을 그나마 조금 더 효율적으로 하자는 이야기입니다. 일단은 고생은 해야 합니다. 세상에 쉬운 길은 없습니다.

매년 1,000만 원씩 저축해서 1억 원 만들기, 대신 조금 짧게 6년 만에.

STEP 1 1년에 1,000만 원 저축. (죽도록 저축합시다.)

STEP 2 그 1,000만 원을 년 10% 수익형에 투자.

STEP 3 이자를 재투자 (즉, 복리)

STEP 4 Step 1~Step 3 반복.

STEP 1 1년에 1,000만 원을 저축

1년에 1,000만 원이면, 매월 80만 원 저축을 하면 됩니다. 월급 타서 그중에 80만 원을 뚝 떼서 저축하는 겁니다. 그 돈 없는 셈 칩시다. 그렇게 1년이면 960만 원. 마지막 달에 보너스 타면, 그중에 40만 원을 저축해서 그러면 1년에 1,000만 원을 저축합니다. 저축하는 꿀팁은? 안 먹고, 안 입고, 안 쓰고 돈을 모으는 겁니다.

STEP 2 1년간 모은 1,000만 원을 년 10%로 굴림

앞의 글(복리의 마법)을 참고합시다.

STEP 3 계속 굴림

이자를 받으면, 다시 복리 재투자해서 또 굴립니다. 마치 산꼭대기에서 눈덩이를 굴리듯 말입니다.

STEP 4 다시 Step 1. 돌아감

돈이 굴러갈 동안, 나는 다시 매달 저축을 합니다. 1년 1,000만 원을 목표로!

산꼭대기에서 열심히 눈을 뭉쳐서 (저축해서), 언덕 아래로 굴려 놓고, (10% 수익을 내고) 다시 열심히 눈을 뭉쳐야 합니다. (다시 또 안 먹고, 안 입고, 안 쓰고) 굴러가는 눈덩이를 쳐다보고 있을 필요 없습니다. 어차피 눈덩이는 (중력에 의해) 언덕 아래로 잘 굴러가고 있을 겁니다. 그리고 갈수록 더 빨라집니다. 눈덩이가 커지듯 시간이 흐를수록 모이는 돈이 커집니다.

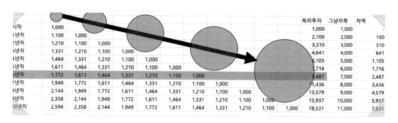

											복리투자	그냥저축	차액
시작	1,000											1,000	1,000	
1년차	1,100	1,000										2,100	2,000	100
2년차	1,210	1,100	1,000									3,310	3,000	310
3년차	1,331	1,210	1,100	1,000								4,641	4,000	641
4년차	1,464	1,331	1,210	1,100	1,000							6,105	5,000	1,105
5년차	1,611	1,464	1,331	1,210	1,100	1,000						7,716	6,000	1,716
6년차	1,772	1,611	1,464	1,331	1,210	1,100	1,000					9,487	7,000	2,487
7년차	1,949	1,772	1,611	1,464	1,331	1,210	1,100	1,000				11,436	8,000	3,436
8년차	2,144	1,949	1,772	1,611	1,464	1,331	1,210	1,100	1,000			13,579	9,000	4,579
9년차	2,358	2,144	1,949	1,772	1,611	1,464	1,331	1,210	1,100	1,000		15,937	10,000	5,937
10년차	2,594	2,358	2,144	1,949	1,772	1,611	1,464	1,331	1,210	1,100	1,000	18,531	11,000	7,531

시작 월 80씩 1,000 저축.

1년차 월 80씩 1,000 저축 + 1,000 + 이자 10%(100)= 2,100

2년차 월 80씩 1,000 저축 + 1년차 2,100 +이자 10%(210) = 3,310

3년차 월 80씩 1,000 저축 + 2년차 3,310 +이자 10%(331) = 4,641

4년차 월 80씩 1,000 저축 + 3년차 4,641 +이자 10%(464) = 6,105

5년차 월 80씩 1,000 저축 + 4년차 6,105+ 이자 10%(610) = 7,716

6년차 월 80씩 1,000 저축 + 5년차 7,716+ 이자 10%(772) = 9,487

그냥 1,000만 원씩 모았으면, 7,000만 원을 모았을 텐데, 복리 투자(눈덩이 굴리기)를 했더니 그냥 저축하는 것보다 2,487만 원이 더 모여서 9,487만 원이 됐습니다.

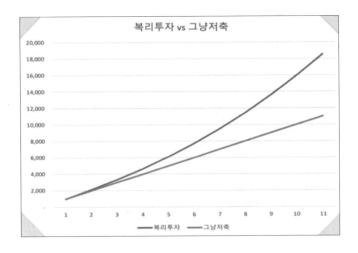

시간이 흐를수록 그 차이가 더욱 벌어집니다. 그리고 7년 차에는 1억 원을 훌쩍 넘겨버립니다. 이제는 이자만 가지고도 1년 치 저축액(1,000만 원)과 맞먹게 됩니다. 7년간 안 먹고, 안 입고, 안 쓰고 저축하면 됩니다. 이제부터는 돈이 나 대신 저축을 해줍니다. 그런데 이렇게 되기 위해서는 시간이 걸립니다. 시간이 곧 돈입니다.

시간 속에 묻어놔야 합니다. 처음 얼마 동안은 큰 차이가 없어 보입니다. 그런데 그게 시간이 갈수록 점점 그 차이를 벌려가기 시작하고, 나중에는 도저히 극복할 수 없는 격차가 생깁니다. '그 처음 얼마동안'을 견뎌내야 합니다. 그때를 버텨내면, 그 다음으로 갈수록 쉬워집니다.

지금부터 시작합시다! 일단 내가 할 수 있는 일부터 합시다.

투자 마인드를
정하자!

- 목적에 따라 다르게 투자를 하자
- 건물이 달아나지 못하게 발목을 잡자
- 건물주의 꿈? 결코 멀리 있는 건 아니다!
- 건물 투자의 전 단계
- 투자하는 방법 어디서 배우나?

목적에 따라 다르게 투자를 하자

사례① 땅이 목적이었던 경매 투자

2008년 서울에서 3억 2,000만 원에 다가구 주택을 낙찰 받았습니다. 3억 2,000만 원에 보증금 1억 600만 원, 대출금 1억 8,000만 원, 이자 100만 원, 월세 100만 원, 실투자금이 4,000만 원 들어간 물건입니다. 집이 무지하게 낡았습니다! 그렇다면 이걸 낙찰 받았을까요? 사실, 안정일 씨는 이 물건의 땅 36평을 산 것입니다.

〉 기본정보

대법원사이트 보기 [GO] / 법원기본내역 보기 [●]

대표소재지	서울 서대문구 ⬭					
대표용도	다가구	기타용도	-	신 청 일	2008.
감정평가액	315,412,000원	경 매 대 상	건물전부, 토지전부	개시결정일	2008
최저경매가	(100%) 315,412,000원	토 지 면 적	119㎡ (36평)	감 정 기 일	2008
낙찰/응찰	322,120,000원 / 1명	건 물 면 적	151.2㎡ (45.74평)	배당종기일	2008
청 구 금 액	60,000,000원	제시외면적	23.1㎡ (6.99평)	낙 찰 일	2008.
등기채권액	183,640,262원	경 매 구 분	임의	종 국 일 자	2008.0
물 건 번 호	1 [배당]				

〉 물건사진/위치도

땅은 한정자원입니다. 특히 서울은 더 그렇습니다.

서울 안에서 땅은 제로섬 게임입니다. 땅이 있기 때문에 샀고, 기다리면 재개발을 할 거라고 생각하고 투자한 것입니다.

다만 재개발은 언제할지 모르고, 안할 수도 있다는 점입니다. 이런 곳에 투자금을 몇 억씩 묶어 놓으려면 기회비용을 생각해야 합니다. 이런 투자를 하려면 10~20년 동안 투자금을 제로로 만들어 놓는 게 중요합니다.

매달 이자를 몇 백만 원씩 내면서는 절대 못 버팁니다. 투자한 이 땅은 직접적으로 재개발이 되지는 않았습니다. 그럼에도 재개발 옆 동네에 있다는 이유로 전세 가격이 폭등했습니다. 결국 이주 수요 때문에 전셋값이 결국 집값이 훌쩍 넘겼습니다.

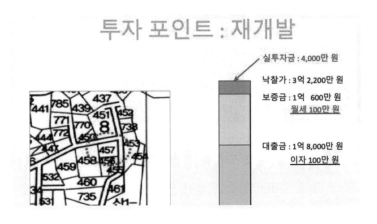

"제가 경기도 성남에서 추석쯤에 3,800만 원에 낙찰 받은 집에는 당시 이 빌라에 고3 수험생이 살고 있었어요. 그래서 겨울을 보낼 수 있게 기다려줬더니 집값이 폭등해서 이듬해 봄에 1억 2,500만 원에

팔수 있었죠. 굳이 재개발 호재가 아니어도 집값은 얼마든지 오를 수 있는 기회가 있다는 뜻이죠."

땅을 그냥 사려면 돈이 많이 듭니다. 땅 위에 있는 집을 활용해서 투자금을 줄이는 게 투자 포인트입니다.

사례② 월세가 목적이었던 경매 투자

부동산 투자자의 꿈은 건물주입니다. 임대인이 되는 것입니다. 원룸(또는 투룸) 10가구쯤 있는 건물을 가지고 건물에서 나오는 월세가 200~300 정도 되면 회사를 당장 그만 둘 수 있습니다. 모든 직장인들의 꿈 아닌가요. 퇴사하기!

그런데 건물 살 돈을 모은다는 게 쉽지가 않습니다. 건물은 나를 기다려주지 않습니다. 돈을 모으면, 어느새 저만큼 도망가 있습니다. 건물주의 꿈은 영원히 이룰 수 없는 신기루인가요?

정일 씨가 처음 건물을 산(낙찰 받은) 건 2006년의 일입니다. 경매를 시작하고 3년 만의 쾌거인 셈입니다. 부동산 투자자들의 궁극의 꿈이 건물주, 임대인인 셈인데, 경매 투자 3년 만에 그 꿈을 이뤘습니다.

당시에 낙찰 받은 건물은 경기도 시흥시에 있는 9가구짜리 건물이었는데, 주변에 시화공단이 있었습니다.

공단 지대가 흔히 그렇듯, 건물 세가 잘 나왔던 동네입니다. 2006년 당시 시세로 방 2개짜리 전세가 4,000만 원, 월세는 보증금 1,000만 원에 월세 40정도 했었습니다. 그 건물을 3억 1,500만 원에 낙찰을 받았습니다. 9가구를 몽땅 월세를 놓으면, 보증금 9,000만 원에 매월 360만 원 정도 월세가 들어오는 물건이었습니다.

간단히 계산해 봅시다!

- 낙찰가: 3억 1,500만 원
- 비용: 2,500만 원
- 총 투자금 : 3억 4,000만 원
- 보증금 9,000만 원 / 월세 360만 원

즉, 2억 5,000만 원 투자하고 매월 360만 원을 받는 것입니다. 1년이면 4,320만 원이고, 수익률(이자율)로 환산하면 17.3%라는 놀라운 수익률이 나옵니다.

그런데 문제는 수중에 2억 5,000만 원이라는 돈이 있어야 한다는 것입니다. 지금으로부터 13년 전인 2006년 물가로 생각해 보면 2억 5,000만 원은 만만찮은 돈입니다. (물론 지금이라고 적은 돈이라는 뜻은 아닙니다.)

당시 나는 회사를 그만두기 직전 이었는데, 연봉이 3,000만 원 정도였던 걸로 기억합니다. 2억 5,000만 원이란 돈을 모으려면, 8년은 걸립니다. 한 푼도 안 쓴다는 전제하에 말입니다. 그렇게 돈을 모으면, 몇 년이란 세월이 흐르는 동안 건물 가격이 그대로 있을까요? 내가 모은 돈보다 더 크게 올라 있을 것입니다. (실제로 내가 낙찰 받은 그 건물은 3~4년 만에 시세가 5억 원을 넘어섰습니다.)

건물이 달아나지 못하게 발목을 잡자

　　　　　　　돈을 모으는 사이에 집값은 더 멀리 달아납니다. 내가 돈을 모으는 속도보다 집값이 달아나는 속도가 더 빠른 게 현실입니다.

　여기서 잠깐, 생각을 바꿔봅시다.

　저 건물의 가구당 전세 가격이 당시에 4,000만 원 정도였습니다. 이 건물에 월세가 아닌 전세로 놓는다면 9가구 전세 가격의 합이 3억 6,000만 원 정도 됩니다. 이는 총 투자금 3억 4,000만 원을 회수하고 남는 돈입니다. 즉, 돈 한푼 없이 집을 아니 건물을 살 수 있습니다. (물론 대신에 월세 수입은 없습니다. => 일을 계속 해야 합니다.)

　그렇다고 해서 여전히 앞에서 언급한 돈 문제가 사라진 것도 아닙니다. 잔금 치를 돈이 필요하고, 전세를 다 맞출 때까지는 그 돈이 들어가 있어야 합니다. 잔금 치를 돈이 필요하다는 건 여전히 진입 장벽이긴 하지만, 불가능하지는 않습니다. 이 문제를 경락 잔금 대출과 주변 지인의 도움으로 그 문제를 해결했습니다.

> - 낙찰가: 3억 1,500만 원
> - 비용 : 2,500만 원
> - 경락 잔금 대출: 1억 6,000만 원 (낙찰가의 50% 수준)
> - 필요 자금: 1억 8,000만 원

필요 자금의 절반(9,000만 원) 정도를 주변에서 빌려서 해결했습니다. 찾으면 길은 있습니다. 안정일 씨는 사실 이걸 몽땅 월세로 놨습니다. 경매 투자를 시작한 지 3년차 때인데, 성공적인 투자가 이어지면서 어느 정도 종잣돈이 모였기에 가능한 선택이었습니다. 대출 받고 월세 놓는 경우를 다시 계산해 봅시다.

> - 낙찰가: 3억 1,500만 원
> - 비용 : 2,500만 원
> - 총 투자금 : 3억 4,000만 원
> - 대출 : 1억 6,000만 원 / 이자 80
>   (당시 대출이자는 6%를 상회했습니다. 지금에 비하면 고금리 시절)
> - 보증금 : 9,000만 원 / 월세 360만 원
>   (임대보증금 9,000만 원으로 빌린 돈을 상환)

실투자금 : 1억 원

월수입 : 280

(년 수익률 : 33%)

첫 번째 월세 수익률(대출 없이 17%)과 비교해 보면 거의 2배에 가까운 수익률이 발생하는 게 보입니다. 이게 대출을 활용하는 이유입니다. 대출을 활용해서 수익률을 좀더 높일 수 있습니다. 이런 걸 지렛대 효과라고 합니다.

대출을 함부로 받으면 안 되지만, 무작정 안 받을 이유도 없습니다. 대출을 받음으로 해서 좀더 높은 수익을 창출할 수 있으면, 적극적으로 활용해야 합니다.

이 건 안정일 씨의 사례였고, 다시 얘기를 원점으로 돌려서, 돈 없는 여러분들 얘기를 해보겠습니다.

*

처음에는 월세 수익을 포기하고 올 전세로 돌려서 투자금 전액을 회수합니다.

이렇게 집을 사 놓고, 열심히 일을 합니다. 허리띠 졸라매고 1년 월급을 모아서 전세 하나를 월세로 바꿉니다. 즉, 돈 3,000만 원이 생기는 대로 4,000만 원 전세를 1,000/40 월세로 바꿉니다. 1년에 하나씩 바꿔나가면, 9년이면 몽땅 월세로 바꿉니다. 이제 매월 360 월세를 받습니다. 9년 후에는 회사를 그만둬도 됩니다.

이때 월세도 안 쓰고 모으는데 보탠다면, 월세 물건이 늘어날수록 모이는 돈도 더 많아집니다. 즉, 복리 투자 효과까지 겹치면서 9년보다 훨씬 짧은 기간에 몽땅 월세로 바꿀 수도 있습니다.

돈 모아 건물 사려면 불가능에 가깝습니다. 이런 전세 부피 투자 방법을 활용해 봅시다. 흔히 사람들은 "임대를 놓을 때 공실이 나면 어떻게 하죠?"라고 질문합니다. 그래서 임장을 통해 월세가 나갈 가격에 세를 놓아야 합니다. 이런 수요는 미리 조사를 하고 입찰을 들어가야 합니다.

건물주의 꿈?
결코 멀리 있는 건 아니다!

- 사건번호: 18-10722 (북부법원)
- 소재지: 서울 노원구
- 개요: 4층 건물 (1층 주차장, 2~4층 주택)
- 원룸: 8가구 (2층 4, 3층 4)
- 투룸: 1가구 (4층 주인 세대)

바로 이런 물건을 전셋값에 입찰해 보는 것입니다. 낙찰되면 전세 놓고 보유 후, 순차적으로 월세로 바꾸기를 하는 것입니다.

　서울 노원구 물건 같은 경우는 실거주 용도도 겸할 수 있습니다. 원룸 8가구는 세를 주고, 4층(투룸)에 실입주를 해도 됩니다.

　어차피 어딘가에 주거비용을 깔고 앉아 있어야 할 거 아닌가요. 아니다 돈 없는 건물주(?)가 무슨 투룸(즉, 전세 비싸게 받을 수 있는 집)에 거주하는가요. 건물주는 2층 원룸 하나 (201호)에 들어가고, 4층 투룸은 전세를 주는 겁니다. 그렇게 투자금을 최소화해서 건물을 마련하고, 더불어 건물주가 살 집도 마련할 수 있습니다.

　서울에 땅 55평에 3층 건물을 장만합니다. 내 집 마련과 투자를 겸하는 묘수입니다.

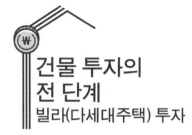

건물 투자의
전 단계
빌라(다세대주택) 투자

빌라 여러 채, 이걸 합치면 건물입니다?! 인생에 예행연습은 없다고 하지만, 투자의 세계에서는 맛보기 투자해 볼 수 있습니다.

건물 투자를 하는데, 경험이 없으면 운영하기 힘듭니다. 임대인도 경험이 있어야 합니다. 단적인 예로 월세 안 내는 임차인을 어떻게 할 것인가요? 빌라(다세대주택) 투자를 하면서, 건물 임대차 관리에 대한 경험을 쌓아 볼 수 있습니다.

빌라를 여러 채 보유하면, 그게 곧 건물 한 동을 보유한 것과 마찬가지 효과가 있습니다. 가만히 보면 다가구 건물이란 결국은 빌라 여러 채를 차곡차곡 쌓아 놓은 것과 다를 바 없습니다. 빌라가 개별적으로 여기저기 흩어져 있느냐, 건물로써 한 곳에 옹기종기 모여 있느냐의 차이입니다. (물론 빌라 여러 채를 소유함으로 해서 다주택자가 되는 것은 좀 생각해 봐야 할 문제긴 합니다. 다가구 건물을 하나만 소유하면 1주택으로 취급됩니다.) 앞에서 언급한 건물 무피 매입하기 전략과 동일하게 접근 가능합니다. 건물에 도전하는 것보다 훨씬 가볍게 할 수 있습니다. 2018년에 강서구에 있는 투룸 빌라를 매입했습니다. 전세 시세 1억 원하는 집인데, 그걸 1억 원에 급매가 나왔길래 잽싸게 매입했습니다. 시세대로 전세를 놓으면서 투자금 제로에 빌라 한 채를 소유하게 됐습니다.

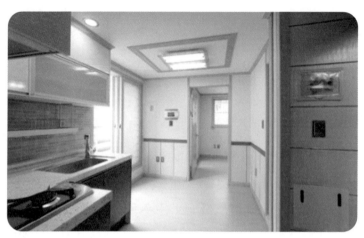

안정일 씨가 2018년에 매입한 빌라 물건

나중에 돈이 생기면 월세로 바꾸면 됩니다. 현재 이 동네의 이런 정도 빌라의 월세 시세는 보증금 1,000만 원 / 월세 60 정도합니다.

즉, 9,000만 원 투자해서 월 60 (년 720)의 수익을 올리게 됩니다. 수익률은 년 8%에 이릅니다. 은행예금 이자의 4배에 가까운 수익률입니다. 그리고 나중에 시세 차익도 기대해 볼 수 있습니다. 이런 게 빌라 투자(그중에도 임대 수익형 투자)의 묘미입니다.

이런 식으로 전세 끼고 투자금 제로(가깝게)에 투자할 수 있는 빌라를 하나씩 둘씩 매입(또는 낙찰)해서 대여섯 채 가지고 있으면, 겨울에 연탄 창고에 연탄을 가득 채운 것 같은 든든한 느낌이 듭니다.

나중에 돈이 모이는 대로 한 채씩 월세로 바꿔 나가면, 그게 곧 건물주가 아니고 무엇이겠는가요. 이런 식으로 안정일 씨한테 배워서 똑같은 방식으로 투자한 실전팀 멤버들이 몇 있습니다. 일명 '설마 따라하기 투자법'입니다.

투자하는 방법
어디서 배우나?

안정일 씨는 도대체 이런 투자법을 어디서 배운 것일까요?

"따로 가르쳐 주는 데가 어디 있나요. 스스로 깨우치기도 하고, 남들이 하는 투자법을 어깨 너머로 훔쳐보고 배운 것도 많죠."

어깨 넘어 고수들의 투자법을 눈여겨보는 것도 공부입니다.

2003년에 경매 공부를 하고 2004년에 입찰을 다녔는데, 아파트와 빌라만 낙찰 받고 파는 것만을 반복해 봤습니다. 그런데 송탄, 평택, 성남에 다가구 주택들은 안정일 씨와 관련 없는 물건이라고 생각했습니다. 그러던 어느 날 기이한 광경을 목격하게 됐습니다.

"어느 날 2006년 초에 평택법원에서 다가구 주택의 입찰이 진행됐어요. 나이가 지긋하신 노신사가 단독으로 낙찰 받았죠. 이 사람이 나가는데 3명이 일어나서 나가더라고요. 그중 1명이 서류가방을 들고 있고 '선생님~'이라고 이야기하는 말이 들렸어요. '어! 저 사람들 누구지?' 라는 생각에 그 사건을 계속 지켜봤어요. 그랬더니 물건을 명도하고 수리한 후에 매도하는 게 아니라 월세와 전세를 놓더라고요. 그걸 보면서 낙찰가격과 대출, 이자를 따져보니 생각보다 투자금이 적게 들어갔다는 걸 알게 됐죠. 그래서 '나도 할 수 있겠다'는 생각이 들었죠."

이런 물건은 가격이 높으니까 보증금의 금액도 커질 수밖에 없습니다. 때문에 평소 정일 씨는 쳐다보지 않았던 물건입니다. 평소 운영하는 보증금은 200~300만 원 수준이었는데, 이런 물건들은 보증금이 2,000~3,000만 원으로 오르기 때문입니다.

그러나 이렇게 금액이 높은 물건은 낙찰자가 별로 없기 때문에 경쟁률이 낮은 편입니다. 때문에 낙찰되면 어떻게 하지?라는 생각도 하게 됩니다. 하지만 노신사가 이런 물건을 진행하는 것을 옆에서 지켜보면서 '아하~ 이런 수익이 나는 틈새시장이 있었구나'라는 걸 깨닫게 됐습니다. 그리고 실제로 그렇게 2~3번 입찰 만에 시화공단 다가구 건물을 낙찰 받기에 이릅니다.

*

권리분석을 배우고 나면, '투자하는 방법'을 배워야 합니다. 그걸 쉽게 배우는 방법이 먼저 해본 사람들이 하는 방법을 따라하는 것입니다. 다른 사람이 투자한 물건을 역으로 조사해 보고, 분석해 보는 것입니다. 마치 시계를 분해했다가 다시 조립해 보는 것처럼 말입니다. 안정일 씨 주변에는 그래서 그의 투자법을 따라 배우려는 사람들로 항상 북적댑니다.

"이 분들이 경쟁자냐고요? 다들 제 동업자인 셈이에요. 일단 물건은 많아요. 혼자 독점 못해요. 나눠가져도 충분할 정도로 많이 나와요. 게다가 요즘엔 직접 입찰을 안다녀요. 나이도 먹었고… ^^ 홈336 회원들이 저 대신 입찰가는 거나 마찬가지에요. 좋은 물건을 낙찰받아 오면 제게 투자할 수 있는 기회를 주시거든요. 내가 낙찰 받을 확률은 낮지만, 우리 중 누군가 낙찰 받을 확률은 매우 높거든요."

일명 공투(공동투자)라는 얘기입니다. 그런데 여타 다른 곳하고는 방식이 다릅니다. 보통은 회원들로부터 돈을 모으려고 하는데, 안정일 씨의 경우는 회원에게 돈을 보태 준다는 얘기입니다.

"저는 아지트에 편하게 앉아서 놀고 있을게요. 여러분들은 힘들게 법원에 가서 입찰을 하세요. 그렇게 여러분이 낙찰 받은 물건에 제가 투자할게요.^^"

특유의 유머 감각이 묻어나는 이야기입니다.

안정일 씨를 모르는 사람들이 들으면 오해하기 딱 좋습니다. 내가 힘들게 낙찰 받아 온 물건에 숟가락만 얹겠다는 소리냐고 생각할 수도 있습니다.

"당연히 강제하는 건 아니죠. 낙찰 받았는데 돈이 부족하면 제가 보태 주겠다는 얘기입니다. 근데, 세상에 공짜는 없는 법이잖아요. 제가 그 물건에 공투하는 거예요. 수익을 나누는 거죠. 무이자로 돈을 빌려줄 수는 없잖아요."

결국 돈이 모자라는 투자자들도 마음 놓고 입찰하라는 뜻이었습니다. 뒷감당은 안정일 씨가 해줄 테니 말입니다. 특히 권리분석, 투자방법론, 자금지원, 명도 코칭, 매도 후 세금처리까지 경매 투자를 하면서 겪게 되는 한 사이클의 단계 단계별로 모두 홈336 멘토진들의 관리가 들어가는 시스템이 구축이 되어 있습니다. 처음 도전하는 초보 투자자의 어려움을 해결해 주겠다는 노력이 엿보입니다.

왜~! 투자하는 건지 목적은 명확히 하는 게 중요합니다. 보통은 투자를 막연하게 합니다. 투자 자체가 목적이 되는 경우도 있습니다. 물건을 꼭 사야만 직성이 풀리는 경우도 있습니다. 하지만 사는 게 아니라 돈 버는 것이 목적이 되어야 합니다. 수익이 중요한 겁니다!

"(000) 부동산에 관심이 있는데, 체계적으로 배우면 차이가 있을 것 같아서 오게 됐어요. 이미 친구가 여기 카페를 통해 경매를 하고 있다는 걸 알고 있었기 때문에 친구의 권유가 컸죠."

"(000) 저도 남편의 권유로 왔는데, 쉽게 설명해 주는 것 같아서 이해가 잘됐어요."

"(설마) 처음 수업을 들을 때는 이해가 잘되는 것 같은데, 듣다보면 자꾸 잊어버립니다. 그러면 청강을 하러 오면 됩니다! 무한 청강 가능합니다."

"(000) 유튜브로 경매 검색하다가 설마님 나오는 강의를 봤어요. 제가 살고 있는 동네에 경매학원을 다닐까 했는데, 방송에 나오는 설마님의 마인드가 너무 좋아보였어요. 경매를 안정적으로 잃지 않게 할 수 있는 투자라고 생각해서 오게 됐어요."

"(설마) 우리 카페는 비슷한 분들이 모이는 경향이 있어요. 우리가 어려운 물건을 하는 것도 아니고 쉬운 물건만 하고, 회원들이 모여서 놀고먹기만 하는 것 같은 분위기가 있어요. 그래서 이런 것을 좋아하는 분들이 여기에 오십니다. 모두 낙천적이고 의욕이 넘치는 분위기가 있어요. 그래서 모임을 하다 보면 슬럼프에 빠지지 않고 오래 경매를 할 수 있는 동기부여가 됩니다."

"(설마) 부동산 투자는 부부가 함께 해야 하는 이유가 있어요. 전 재산을 걸고 하기 때문에 부부가 함께 의논을 하고 앞으로 나아갈 수 있습니다. 상대방이 전혀 모르면 대화가 안 되잖아요. 서로 임장하고 물건 고르는 재미가 있습니다."

"(000) 경매 관련된 업무를 하고 있어요. 최근에 부동산이 많이 오르는 것을 보고, 이게 돈이 되는구나 싶어서 가입을 했어요. 그런데 아내가 경매를 해보면 어떠냐고 권유하길래 공부를 해보고 싶어서 설마님의 유튜브를 보고 카페에 가입했어요."

"(겨울꽃) 13-2기로 수업을 듣고 경매를 배웠어요. 일단 경매를 시작하라고 말하고 싶어요. 저도 배운지 3년이 지나니까 같이 배운 사람들이 없어지더라고요. 그래서 카페에서도 활동을 많이 하는 분들이 오래 남는 것 같아요. 5년 전과 지금이 뭐가 가장 달라졌냐고 하면 우리 아이들한테 먹는 건 아끼지 않아요. 그게 제가 꿈꾸는 삶이었던 것 같아요. 우리 자식들이 사회 초년생이 되면 경매 가르쳐 주고 싶어요. 제가 설마님한테 처음에 '경매가 진짜 돈 되나요?'라고 물었는데, 진짜 돈이 돼요. 한두 번으로는 큰돈이 안 되는데, 5년 되니까 돈이 점점 늘어나요. 아내랑 같이 임장 다니고, 서로 물건 논의할 때가 가장 행복해요. 아내는 공부를 하나도 안했는데, '내 손에 피를 묻힐 테니까 당신은 돈만 챙겨라'라고 했거든요. 아내는 입찰만 했고, 수입을 챙겼어요. 여러 분들도 해보세요. 재미있어요!"

"(설마) 경매를 처음 시작할 때는 다들 '이게 될까?'라는 생각으로 하십니다. 저 역시 마찬가지입니다. 겨울꽃님이 굉장히 소심했는데, '내가 변해야 가족이 산다'는 전설 같은 말을 남기면서 경매를 지금까지 하니까 돈이 된다고 하더라고요. 가족들이 먹는 걸 아끼지 않는다는 말이 정말 와 닿네요."

"(OOO) 친구들한테 부동산 이야기하면 관심이 없는데, 여기에 오면 부동산과 경매에 관심 있는 사람들이 모여 있으니까 말이 통해서 좋아요."

"(설마) 돈 번다는 이야기를 암묵적으로 안하는 분위기가 있어요. 그런데 여기서는 자유롭게 그런 이야기를 할 수 있으니까 좋죠. 청강을 통해서 끈을 놓지 않고 활동을 하는 게 좋습니다."

"(OOO) 올해 서른 된 자영업자입니다. 4년 전에 저희가 살고 있는 집이 경매로 넘어가기 일보 직전이었는데, 살아남기 위해서 부동산 공부를 시작했어요. 지금은 집의 빚을 청산하고, 이제는 다른 집까지 매수했을 정도로 부동산과 친근해졌어요. 경매도 배우고 싶어서 카페에 들어왔고요. 서민갑부 방송 보고, 직접 설마님의 열정을 느끼고 싶어서 왔습니다."

"(000) 제가 직장 다니면서 저축만하고 휴일에는 잠만 잤어요. 지금까지 아무 생각 없이 전세자금대출만 갚아왔는데, 주위에 친구들을 보니까 저보다 자산이 확 커지더라고요. 그래서 집에서 잠만 자지 말고, 뭔가 배워보자 싶어서 경매를 보게 됐어요. 설마님의 유튜브 동영상을 보면서 소액으로 투자가 가능하다는 이야기를 듣고, 경매 법원에 가서 가상 입찰을 해봤어요. 그중에서 한 개의 물건이 낙찰이 됐어요."

"(설마) 3주 만에 낙찰을 받으실 정도면 실천력이 엄청 좋으신 것 같아요. 원래 직장 다닐 때는 연차 내고, 가는 겁니다. 나중에는 부모님 등 주변 사람들의 도움을 받으면 좋습니다. 입찰 용지를 미리 집에서 써 가고, 입찰금액만 미리 써 놓고 대리입찰하면 돼요."

"(000) 유튜브를 통해서 설마님이 소액 투자가 가능하다고 해서 책도 읽어봤어요. 직장 다니다보면 선배 분들이 '앞으로 뭐하면서 살아야 할까?'라는 고민을 많이 하더라고요. 올해 스물여섯인데요. 어린나이 때 시작하면 훨씬 유리하다는 말을 듣고 빨리 시작해보고 싶었어요. 사실 제 친구들은 이런 분야에 관심이 없는데, 제가 먼저 잘 해보고 싶어서 왔습니다."

"(설마) 2004년도에 제가 서른셋 정도였는데, 그때 수강생들이 다들 40대였어요. 그분들은 저한테 나이가 어려서 좋겠다고 이야기를 했어요. 그러니까 젊을 때 시작하면 자금이 없다는 단점이 있지만, 시간을 벌었다는 장점이 있습니다. 나이가 어리면 투자를 크게 하려고 생각하지 말고, 길게 생각하고 하면 됩니다."

"(○○○) 오래전부터 경매에 관심이 있었는데, 책을 봐도 무슨 말인지 이해가 안됐어요. 그런데 서민갑부와 유튜브 등을 보고 들어왔어요."

"(○○○) 저는 개인적으로 부동산 관련 고민을 많이 해왔어요. 2004년쯤에 친구 따라서 분당에 아파트를 샀어요. 그런데 아파트가 많이 오르더라고요. 그래서 이 부동산이 되는구나 싶었죠. 그런데 주변에 관심있는 사람이 없어서 유튜브 등을 보다가 오게 됐어요."

"(설마) 처음에는 아는 분이 없지만, 이렇게 배우다보면 모여서 이야기 나누게 될 분들이 많습니다. 각자 자기 할 일이 바쁘고, 잘 모르는 분야라서 못하는 경우가 많습니다."

"(설마) 기초반으로 이론을 배우고 나면, 실전반을 통해서 입찰을 얼마에 할 거냐를 배웁니다. 낙찰을 받아서 얼마에 팔 수 있는지 알아보는 겁니다. 10주 동안 실전반을 진행하는데, 오전에는 이론 수업을 하고, 오후에는 현장에 나가서 임장 수업을 합니다. 아파트, 오피스텔, 빌라, 건물 등에 대해 종류별로 공부를 합니다. 투자 방법론을 배우는 겁니다. 그걸 배우고 나면 내 앞마당에 있는 물건들을 찾아서 임장을 해서 시세 파악을 해요. 입찰을 가기 전에 혼자 판단으로 걱정이 됩니다. 그때 카페 멘토들이 검토를 해줍니다. 그것에 대해 멘토들과 보다가 허점을 채우면서 공부를 더 하게 돼요. 그렇게 10주 과정을 하고 나면 스스로 돌 수 있어요. 그 다음에는 같은 기수들끼리 모여서 공부를 하면 돼요. 처음에는 멘토들에게 질문을 하고 문제를 해결하는 게 좋습니다. 우리의 기본 모토는 '사고치지 말자'가 기본 모토입니다. 우리는 물건을 찍어주지는 않습니다. 실전팀은 임장을 해야 하니까 토요일에 갑니다."

"**(설마)** 부동산이 안 좋아질 텐데, 입찰할 시기와 6개월 뒤 팔 때 가격이 더 떨어질 때 타이밍을 어떻게 조절하나? 내가 팔려고 했던 가격이 6개월 뒤에 빠질 것 같은 느낌이 들면, 더 싸게 낙찰 받으면 됩니다. 지난 시즌은 95~100%로 낙찰을 받아도 더 높게 매도가 됐어요. 그런데 이제는 70~80%를 써도 낙찰이 될 거예요. 그걸 감안하고 낙찰을 받으면 돼요. 그런 식으로 투자하면 됩니다. 부동산에 하락이 멈추는 시기가 오면 그때 들어가면 됩니다. 상향 안정 되든, 하향 안정 되든 안정만 되면 됩니다."

책을 마무리 하며…

지금까지 안정일 씨가 어떻게 경매를 시작했고, 긴 시간 동안 어떻게 성공할 수 있었는지 자세한 이야기를 들여다봤습니다. 1995년 직장 생활을 시작으로 힘들게 모은 종잣돈 3,000만 원으로 2004년부터 시작했던 경매입니다.

큰돈이 없었기 때문에 소액으로 치고 빠지는 단타 경매를 집중해오다가 2006~08년 사이 집값이 오르면서 종합부동산세까지 낼 정도의 재력가로 성장했습니다.

이후 서브프라임으로 부동산 집값이 반토막이 났지만, 운 좋게 하락 전에 부동산을 모두 정리하면서 손해를 전혀 보지 않았습니다. 운도 실력이라는 말처럼, 본능적인 부동산의 감각세포가 발동했던 게 아닐까요.

이후 2009~13년까지 부동산 시장의 침체기에 그는 경매를 배우고 싶어 하는 사람들을 위한 아카데미를 운영하기 시작했고, 이를 통해 주변에 좋은 사람들이 생기고 수익도 챙기는 등 일석이조의 효과를 얻었습니다.

처음에 200명의 회원으로 시작한 카페는 지금 〈다음카페 2만 명〉, 〈네이버 카페 3만 3,000명〉, 〈유튜브채널 4만 명〉의 회원들을 보유하게 됐습니다. 그동안 〈홈336 아카데미〉를 거쳐 간 회원 수만 해도 기초반 1년에 400명(10년 동안 4,000여 명), 실전반 1년에 200명(10년 동안 2,000여 명)에 이릅니다.

이들 중에서는 경매로 성공을 했거나 자리를 잡았고, 경매를 통해 책을 내거나, 강의를 하거나, 유튜브 활동을 하면서 제2의 삶을 살고 있는 사람들도 상당수입니다.

침체기 동안 늘어났던 경매 물량은 2014년 부동산이 상승기를 맞이하면서 줄었습니다. 대신 〈홈336 경매 아카데미〉의 인기는 꾸준히 증가했고, 경매로 다시 한번 재력가의 반열에 오르고 싶어 하는 예비 경매전문가들도 많아졌습니다.

안정일 씨는 카페를 만들어서 운영하기 전에는 개인투자자였지만, 아카데미를 통해 경매투자자들의 멘토 역할을 하고 있습니다. 이렇게 하는 이유를 곰곰이 생각해 보면, 회원들이 좀더 새로운 인생을 개척해 볼 수 있게 도움을 주고 싶은 마음도 있습니다.

"2018년 이후 부동산 시장이 하락기를 맞이하면서, 향후 몇 년간 시장의 조정은 불가피할 것"이라며 "2020년에는 경매 물량이 쏟아져 나올 것"이라고 예상했습니다. 때문에 예비 경매인들은 그때를 잘 준비하고 있어야 할 것이라고 강조합니다.

*

10여 년 전과 지금은 경매 시장이나 대중의 인식도 많이 달라졌습니다. 10년 전에는 경매로 집을 사면 '망한 사람이 살던 집', '검은 돈' 등의 부정적인 인식으로 경매를 기피하는 사람들이 많았습니다. 하지만 이제는 경매를 '돈 버는 재테크'로 인식하면서 너도나도 할 것 없이 경매 시장에 뛰어들고 있기 때문입니다. 경매에 대한 대중들의 인식 변화로 인해 경매 입찰 경쟁률은 매우 높아진 편입니다.

특히 경매를 대행해 주는 컨설팅업체까지 많아지면서 더욱더 경쟁률을 높아졌습니다.

반면, 경매로 저렴하게 집을 사거나 돈을 버는 사람들이 많아지면서 '이제는 재테크를 하려면 무조건 경매를 해야합니다'고 생각하게 된 것이 장점입니다. 덕분에 임차인과 집주인들이 미리 알고 대응을 하기 때문에 임장이 특별히 어렵지 않게 됐습니다.

그렇다면 경매의 경쟁률이 치열해진 만큼, 경매투자자들이 가져갈 이익을 더 작아진 것 아닐까요?

안정일 씨는 "2004년보다는 경매 수익률이 하락해 투자자 입장에서 어려운 건 사실"이라며 "그럼에도 불구하고 경매는 이제 꼭 알고 있어야 하는 재테크이고, 모르면 남들보다 뒤처지고 당하게 됩니다. 그래서 꼭 배워야 합니다"고 강조했습니다.

이제 슬슬 경매 시장에 저렴하고 우량한 물건들이 쏟아져 나올 것이라고 예상합니다. 이때 경매투자자들이 가장 주의해야 할 점은 무엇일까요.

"보통 낙찰을 받아서 매매를 할 때까지 기간을 6개월 정도로 잡아요. 그런데 요즘처럼 부동산이 침체기나 하락기에는 6개월 뒤에 시세가 하락할 수도 있거든요. 때문에 팔 때의 시세를 미리 계산해서 입찰하는 게 가장 중요하죠."

이렇게 경매 물건이 많을 때는 낮은 경쟁률 때문에 낙찰이 쉽게 될 수 있습니다. 때문에 낙찰 보다 '수익'이 나느냐 나지 않느냐를 꼼꼼히 체크해야 합니다.

안정일 씨는 이제 다른 길로 가기 위한 준비를 하고 있습니다. 그

동안 직장인에서 경매투자자, 경매 인기 강사이자 멘토, 경매 아카데미를 운영하는 사업가로 활동을 해왔던 그입니다. 그런 그가 이제부터 걷고 싶은 길은 바로 '자본가'의 길입니다.

"저는 〈홈336은행〉을 만들어서 투자금이 부족한 회원들과 상생할 수 있는 길을 찾고 싶어요. 일종의 P2P 같은 개념이에요. 여윳돈이 있는 사람들이 모여서 펀드를 만들고, 경매에서 낙찰 받았는데 돈이 모자라는 사람들에게 투자금을 빌려주고 이자를 받는 거죠."

이런 방식이 가능한 건, 안정일 씨가 경매를 직접 하기 때문입니다. 그에게 배운 회원이 배운 방식 그대로 물건을 낙찰 받아오면, 그 물건에 대해 누구보다 잘 알기 때문에 대출이 가능하게 되는 것입니다.

특히 요즘은 정부의 규제가 심해서 은행 대출이 과거처럼 많이 나오지 않습니다. 때문에 이 같은 투자금 대출 방식은 돈이 없어서 낙찰을 받지 못하는 회원들에게도 희소식이고, 수수료를 통해 앉은 자리에서 이득을 볼 수 있는 펀드투자자들도 이득을 보는 장사입니다.

"제가 직장인으로 시작해서, 투자자, 사업가의 길을 걸어봤잖아요. 그런데 이제 〈홈336은행〉를 통해 자본가의 길이 보이더라고요. 저 역시 과거에는 상상도 못했던 일이죠. 그런데 제가 살던 인생에서 살짝 경로를 틀어서 다른 것을 시작하니까, 자꾸 새로운 길이 보이는 거예요. 제가 지금 이렇게 성장할 수 있었던 것처럼 일반적인 보통 삶을 살고 있는 다른 사람들에게도 좀 다른 꿈을 꿀 수 있게 도와주고 싶어요."

*

마지막으로 안정일 씨는 경매를 배우고 싶은 사람들에게 '기본이 충실해야 합니다'고 말하고 싶습니다. 그리고 '대박'은 없다는 것도 말입니다. 대박을 바라고 덤벼들었다가는 오히려 쪽박만 차게 됩니다.

"10년 동안 꾸준히 해야 합니다. 조금씩 나 자신을 바꿔 나간다고 생각하고 느긋하게 다가가야 해요. 그래서 10년 후에 내 동창들보다 잘 살게 되면, 그것만큼 행복한 게 어디 있겠어요. 경매는 언제 시작해도 늦지 않다고 생각합니다!"

서두에 필자는 '경매가 과연 우리 삶의 희망이 될 수 있을까요?'라는 의문을 제시한 바 있었습니다. 그리고 이 책을 쓰기 위해 몇 개월 동안 안정일 씨를 만나면서 필자가 찾은 대답은 바로, 'YES'입니다. 안정일 씨의 말처럼 경매를 시작한다고 인생이 갑자기 180도 바뀌거나, 요트를 타고 유럽을 여행하거나, 궁궐 같은 집에서 사는 화려한 인생으로 바뀌진 않을 것입니다. 하지만 물가는 오르는 데 내 월급은 오르지 않고, 내 가족들이 편하게 쉴 내 집 마련의 길도 보이지 않고, 항상 쪼들리는 삶으로 지치고 힘들어 하는 사람들에게 좀더 편안한 삶을 살 수 있는 기회를 줄 수는 있을 것으로 보입니다.

앞서 이야기했지만, 이미 경매를 배운 누군가는 직장을 부업으로 생각할 정도로 마음 편하게 다니고 있고, 가족들에게 풍족한 먹거리를 사줄 수 있게 됐고, 평생 소원하던 내 집 마련도 할 수 있게 됐습니다.

다이내믹하게 삶이 바뀌지는 않았어도 마음은 한결 편안하고 여유로워졌습니다. 지금 다니던 직장에서 잘리거나 명예퇴직을 당해도 비관하지 않을 자신감도 생겼습니다. 경매를 통해서 말입니다.

안정일 씨의 말처럼, 동창보다 조금 더 내가 잘 살고 있다면 된 거 아닌가요. 사실, 모두들 다 그런 삶을 원하는 게 아닐까요.

하지만 아무것도 하지 않으면 아무것도 생기지 않습니다. 인생의 궤도를 살짝 수정해 경매 책을 사서 읽거나, 경매 강의를 듣거나 하는 작은 변화를 시도하는 용기가 필요합니다. 시작은 미미하겠지만, 그 끝은 어떻게 될지 아무도 모릅니다. 그리고 안정일 씨의 말처럼 꾸준하게 10년 동안 경매를 해보고, 뒤를 돌아보면 남들이 부러워하는 위치까지 올라가 있지 않을까요. 그걸 원한다면, 지금 당장 실천해 보는 건 어떨까요.

생생 경매 성공기 2.0

: 푼돈으로 큰돈을 만드는 확실한 비결

개정2판 2쇄 발행 2024년 1월 30일
개정2판 1쇄 발행 2020년 2월 28일

지은이 안정일, 김민주
발행인 최봉규

발행처 지상사(청홍)
등록번호 제2017-000075호

주소 서울 용산구 효창원로64길 6(효창동) 일진빌딩 2층
우편번호 04317
전화번호 02)3453-6111 **팩시밀리** 02)3452-1440
홈페이지 www.jisangsa.co.kr
이메일 jhj-9020@hanmail.net

*이 책은 《3000만 원으로 22채 만든 생생 경매 성공기》의 개정증보판입니다.
*잘못 만들어진 책은 구입처에서 교환해 드리며, 책값은 뒤표지에 있습니다.